FRONTERAS EN EL ORIGEN

FILOSOFÍA OPERATIOLÓGICA DE LA

RACIONALIDAD POLÍTICA

MANUEL F. LORENZO

© Manuel Fernández Lorenzo, 2024

I.S.B.N.: 978-1-4457-2787-5

Edita: Lulu.com / Morrisville NC 27560 (North Carolina) Printed in United States

A mis nietos daneses Bernard y Karl.

ÍNDICE

PRÓLOGO

Fue el Conde de Saint-Simón, Claude-Henri de Rouvroy, quien puso en conexión sistemática las habilidades humanas con el campo de la política cuando acuñó la denominación de *politique des abilités* para caracterizar el cambio de naturaleza del poder político en las modernas sociedades industriales, en comparación con lo que ocurría en las sociedades preindustriales. En tal sentido, diferenció la historia de la humanidad en dos grandes periodos que se correspondía con dos tipos de sociedad esencialmente diferentes: las sociedades militares antiguas y medievales y las sociedades industriales modernas. Las primeras estaban basadas en la guerra como principal modo de apropiación de la riqueza, a través de la explotación esclavista o servil de los pueblos vencidos, mientras que las sociedades industriales modernas obtienen principalmente su riqueza de la explotación de la Naturaleza por medio de la ciencia y son por ello, según Saint-Simon, de naturaleza pacífica; pues su cometido esencial es la organización de la producción industrial, la cual requiere habilidades muy diferentes de las guerreras, como son el estudio de las fuerzas naturales, que requiere de habilidades intelectuales, o de habilidades administrativas para la organización de la producción y del intercambio de productos por el comercio, el cual, a su vez, precisa de habilidades para alcanzar ventas por la persuasión o contratos que descansen en la confianza y la *accountability*. En tal sentido Saint-Simón previó un largo periodo de transición entre ambas sociedades en el que la política de la fuerza militar sería sustituida por el poder de los legistas y metafísicos, necesarios para ir neutralizando los poderes teológico-militares de las sociedades premodernas, con vistas a que puedan madurar e imponerse los nuevos poderes de los industriales y científicos.

Creemos que hoy puede seguir manteniéndose esta visión profética, aunque modificando algunos aspectos en relación con la brillante noción de "habilidades" introducida por el filósofo francés. Pues, en el marco de una reflexión actual sobre las habilidades y su profundo significado para la existencia humana, tal como ha mostrado en el siglo XX Jean Piaget o la Paleoantropología, en cuestiones como la explicación del conocimiento, el origen de la técnica o del lenguaje humano mismo, deberíamos reinterpretar la distinción saint-simoniana entre la política de la fuerza y la política de la habilidad, como una distinción entre dos tipos de habilidades, las guerreras y las industriales y no como una distinción entre la habilidad y su negación en las sociedades militares por la pura fuerza bruta. En tal sentido habría una diferencia esencial, a la que Saint-Simón no dio la importancia debida por el estado atrasado de los conocimientos antropológicos de su época, entre las sociedades animales de los primates, nuestros parientes más próximos en la escala zoológica, y los homínidos, en los que aparecen habilidades técnicas plasmadas institucionalmente en la construcción de instrumentos y armas como el hacha de sílex, las cuales permiten establecer unas formas nuevas de dominación, en relación con el propio grupo de homínidos y el resto de los animales, que dejan de estar basadas en la sola fuerza física del macho alfa, característica de la dominación propiamente etológico-animal. Pues ahora, el poder en el grupo humano dependerá de algo mixto, que resulta de la intersección de una notable fuerza física, desde luego, con la producción y manejo de instrumentos técnicos tales como el hacha, el arco y la flechas, la espada, etc. Veremos más adelante como podemos a partir de ello recons-truir el núcleo originario generador del poder político.

Pero en las primeras sociedades políticas, el dominio y explotación de la naturaleza por las técnicas primitivas era entonces aún débil e incierto, con lo que la única forma de crecimiento y expansión de los grupos humanos se llevó a cabo por la guerra y el sometimiento esclavista de unos grupos por otros más avanzados en las técnicas guerreras. La formación de las ciudades y la aparición de la escritura que posibilita la fijación de órdenes y leyes, permite reorganizar el cuerpo político en un segundo episodio del curso político seguido por los humanos: la forma estatal, en la cual la novedad principal consiste en la necesidad de introducir leyes escritas (el código de Hammurabi) para coordinar más efecto-vamente las acciones militares, en una dirección mucho más amplia que lo conseguido hasta entonces, permitiendo la formación de Imperios políticos esclavistas, como los que aparecen en Egipto, Asiría, China, etc. La estructuración jurídica de tales acciones posibilita, a su vez, la creación de sociedades militares mucho más estables y duraderas, en las que irán perfeccionándose y raciona lizándose las normas jurídicas, como ocurrió ya en Grecia y Roma, en la constitución de un Estado de Derecho.

Solo posteriormente, en la llamada Edad Media europea, se genera una profunda transformación esencial en la naturaleza del poder político por la confluencia, según Saint-Simón, de dos factores: la progresiva liberación de los municipios ciudadanos por los fueros y la creación de las Universidades para transmitir el legado científico-filosófico griego, que los árabes habrían recogido de los griegos y empezado a desarrollar en la medicina, las matemáticas, la astronomía, etc., legado cultural que llega a Europa principalmente a través de la Escuela de Traductores de Toledo. El momento clave en que este nuevo poder madura es con la Revolución industrial y política en Inglaterra, en la cual se constituye una sociedad económica (la llamada Sociedad Civil, la *bürguerliche Gesellschaft* de Hegel) enriquecida notablemente por la explotación industrial de las fuerzas naturales con la ayuda de la ciencia moderna, creada previamente en el Renacimiento. El poder militar, representado por el Rey, empieza entonces a quedar sometido al Parlamento, que se presenta en Inglaterra, por unas circunstancias especiales, como impulsor de la industria y la ciencia. Nace con ello la Sociedad Industrial, tal como la bautizó Saint-Simón, caracterizada según él, frente a todas las anteriores, por ser tendencialmente de naturaleza pacífica pues en ella la riqueza se obtiene principalmente a través de actividades que por naturaleza son universales o sin fronteras, como la ciencia, la cual deja de ser algo superestructural para dirigir y organizar la producción industrial, base de la nueva sociedad, o el comercio, que organiza la distribución de los bienes según las leyes del mercado.

Es la "política de las habilidades" saint-simoniana la que empieza a triunfar aquí, frente a las meras habilidades militares. La organización de estas nuevas fuerzas políticas, sin dejar de ser nacional, tenderá a constituir corporaciones industriales tendentes a la globalización (multinacionales, grandes bancos sistémicos, organizaciones mundiales del trabajo, etc.) y organizaciones científicas transnacionales (la Organización Mundial de la Salud, Médicos Sin Fronteras, el CERN europeo, etc.).

Es la creación de esta nueva forma de poder la que hace a Saint-Simón profeta de la llamada sociedad industrial. Marx, a pesar de declararse deudor de Saint-Simón en muchos aspectos, creyó haberlo superado con su sociedad comunista futura. Pero, parece haberse cumplido más bien la predicción de otro positivista famoso, Herbert Spencer, quien declaró a principios del siglo XX que el socialismo triunfaría, pero que con él, lejos de desaparecer el Estado, -- como creía Marx inspirándose en la frase de Saint-Simón de que "la administración de los hombres será sustituida por la administración de las cosas" y la norma que regiría en ella sería "a cada cual según sus necesidades " y no "a cada cual según sus capacidades (habilidades)" --, la Sociedad retrocederá a un estadio anterior, propio de las sociedades militares, con las consecuencias de empobrecimiento, estancamiento y ruina. El totalitarismo soviético ha confirmado dicha predicción, a nuestro juicio.

Parece más discutible otra opinión de Saint-Simón, quien pensaba que la paz mundial iba a imponerse con el triunfo de la sociedad industrial. Marx reservaba este triunfo también para la fase comunista final, en la que creía que desaparecería el Estado, aunque lo que ocurrió, de hecho, en el comunismo soviético, fue una creciente militarización de la sociedad. No obstante, el pacifismo de Saint-Simón no era un pacifismo utópico como el de Marx o el de Kant. Tiene un carácter claramente más positivo que el de Kant, tan vigente todavía hoy. Pues la ONU, como encarnación de la Sociedad de Naciones kantiana (aunque no cumpla la exigencia kantiana en todos sus miembros de "republicanismo", esto es de Estados de Derecho), solo cuenta con la fuerza del dialogo y el acuerdo, muy difícil de lograr, como se ha visto tantas veces. Pero Saint-Simón contaba, no tanto con el acuerdo de un Parlamento mundial, como con la desactivación positiva que supone la erradicación de la miseria y la explotación, causante de tantas guerras, por el aumento de la riqueza general por la explotación de la naturaleza con métodos científicos.

Ciertamente Saint-Simón no pensó que la propia ciencia aplicada al desarrollo de una industria orientada a la guerra produciría un armamento atómico disuasorio de futuras guerras mundiales. Pues, a partir de Hiroshima, la guerra ha dejado de ser para la humanidad lo que Hegel llamaba todavía "el Juicio de

Dios", el gran juez final que determinaba el curso de la Historia Universal. Hoy esto no es posible, no por la fuerza de los grupos pacifistas organizados, meramente testimonial, sino por la paradoja de las propias bombas atómicas que tienen una función puramente disuasoria, pues de lo contrario se conseguiría la desaparición de la especie o su regresión a situaciones semejantes a las paleolíticas, como pensaba Einstein, uno de los principales científicos que ayudaron a construir la primera bomba atómica. Es cierto que hoy es posible una guerra nuclear limitada a un escenario regional, como señala Samuel Huntington en su famosa obra *El Choque de Civilizaciones y la reconfiguración del orden mundial* (1997). Pero esto no cambiaría el curso global, por el hecho de su limitación local. Las habilidades militares propias del origen de la humanidad tienden a transformarse, hasta casi desaparecer por neutralización de sus efectos, en un mundo dirigido por potencias altamente industrializadas. Las guerras decisivas de nuestro futuro como especie son ahora la "guerras" económicas que, aunque se llamen así, poco tienen de militar. Pues la URSS, siendo una potencia nuclear prominente, no pudo resistir la competencia económica industrial con el Occidente capitalista, y su hundimiento económico si cambió verdaderamente lo que Hegel denominaba la *Weltpolitik*, la política mundial, aunque los rusos sigan siendo en su mayoría, y en comparación con Occidente, pobres poderosamente armados, hasta tanto no desarrollen plenamente su sociedad industrial, lo cual los ha llevado a volver al capitalismo como la única posibilidad realmente existente de hacerlo.

Pero, los tiempos están cambiando de nuevo en el panorama político ideológico. Se dice ahora que la tradicional oposición derecha/izquierda, basada en criterios de lucha económica, está siendo sustituida, como se ha visto en la victoria inesperada de Donald Trump en 2017 y más claramente en la de Macron en las elecciones presidenciales francesas de 2018, por la oposición entre los partidarios de la Globalización y los Nacionalistas o Soberanistas contrarios a ella. Los partidarios de la Globalización serían ahora la izquierda frente a los Soberanistas que serían la nueva derecha o derecha alternativa, como, por ejemplo, empezó a denominársela en Alemania.

Pero esta nueva caracterización de la nueva situación política mundial es todavía muy intuitiva y requiere un tratamiento conceptual más profundo que nos permita una valoración más segura del panorama político en el que tenemos que desenvolvernos en las próximas décadas. Pues, como decía Einstein, en ciertos casos lo más práctico es una buena teoría. Para ello, como hacían los platónicos, hay que alejarse del mundo de las opiniones controvertidas, del mundo de las apariencias, para regresar a las estructuras esenciales, las cuales no se captan con la mera intuición sensible, sino con el pensamiento conceptual propio de la actividad teórica.

Partimos, como suele ser admitido, de que la estructura esencial de la política hoy sigue siendo el Estado. Pero, porque sobre esto hay diferentes respuestas, debemos volver a preguntarnos: ¿qué es el Estado? Aquí podríamos acordarnos del cuento indio que nos relata el filósofo árabe Algacel: unos ciegos hablaban de un elefante según su experiencia táctil. El que palpó su oreja dijo que era un cojín; el que palpó su pata, dijo que era una columna; y el que tocó el colmillo dijo que era un cuerno enorme. De la misma manera, al comienzo de las concepciones modernas del Estado, el filósofo inglés Thomas Hobbes dijo que el Estado era un gran y monstruoso animal (Leviatán), que nos libraba de la guerra civil "de todos contra todos" y cuyo fundamento residía en el Pacto político entre el Soberano y sus súbditos. Locke y Montesquieu desarrollarían la estructura de ese Pacto en un sentido liberal, democrático y más funcional, que perdura hasta hoy en las triunfantes y poderosas democracias liberales actuales.

Pero esta concepción sólo vio el aspecto que Marx llamó superestructural del Estado, pues para este lo fundamental del Estado, la clave que explicaba su funcionamiento estaba en otro lado, en la base económica. No bastaba el Estado de Derecho, sino que, sin Estado de Bienestar Social, volvería la temida *guerra civil*. Así ocurrió en la Revolución Rusa y su consecuencia, la llamada Guerra Fría, de la que se empezó a salir cuando USA abandonó el dogma liberal de no intervención del Estado en la Economía. Se salió con el *New Deal* de Roosevelt y con el fomento del Estado del Bienestar con el presidente Kennedy nombrando por primera vez a un economista keynessiano ministro de economía. Con el Plan Marshall posterior a la IIª Guerra Mundial se empezó a extender el Estado de Bienestar a Europa.

Tras la derrota de la URSS, al final de la llamada Guerra Fría, viene la llamada Globalización, permitida por la caída del Muro de Berlín y fomentada por la Superpotencia vencedora, USA. Pero la Globalización, que considera que el Estado debe ser Estado de Derecho Universal y Economía sin Fronteras, lejos de garantizar un progreso político y un bienestar económico, está produciendo crisis mundiales de dimensiones aún más aterradoras que las antes vistas: la crisis bancaria que empezó en USA, la descolocación de los puestos de trabajo que se trasladan a China y otros países con bajos salarios, provocando la pauperización a las clases medias occidentales, la crisis política de Afganistán, Irak y de la llamada Primavera Árabe, de la que resulta el terrorismo islámico que amenaza USA y Europa, etc. De ahí que aparezcan nuevos movimientos políticos como la Derecha Alternativa, los cuales empiezan a decir que el Estado es fundamentalmente el territorio nacional, la tierra de nuestros padres (Patria), de nuestras tradiciones, idiomas y costumbres.

Este resurgir del nacionalismo político es ambiguo porque, como en los casos anteriores, padece de nuevo de una ceguera parcial. Pues decir que el Estado es la Patria es una verdad parcial que no se debe hipostasiar, sino que hay que tratar de hacerla compatible con las otras verdades parciales que se han ido estableciendo históricamente, como la Democracia política y el Bienestar económico. Pero para eso se necesita una nueva Teoría del Estado, más amplia, omnicomprensiva y compleja que las tradicionales procedentes del Liberalismo clásico y del Marxismo. ¿Dónde están los nuevos filósofos que nos iluminen al respecto? Mal momento para localizarlos, pues las figuras internacionales tenidas todavía por los últimos grandes pensadores, como los Foucault, Derrida, Habermas, Lakoff, etc., no nos sirven para esto. En la misma España, ¿hay algún filósofo que nos pueda ayudar a pensar esta nueva situación? Yo solo puedo señalar a dos. A Eugenio Trías, quien centró su reflexión en torno precisamente de la Idea de Límite o Frontera y que puede ser útil para introducirnos en esta nueva forma de pensar el Estado desde la Frontera, desde lo que él llamaba el *limes* del Imperio romano. Y en especial a Gustavo Bueno quien, con su Modelo Canónico de Estado, introduce explícita y sistemáticamente la consideración de una novedosa Capa Cortical o fronteriza a la hora de ofrecer un modelo teórico del Estado más complejo que los de Hobbes o Marx mismo.

La llamada Globalización pretende crear una sociedad sin fronteras por medio de instituciones civiles, tipo Médicos Sin Fronteras, Reporteros Sin Fronteras, Empresas Transnacionales, Monedas Digitales (Bitcoins), etc. Pero, al pretender igualmente el trasvase de poblaciones (exiliados, emigrantes, refugiados, etc.) y capitales (deslocalización de empresas, Tratados de Libre Comercio, etc.) sin control de los Estados, amenaza con destruir las Sociedades de Bienestar Occidentales, abriendo así profundas crisis políticas como las que estamos viendo en USA y Europa. Al relajar la vigilancia fronteriza en los bordes de la propia UE, al alimón con las llamadas a la emigración, que hicieron dirigentes políticos como el presidente español Zapatero o la canciller alemana Angela Merkel, junto con los refugiados de las guerras de Irak, Libia y Siria, la situación se hizo incontrolable y explosiva con la irrupción en la propia Europa de un terrorismo islámico inesperado que nos amenaza gravemente a todos nosotros, ciudadanos occidentales de a pie, ya seamos habitantes de ciudades cosmopolitas como Londres, París o Nueva York, rurales de Texas o de un diminuto pueblo francés.

Por eso constatamos que no todas las fronteras son iguales, como venía sucediendo hasta ahora. Eliminar el control de personas en la frontera española con Francia de Irún no tiene las mismas consecuencias que eliminar dicho control en Ceuta y Melilla o en la isla de Lesbos. ¿Qué tipo de frontera son pues estas últimas? Para responder a esta pregunta no nos basta con recurrir a conceptos técnico-administrativos propios de un funcionario de Aduanas. Por lo demás, dichos funcionarios son los únicos que, en la época de la Globalización, no podrían constituirse en el cuerpo de los Aduaneros sin Frontera sin caer en flagrante contradicción y en el consecuente ridículo. Precisamos, por ello, de algunos conocimientos histórico-filosóficos para abordar con suficiente profundidad la cuestión.

Precisamos pues, ante todo, de una Filosofía de la Frontera. Antes me referí a Eugenio Trías como el pensador español que centró su reflexión filosófica sobre la Idea de Límite o Frontera - el *limes* romano- enseñándonos a ver que la frontera no es una mera línea o barrera administrativa, fácil de borrar, que separa dos territorios, sino que ella misma es algo más complejo e importante. Trías empieza su libro, *Lógica del Límite*, con estas palabras:

"Los romanos llamaban *limitanei* a los habitantes del *limes*. Constituían el sector fronterizo del ejército que acampaba en el *limes* del territorio imperial, afincado en dicho espacio y dedicándose a la vez a defenderlo con las armas y a cultivarlo. En virtud de este doble trabajo militar y agricultor el *limes* poseía plena consistencia territorial, definiendo el imperio como un gigantesco cercado que esa franja habitada y cultivada delimitaba, siempre de modo precario y cambiante. Más allá de esa circunscripción se hallaba la eterna amenaza de los extranjeros o extraños o bárbaros. Estos, a su vez, se sentían atraídos por esa franja habitable y cultivable que les abría el posible acceso a la condición cívica, civilizada, del habitante del Imperio.

Los bárbaros, instigados y hechizados por el Imperio romano, sometían ese *limes* a un cerco a veces difuso, a veces hostil y amenazante, si bien con suma frecuencia se enrolaban en esos ejércitos agricultores que trabajaban y defendían el *limes*. A su vez la metrópolis y su centro de poder temían la irrupción imprevista de algún general victorioso que fuese habitante del *limes* o que pretendiese, desde esta zona estratégica, hacerse con el poder e investirse de la condición de emperador. Había, pues, un triple cerco: el que los bárbaros sometían al limes e, indirectamente, al propio cercado imperial; el que éste sometía a estos peligrosos amigos-enemigos que habitaban el limes, y el cerco que el limes y sus habitantes fronterizos sometían tanto a los bárbaros del más allá como a los *civilizados* del más acá" [1].

El *limes* actual, la frontera entre Occidente y otras culturas como la Islámica, no es, por ello, una mera raya en la carretera, algo meramente convencional y superficial. Trías atribuye a la Filosofía de la Modernidad esa concepción que él llama negativa, de límite y frontera, "como puro lugar evanescente, convencional y puramente lineal" e intenta con su Filosofía de la Frontera "sugerir un giro verdaderamente *copernicano* en relación con esta noción" [2].

Traducido a los acontecimientos políticos que estamos contemplando, podemos ver como el poder metropolitano lo encarnan hoy las grandes ciudades (Nueva York, Londres, París, Berlín, etc.) en las que, por la apertura incontrolada de las fronteras inducida por las ideologías de la Globalización, surgen barrios enteros de los llamados migrantes, procedentes de sociedades más atrasadas y *bárbaras*, en el sentido griego de ajenas a nuestras lenguas y costumbres occidentales, cuyos grupos minoritarios de individuos que rechazan radicalmente la asimilación en el país de acogida y la convivencia, las someten a un cerco de rechazo que puede llegar al ataque terrorista organizado en redes dirigidas desde el exterior. A su vez, muchos ciudadanos de a pie, más próximos al campo y al terruño, y menos influidos por las ideologías globalizadoras cosmopolitas, buscan a un líder populista que demuestre sus dotes de salvador cerrando las fronteras a los migrantes y derrotando su red terrorista. No estamos pues ante un pensamiento único globalizado, ni ante un dualismo de buenos y malos, sino ante un triple cerco cuya dialéctica debería presidir los análisis de detalle.

Por ello debemos abandonar la idea habitual de ver la frontera como una mera línea que se puede borrar fácilmente, para verla, siguiendo al filósofo Eugenio Trías, como un auténtico territorio en el que se hacen patentes, no solo conflictos o choques culturales, sino también intercambios y trueques varios. Trías pensaba en las fronteras (*limes*) del antiguo Imperio Romano. Pero hoy podemos aplicar esa visión a las fronteras de Occidente, una especie de nuevo Imperio romano por la calidad del nivel de vida alcanzado en relación con el resto del mundo en el que, debido a la facilidad de los viajes y a la limitación en el uso de la fuerza, sus fronteras son mucho más permeables, con lo que los territorios del *limes* romano se trasladan al corazón de la propia metrópolis, en los barrios de inmigrantes multiculturales de las grandes ciudades. En ellos se da hoy esa compleja dialéctica de "cercos recíprocos", señalada por Trías, entre aquellos migrantes que se quieren integrar y los que no, entre los occidentales que ven beneficioso el inter-cambio con otras formas culturales y los que lo rechazan.

No obstante, la forma de pensar estas cuestiones era en el filósofo barcelonés muy intuitiva o platónica, pues utilizaba figuras o metáforas muy brillantes que ayudan a ver el fenómeno de una forma nueva. Pero a la hora de analizarlo con rigor lógico-histórico se necesita algo más. Se necesita un conocimiento histórico y antropológico, científico-positivo, bien preciso y actual. Se necesita incluso, al modo platónico, salir de la caverna, realizar un *regressus* a los orígenes del propio hombre para poder reconstruir, en la vuelta a la caverna, de forma científico positivo, la situación actual.

En la propia teoría antropológica evolucionista de Darwin se puede buscar un equivalente de lo fronterizo en el hombre que rompa la tradicional dualidad cartesiana del cuerpo y del alma. Pues Darwin propone, en su obra *El origen del hombre*, la aparición de una mano exenta, tras la bipedestación, como el órgano evolutivo originario común y característico de la inteligencia propiamente humana. Pero la mano, vista según la filosofía del Límite de Trías, sería entonces, como extremidad operatoria, un órgano situado en la frontera del cuerpo con el medio entorno, cuyas otras dos partes, el tronco y la cabeza deben ser vistas ahora como alojando preferentemente sistemas terminales o basales (corazón, estómago) y sistemas relacionales (vista, oído, corteza cerebral).

Tenemos así una nueva concepción del hombre muy diferente de la tradicional concepción platónica del alma humana, según la cual ésta estaba dotada de tres partes: la irascible, cuya virtud es la valentía, la concupiscible, cuya virtud es la templanza, y la racional cuya virtud es la sabiduría. De ahí deriva Platón sus conocidos tres componentes del Estado Ideal: los artesanos, cuya virtud es la templanza, los guerreros (el valor) y los gobernantes (la sabiduría). La nueva concepción del Estado de Gustavo Bueno, que se corresponde, de forma homologa, a la concepción vitalista antrópico-operatiológica del hombre que proponemos, -en tanto que la estructura básica de la actividad racional humana es establecer relaciones operando sobre términos objetuales[3],- sería que el Estado tiene tres dimensiones o capas: terminal-objetual (su corazón o base económica), la capa relacional (su superestructura ideológico-política) y la capa operacional por la que se relaciona con otros Estados (la capa fronteriza, que incluye las fuerzas defensivas y el aparato diplomático).

De este modo conectamos con el Modelo Canónico de Estado de Gustavo Bueno[4] en el que distingue tres capas en el Estado: la capa Basal, que tiene que ver con la Base económica, la capa Conjuntiva, relacionada con la Superestructura política, y la capa Cortical, que tiene que ver con las fronteras del Estado. Lo que nos parece más interesante en su teoría del Estado es que le lleva a otorgar un papel central al establecimiento de esta especie de "corteza" del Estado que son las fronteras. Pues a diferencia de la Teoría del Pacto Social como origen del Estado, propia de Hobbes y Locke, o de la Teoría de la lucha de Clases de Marx o Rousseau, para quienes el Estado surge para la defensa de la clase explotadora dominante, la posición de Bueno sitúa el origen del Estado en la fijación de las fronteras originariamente por la apropiación, p. ej., de un territorio de caza por unas tribus frente a otras. Ya Ortega y Gasset, en *El origen Deportivo del Estado*, había situado también, como veremos con mayor detenimiento más adelante, el origen del Estado y de la familia de paternidad biológica propiamente dicha, en el rapto de las mujeres de otras tribus limítrofes, lo que será el comienzo de la exogamia, por medio de una especie de guerra o cacería cuyo objetivo era cobrarse las mujeres de tribus ajenas enemigas. Ortega relaciona esto con el mítico rapto de las Sabinas que se da en el origen del Estado Romano, subrayando, frente al origen en la división en clases económicas propuesto por Rousseau y Marx, la tesis de las clases biológicas de jóvenes guerreros frente a viejos, mujeres y niños.

El Estado es visto entonces, tanto en el caso de Ortega como en el de Gustavo Bueno, como un organismo vivo dotado de una finalidad interna que determina la necesidad de cazar bisontes o mujeres extranjeras en un territorio en disputa. Es visto según el modelo de una especie de célula biológica, que se constituye por el cierre de un espacio interior frente al exterior, con la aparición de una corteza o una piel que lo separa e individualiza frente a las tribus salvajes u otros Estados que surjan del mismo modo. Y así como en relación con la capa conjuntiva ideológico-jurídica ha sido bien establecido su funcionamiento operativo con la división de los tres poderes (ejecutivo, legislativo y judicial) de Montesquieu, y la capa económico-basal ha conseguido sortear las crisis económicas, desde la famosa de 1929, conjugando prudencialmente desde el keynesianismo la mezcla de libre mercado e intervención planificadora económica estatal, sin embargo la capa cortical o fronteriza está todavía sujeta a la contraposición excluyente entre Nacionalismo y Globalización sin vislumbrarse una posible solución conjugada. Trataremos en esta obra de poner unas bases sistemáticas conceptuales para contribuir a la búsqueda de la solución que permita superar los nuevos problemas políticos que plantea la Globalización, apoyándonos sobre las aportaciones de esta nueva filosofía Española y una forma nueva de pensar que denominamos Pensamiento Hábil o Filosofía de las manos[5].

INTRODUCCIÓN

Según Augusto Comte, el fundador de la Sociología, dicha ciencia ya había sido iniciada por los filósofos griegos Platón y Aristóteles, aunque solamente en la parte correspondiente a una especie de Estática o Anatomía de la sociedad política. La aparición de una Dinámica o Fisiología que explicase de forma funcional los cambios y transformaciones políticas de las sociedades a lo largo de la Historia sería la aportación de filósofos como el fundador del Positivismo, el Conde de Saint-Simón y del propio Augusto Comte. Con ello se inaugura la consideración de los cambios en el dominio tecnológico y científico de la Naturaleza, como motor del progreso en la riqueza económica y como base que alimenta y sostiene y permite el cambio progresivo de las sociedades humanas.

Por ello, para Comte, la Sociología, aunque había sido iniciada por los filósofos griegos, no alcanza su desarrollo y constitución plenamente científica hasta el siglo XIX, tal como para la Física clásica no le bastó para constituirse como ciencia la Estática de Galileo, sino que precisó de la Dinámica de Newton para cerrar su campo. Por ello fue la Sociología la última de las ciencias de la pirámide comtiana en constituirse como tal. Se puede comparar la tardanza en el proceso de su constitución como ciencia con lo que pasó con la Lógica, ciencia que Comte no consideró y que fue iniciada ya por Aristóteles, pero no se constituyó como una ciencia funcional y positiva hasta el surgimiento de la llamada Lógica matemática con Frege, Russell-Whitehead y demás. También la Lógica de Predicados aristotélica permaneció durante siglos estancada, como una disciplina estéril que, por mucha anatomía silogística que tuviese, no daba frutos tecnológicos que hicieran avanzar nuestro conocimiento y transformación del mundo, como la Física moderna, o las Matemáticas, según le reprocharon Francis Bacon o Descartes. Todo cambió cuando se empezó a interpretar la Lógica como un Algebra funcional, con Boole, De Morgan y otros, abriendo la vía de una interpretación lógico-transformacional de los Predicados como caso particular de la llamada Lógica de Relaciones, tal como lo lleva a cabo Bertrand Russell con sus definiciones extensionales y sus descripciones definidas. De dicha Lógica matemática surgirán entonces tecnologías tan poderosas como la Cibernética y la actual Inteligencia Artificial que están ya transformando poderosamente nuestro mundo.

En un sentido similar, Augusto Comte considera a Platón y Aristóteles como los iniciadores de la Sociología en su dimensión anatómica y meramente estática, aunque esta no se haya completado como ciencia hasta la aparición de la explicación científico-positiva (tecnológica, económica) del cambio político, que da lugar a las teorías modernas positivistas, marxistas, funcionalistas, etc., de las sociedades humanas en sus variadas manifestaciones históricas.

Platón habría iniciado, en su famosa *República*, una exposición de la estructura ideal de la Sociedad, distinguiendo anatómicamente, con la pericia de un buen carnicero, las tres partes de que se compone toda Sociedad: la clase de los productores, la de los guerreros y la de los gobernantes. Una división triádica que tenía precedentes en las propias mitologías indoeuropeas, como estableció Dumezil, tal como aparece claramente en el panteón de los dioses romanos presidido por la triada de Júpiter, que los gobierna, Marte como dios de la guerra y Quirino que tiene que ver con la producción agrícola, artesana o la reproducción biológica. Pero Platón, como discípulo de Sócrates, parte en filosofía del "conócete a ti mismo" propuesto por aquel y, por ello, estableció primero una teoría de ese "sí mismo", el cual no era algo puramente intelectual como pensaba el intelectualismo socrático, que Nietzsche criticaría, sino que, según Platón, estaba integrado por tres almas: el alma racional al que corresponde la pasión de la sabiduría o prudencia, el alma irascible dominada por la valentía y el alma concupiscible dominada por la templanza. La crítica de Nietzsche a Platón, alineándolo con el intelectualismo socrático, es injusta por ello, aunque si tiene más sentido su consideración de Platón como el padre de la Metafísica de los trasmundos que asumirá el cristianismo occidental. Pues para Nietzsche el Cristianismo es una especie de Platonismo. Pero ello no quiere decir que la metafísica de los presocráticos sea mejor, como supone Heidegger siguiendo a Nietzsche, sino que sencillamente, Platón, que consideraba básica la contraposición de distintas almas o pasiones en el sujeto humano (el alma inteligible, irascible y concupiscible debían equilibrarse de modo adecuado para el hacer el bien o lo justo), no disponía de una geometría funcional algebraica de carácter constructivo operatorio, como la que surgirá con Descartes, por lo que su teoría de la Formas o Ideas pecaba de rigidez estática, tal como señala, p. ej., Jean Piaget :

"Resulta, pues, natural que la primera de las grandes epistemologías haya recaído en las matemáticas y haya sido realista. Pero el realismo de Platón no se aplica, por razones fáciles de reconstruir, al mundo sensible. Ante todo, las figuras de la geometría son figuras perfectas, mientras que nuestras percepciones y nuestros dibujos sólo nos suministran aproximaciones dudosas (…). Existen, por tanto, Formas o Ideas que no incumben al mundo sensible y cuyo origen debe buscarse en otra parte. No obstante, sin la noción de un sujeto activo que intervenga en el conocimiento, y sobre todo sin la conciencia del juego de las operaciones de donde derivarían por construcción, esas "ideas", no hay más remedio que situar éstas en un universo distinto de la realidad sensible, en un universo tal, que el sujeto, siempre reducido al papel de mero espectador, pueda advertirlas por intuición directa pero inmaterial, o encontrarlas por participación o reminiscencia"[6].

Por tanto, en Platón hay trasmundos metafísicos porque no disponía ni de una matemática algebraica como la cartesiana, ni de una colaboración entre las entidades matemáticas y las físicas como la que surge con la física de Galileo y Newton. Será Kant, y sobre todo Fichte, quienes pondrán en valor el "lado activo", constructor, del sujeto epistemológico, aunque de un modo idealista todavía, como mera conciencia, como Yo Trascendental.

Platón hace corresponder a cada una de estas almas una clase de hombres formados, como relata el mito del Libro III de *La República*, por diferentes metales: a la primera los gobernantes (oro), a la segunda los guerreros (mezcla de oro y plata) y a la tercera la de los obreros o productores (mezcla de bronce y hierro). Con ello construye una teoría de una sociedad ideal presidida por la Idea de la Justicia como aquello que hace corresponder a cada uno la función social que le compete: a los más racionales el gobierno, a los más valerosos la milicia y a los que buscan el placer de los sentidos el trabajo productivo de bienes materiales. Platón pone la educación meritocrática, y no la herencia u otros factores, como aquello que permite ir seleccionando los miembros de estas tres clases sin distinción de sexos.

Además de esta estática social, Platón propone una explicación dinámica, aunque mítica, para entender la génesis de las distintas formas de Estado que aparecen en la historia de una sociedad como la griega, la cual era la primera que introducía la fase democrática como una de ellas. Así considera que, partiendo de la Aristocracia como el gobierno de los mejores o más sabios, pronto se produce una degeneración militarista en la que predominan los más valientes, la Timocracia, presidida por la virtud del honor asociada al valor guerrero y no a la prudencia del sabio. A su vez esta degenera en Oligocracia o gobierno de los más ricos en la que la valentía es sustituida por la riqueza de una minoría como el valor supremo, a costa del empobrecimiento de la mayoría, lo que provocará su rebelión instaurándose la Democracia o gobierno del pueblo. Pero la virtud que prevalece en la democracia es la virtud de la mayoritaria clase productora, la concupiscencia, la cual conduce a la búsqueda del placer de cada uno para sí, con lo que la democracia degenera en anarquía y demagogia, para salir de la cual, finalmente, el propio pueblo, cansado del caos, buscara concentrar el poder en un tirano. La tiranía debería conducir de nuevo a la Aristocracia, tal como el propio Platón lo intentó con Dionisio de Siracusa, fracasando, aunque su discípulo Aristóteles alcanzaría el éxito con su pupilo Alejandro el Magno, a la muerte del cual se crean los imperios helenísticos basados en nuevas aristocracias ilustradas, como los Ptolomeos en Egipto.

Pero esta explicación dinámica es cíclica y se reduce al área helénica. Será necesario esperar a la aparición de la Idea de una Historia Universal en Voltaire, presidida por el motor del progreso en el conocimiento de las técnicas y ciencias que incrementan la producción de la riqueza de los pueblos y mejoran sus costumbres, para que se pueda desarrollar una Dinámica de la evolución de las sociedades no cíclica, ni basada en mitos como el de los metales, y que, a la vez, incluya otras áreas civilizatorias del globo terráqueo. Ello dará lugar a las innovadoras teorías de la sociedad del Positivismo y del Marxismo. Pues, tampoco Aristóteles fue capaz de rebasar el horizonte de la ciudad platónica, aunque lo haya enriquecido y mejorado con notables distinciones y clasificaciones, como la tradicional reducción de los regímenes políticos a tres formas de gobierno: monarquía, aristocracia y democracia, situando la tiranía, la plutocracia, o la demagogia como formas degeneradas. La influencia de Platón y Aristóteles llegará todavía a autores como Locke o Montesquieu, con su famosa división de poderes, la cual tiene su precedente en el Platón de la Leyes a través de Cicerón y sus brillantes aplicaciones del platonismo en sus tratados *La República y Las Leyes*. Obras del mismo título que las platónicas y dedicados a explicar el gran poder alcanzado por la Republica romana al basarse en una combinación de democracia (Tribunos de la Plebe), aristocracia (Patriciado) y monarquía (Cónsules), tal como preconizaba la mezcla platónica de *Las Leyes*.

No obstante, la época filosófica helenística, lejos de ser una época de ocaso o decadencia filosófica tras el mediodía alcanzado por Platón y Aristóteles, es una época de importantes novedades que anticipan ideas que cristalizaran filosóficamente en la moderna Ilustración inglesa y francesa, como ya vio el joven Marx en su tesis doctoral. Se señala a estoicos y epicúreos como los introductores de un cosmopolitismo que rebasa los límites de la ciudadanía clásica griega, mantenida aun por Platón y Aristóteles. Los estoicos se proclaman "ciudadanos del mundo", combatiendo la oposición griegos/barbaros. Según Hegel, son los que comprenden que la libertad política es una apariencia, porque estamos sometidos a un orden natural necesario que nos determina como cuerpos por la espada del poder político. Solo cabe la libertad interior que deriva de la conciencia. Es el testimonio del emperador Marco Aurelio, el político más poderoso de su tiempo, que comprende que su libertad está solo en su interior, en sus soliloquios. Esta concepción estoica de una humanidad libre que se debe buscar en la interioridad de cada cual será incorporada por el cristianismo de San Agustín, con su "Noli foras ire, in te ipsum redi, in interiore homine habitat veritas".

Por su parte, los epicúreos se opusieron a la polis clásica buscando una alternativa de vida con la creación de sus comunidades basadas en un orden apolítico, que ya no era una vuelta al orden pre-político de las sociedades familiar, sino un orden nuevo establecido por El Jardín, que funda Epicuro en las afueras de Atenas, basado en la relación personal e igualitaria de la amistad. Un orden social que anticipa la separación moderna entre

Estado y Sociedad Civil. Como señala Gustavo Bueno:

"Fueron los epicúreos quienes con más tenacidad sostuvieron la idea teórica (puesto que ésta fue prácticamente llevada a la realidad en una gran medida), de la posibilidad de una sociedad humana exenta, plena y genuina al margen del Estado. Replegándose de la vida pública, el Jardín quería ser la realización de una Sociedad humana no política. Pero aunque este Jardín fuera en realidad un Huerto, como ha subrayado Farrington, se trataba de una Sociedad más urbana que rural. En este sentido seguía siendo Sociedad civil, pero dando precisamente a este adjetivo el significado de 'no político'. Aquí tenemos una de las fuentes de la acepción de la Sociedad civil, como sociedad apolítica"[7].

Las comunidades epicúreas tuvieron tanto éxito que llegaron a extenderse por toda la sociedad helenística, creando una especie de red de salvación individual alternativa a las instituciones políticas vigentes y a las religiones llenas de superstición y supercherías. Aunque las comunidades epicúreas entraron en crisis y fueron disminuyendo en torno al siglo II después de Cristo, como señala Benjamín Farrington[8] su forma de organización en comunas dirigidas de forma centralizada por medio de las cartas de su director Epicuro, fue copiada en la organización del Cristianismo por San Pablo, centralizándolo y dirigiéndolo con sus cartas y homilías a las diversas comunidades, además de con la manua-lización de su enseñanza con un resumen para catecúmenos, el Catecismo Cristiano, que recuerda al *Tetrapharmacon* de los epicúreos. Este modelo de Sociedad espiritual paralelo al Estado será teorizado por San Agustín con la contraposición entre la Iglesia como Ciudad de Dios, a la que se debe subordinar la Ciudad Política, Roma. El modelo epicúreo de huida al campo, -pues según Farrington el Jardín era una especie de comuna agrícola auto-subsistente-, se lleva a cabo en su versión cristiana con la aparición de la vida eremítica y conventual en torno al siglo IV en los desiertos egipcios próximos a Alejandría y en los posteriores cenobios que siguen la regla de San Benito[9].

En tal sentido, la creación de la vida monástica, tan importante en la Sociedad medieval, es la continuación de estas concepciones helenísticas que buscan una organización de la vida humana centrada en el reconocimiento de la libertad personal de conciencia, separada de la vida política y que empezó a reconocerse de modo institucional positivo cuando el imperio romano deja de perseguir a los cristianos, con el emperador Constantino, y les permite organizarse mediante Concilios, como el de Nicea, en relación a sus creencias religiosas al margen del poder político, a cambio de que los cristianos respeten a este en sus obligaciones puramente político-administrativas. La Iglesia renuncia entonces a presentarse como una Sociedad alternativa y enemiga del Imperio romano para "dar al Cesar lo que es del Cesar", a cambio de que el imperio respete y ampare "lo que es de Dios", el ámbito de las creencias religiosas personales que solo pueden ser competencia del Papa, como Vicario de Cristo en la Tierra. Se dice que, con ello, se produce la primera separación formalmente institucionalizada en la historia entre el poder político "terrenal" y el poder religioso o "espiritual".

La justificación teórica de tal novedad conducirá a la creación de la famosa doctrina teológica de la Trinidad Cristiana. Ello comenzó ya en el Concilio de Nicea (325 d. c.), en tiempos del emperador Constantino, el cual había legalizado a los cristianos, después de siglos de persecución, por razones supersticiosas (el famoso sueño antes de la batalla de Puente Milvio que le llevó a pintar la cruz Cristiana en los escudos de los soldados, ganando la batalla y convirtiéndose en Emperador) o por motivos de mera estrategia política, pues el Imperio tendía a fracturarse y los cristianos poseían ya una extensa organización, muy centralizada desde San Pablo, que podía ayudar a reforzar la unidad política con una unidad religiosa. Como contrapartida, precisamente en Nicea se permitió a los cristianos reunirse y discutir libremente sobre temas religiosos. Allí se debatió si Cristo, el Hijo de Dios, era también Dios, como el Padre, o solo hombre. Las posiciones se dividieron entre Arrio y Atanasio. Los arrianos tendían a considerar a Cristo como un mero hombre en tanto que creado por Dios, mientras que los seguidores de Atanasio mantenían su doble naturaleza divina y humana.

El fondo de esta cuestión bizantina no era banal, porque afectaba a las relaciones de la propia Iglesia con el poder político pues, si en Cristo predominaba su naturaleza humana, la Iglesia fundada por él no tenía origen divino y debía someterse al emperador; pero si su fundador, Cristo, era divino escapaba a su control en las cuestiones espirituales. Al triunfar la posición de Atanasio se garantizó ideológicamente la separación de poderes entre la Iglesia, cuya sede, como símbolo de tal separación, siguió en Roma, lejos de la nueva sede imperial, Constantinopla. El arrianismo, aun declarado herejía, pero más cercano a la mentalidad racionalista griega que no podía admitir un hombre dios, siguió teniendo gran influencia en la parte Oriental del Imperio, siendo fuente de importantes herejías que influirían decisivamente en la negación de la doctrina trinitaria por parte de la Iglesia Ortodoxa y del propio Islam, pues Mahoma se educó en escuelas cristianas de la herejía nestoriana, próxima a la arriana. La posición de Atanasio tendrá mayor influencia en la parte Occidental del Imperio y será asumida por San Agustín, quien copiará de la filosofía neoplatónica, la última escuela filosófica griega más influyente, la estructura procesionista de las triadas de eónes que descendían de lo Uno hacía la Inteligencia y el Alma del Mundo, para justificar sistemáticamente en su obra *De Trinitate*, el famoso Dogma Cristiano, sustituyendo lo Uno por Dios Padre, la Inteligencia por el Hijo y el Alma del Mundo por el Espíritu Santo.

De ahí, que dicha separación del poder terrenal y del espiritual, - teorizada racionalmente por San Agustín en su obra *La Ciudad de Dios*, en una mezcla de razonamiento filosófico-ontológico y teológico-, una vez caído el Imperio romano, se aposentará en la Europa occidental medieval con el intento de reconstruir el Imperio de Constantino por Carlomagno, rey de los francos, el cual reconocía la necesidad de la bendición del poder político imperial por el de la Iglesia en el acto de su coronación del día de Navidad del 800 por León III en la Basílica de San Pedro. Pero el imperio de Carlomagno se dividió a su muerte, como el de Alejandro, dando lugar a los Reinos sucesores que mantuvieron, sin embargo, la unidad religiosa, admitiendo la separación del poder religioso del político, aunque ello diese lugar a un periodo arduo de luchas y discusiones conocido como la cuestión de las Investiduras, sobre en quien debía recaer la facultad de nombramiento de los obispos. Dicha polémica alcanza su culmen en el siglo XI con el conflicto entre el Papa Gregorio VII y el emperador alemán Enrique IV. Al final se acabó estableciendo una forma de nombrar los obispos mixta que, por lo menos, evitó que hubiese una imposición de candidatos por una de las partes para el cargo, el cual además de ser de carácter espiritual, lo que exigía una formación sacerdotal que solo la Iglesia podía dar, tenía atribuciones importantes de poder temporal que incluían entidades productoras como conventos, monasterios, etc., e incluso tropas militares. Pues la Iglesia, al impulsar la creación de monasterios con la creación de ordenes regladas como la de San Benito, empezó a jugar un importante papel, no solo en relación con la función de orar, sino asimismo con la de laborar (*orat et laborat*) de los monjes.

Dichos Monasterios, controlados en último término por la curia papal, jugaron un papel decisivo en el progreso de la agricultura y las artes que fueron mejorando y pasando de tiempos oscuros a otros en que se crean bibliotecas que atesoran un caudal cada vez mayor de conocimientos en todas las ramas del saber. Con el progreso en la producción agrícola, derivado en gran parte de los propios monasterios, junto con la importación de avances técnicos y civilizatorios tomados del contacto a través de las cruzadas y de la llamada Reconquista en la Península ibérica, con la más desarrollada por entonces civilización islámica, se produce un renacer de las antiguas ciudades, que habían entrado en decadencia desde el final del Imperio romano, como mercados para dar salida a los excedentes agrícolas y artesanos resultado de las innovaciones de esta magna obra civil que desempeñó en muchas regiones la labor constante de los grandes monasterios en las tierras de su propiedad comunal e indirectamente las producidas por el incremento del comercio proveniente del lejano oriente. El renacer de las ciudades en la alta Edad Media tuvo que ver también, como señala el Conde de Saint-Simón, con la imitación del esplendor de ciudades musulmanas, como la Córdoba del Califato. Y en Toledo, ciudad fronteriza de la época de Alfonso X el Sabio, a través de la Escuela de Traductores, se produce la transmisión más completa del legado científico y filosófico griego que, en gran parte, como las obras principales de Aristóteles, se había perdido en Occidente. Saint-Simón ve la creación de las Universidades como consecuencia de la conjunción de estos dos factores: el crecimiento ciudadano y el aumento de bagaje científico y filosófico adquirido con las traducciones del árabe. Pues hasta entonces la enseñanza superior se llevaba a cabo en las Escuelas catedralicias del tipo de la creada por Carlomagno en Aquisgrán. Pero el renacimiento de la vida comercial ciudadana, con el incremento de los viajes y el transporte de mercancías lejanas, precisa también de las hospederías y hospitales, como se observa en la creación del Camino de Santiago en el que se mezcla la peregrinación con el comercio. De ahí el auge de profesiones como los médicos de los hospitales y los abogados y juristas para dirimir los abundantes conflictos contractuales que genera el comercio, rescatando el Derecho romano que había sido compilado por el emperador Justiniano. En Paris, el alcalde de la ciudad cedió unos locales en la colina de Santa Genoveva para que se impartan las nuevas profesiones demandadas, en los que los alumnos privadamente acuerdan los honorarios con los profesores para recibir las nuevas enseñanzas. Así surge las Facultades de Derecho y Medicina a las que se añaden los estudios de Filosofía y Teología, para los que la Iglesia proveerá con famosos profesores, los grandes escolásticos.

El crecimiento de las actividades artesanas y comerciales dará un salto cualitativo con el descubrimiento de América y la apertura por los portugueses y españoles de las rutas de navegación de carabelas, fragatas y galeones, que cubren el globo terráqueo por primera vez con la famosa expedición de Magallanes-Elcano, desarrollando la mejor cartografía de los primeros y efectivos mapas del globo basados en la trigonometría científica griega. Se ponen así las bases del comercio mundial previo al surgimiento del capitalismo, con la aparición de ricas ciudades portuarias como Sevilla, Ámsterdam o Londres. En las nuevas y pujantes ciudades del Norte de Europa se forma la poderosa clase productora que Saint-Simón denomina de los industriales, que incluye a la burguesía capitalista y a la naciente clase obrera surgida del excedente campesino que, en Inglaterra, se produce con la expropiación de los monasterios y las *enclosure acts*. Dicha nueva clase industrial de obreros y capitalistas, unidos por intereses comunes frente a los señores feudales, acabarán produciendo las revoluciones democráticas modernas en Inglaterra y Francia. A su vez, en las Universidades, se acabará produciendo la revolución copernicana que abrirá el camino a la Física newtoniana, la cual provoca una fuerte división en el "poder espiritual" entre los aristotélicos dominantes en las Universidades y los científicos y filósofos modernos que se sitúan fuera de ellas. De tales conflictos sale la nueva moderna sociedad industrial que los positivistas, como Herbert Spencer, contraponen a las sociedades anteriores consideradas como sociedades militares. Pero el cambio no se produce de golpe, sino que, como señalaba Saint-Simón, tiene sus raíces en una Edad Media dominada por las importantes innovaciones históricas que ya introdujo el Cristianismo. Concretamente, la idea de una Iglesia separada del poder político terrenal y vista por el agustinismo como la Ciudad de Dios que pone límites al poder político de Roma, la "ciudad terrenal", pensando en la salvación última de las personas individuales. Esta idea será secularizada con la creación por los filósofos ingleses de la idea de una Sociedad Civil separada del Estado y consagrada a los fines económicos que garanticen la libertad individual de los propietarios, a la que el Estado debe subordinarse. Como señala Gustavo Bueno:

"En cuanto a la idea liberal de una sociedad civil exenta y libre de las constantes pretensiones intervencionistas del Estado, hay que decir que ella seculariza, o incluso realiza en muchos casos, la misma idea teológica de la sociedad civil vecina (por ejemplo, el liberalismo demócrata-cristiano). Se defiende que esta sociedad civil existe ya en el presente y no en el futuro, que ella es la sociedad auténticamente viva de nuestros días y que el Estado debe estar a su servicio, dispuesto a salir al paso <<subsidiariamente>>"[10].

En relación con ello, la Revolución Inglesa no es una revolución radical como la francesa, sino que tiene algo del pacto del emperador Constantino con los cristianos perseguidos hasta entonces, pues ahora se produce un pacto entre la corona inglesa de Guillermo de Orange y la clase burguesa inglesa que, después de la Revolución Gloriosa, mantiene el poder del Estado monárquico seriamente amenazado por la rebelión del Parlamento que llevó a la Guerra Civil inglesa, a cambio de que sea el Parlamento quien legisle precisamente los límites en que se mantiene el poder del Rey con vistas al libre desarrollo del comercio y la industria sin intervenciones estatales. Pues la Sociedad Civil, como sociedad estrictamente económica que busca el beneficio privado, se rige por la mayor libertad individual posible, que, con la globalización de las rutas marítimas iniciada por los españoles con el viaje de Elcano, rebasa incluso las fronteras nacionales. Sera este novedoso concepto de Sociedad Civil el que Hegel traducirá al alemán como *bürgerlicher Gesellschaft* al tratar, en su *Enciclopedia de las ciencias filosóficas*, del Espíritu Objetivo exponiéndolo como compuesto de tres partes: la

Familia, la Sociedad Civil y el Estado.

Dichas partes se relacionan según una dialéctica peculiar que caracteriza al mundo moderno a diferencia del antiguo. Pues Hegel ve en el concepto de Sociedad Civil la superación del conflicto entre los valores de la familia y los del Estado, propio de las sociedades antiguas, como la griega, tal como se reflejaba en la *Antígona* de Sófocles. Aristóteles, siguiendo a Platón, contraponía directamente los valores que rigen la familia frente a los que rigen el Estado, de tal modo que en la familia predomina la desigualdad natural de viejos/jóvenes, pero está compensada por el amor fraterno, mientras que en el Estado predomina el sometimiento a la ley igual para todos, aunque compensado por la justicia entre sus miembros regida por la igualdad atributiva del "a cada uno lo suyo" (*suum cuique*). De ahí la apología platónica del Estado Ideal, al que se debe someter el individuo, como solución de los conflictos de poder.

Pero en el mundo moderno la fuente del poder deja de ser la conquista militar, con el consiguiente sometimiento y explotación de otros pueblos, para pasar a ser la explotación científico industrial de la fuerzas de la Naturaleza, como fuente de la riqueza de las naciones (*Wealth of Nations*), como refleja el título del famoso libro de Adam Smith, el padre de la moderna ciencia Económica. En tal sentido, según Hegel, la familia, para su supervivencia, ya no choca directamente con el Estado, como en las sociedades antiguas, sino con la Sociedad económica que la envuelve y somete y que está regida por valores nada fraternales, como la competencia y la lucha despiadada por el beneficio de las ponderosas corporaciones económicas. Dicha sociedad económica, lejos de desarrollarse armónicamente regida por una "mano invisible", como creía Adam Smith, que resuelve sus conflictos autorregulándose, según las Leyes del equilibrio entre la oferta y la demanda de Le Say y del liberalismo económico clásico, está sometida, según Hegel, a crisis económicas que llevan al empobrecimiento progresivo de las clases trabajadoras. Como escribe Hegel en el & 245 de su *Filosofía del Derecho* :

"Si a las clases adineradas les fuese impuesto el tributo directo, o si en otra propiedad pública (hospitales ricos, misiones conventos) existieran los medios inmediatos para mantener a las masas que caen en la miseria, en la condición de su ordinario modo de vivir, la subsistencia de los indigentes estaría asegurada sin ser proveída por el trabajo, situación que estaría en contra del principio de la Sociedad Civil y de la conciencia de sus miembros, de su autonomía y dignidad; o si aquella subsistencia fuese solucionada por el trabajo (por la ocasión de éste), se acrecentaría la cantidad de los productos, en cuya superabundancia y en la falta de suficientes consumidores, productores ellos mismos, reside, por cierto, que el mal se acreciente sencillamente por estas dos maneras. Aquí se plantea el problema de que la Sociedad Civil *no es suficientemente rica*, en medio del *exceso de riqueza*; esto es, que no posee en la propia riqueza lo suficiente para evitar el exceso de miseria y la formación de la plebe"[11].

Por ello Hegel pone al Estado como una tercera instancia que interviene para superar la contradicción entre la Familia y la Sociedad Civil, que lleva al exceso de miseria y empobrecimiento de gran parte de la población, en tanto que representante de la universalidad más objetiva y capaz de hacer justicia, la de la clase funcionarial o burocrática. La crítica de Marx no se hizo esperar centrándose precisamente en la inversión entre las relaciones del Estado y la Sociedad Civil. Marx utiliza la metáfora arquitectónica de Base (*Aufbau*) y Superestructura (*Überbau*) para invertir la posición que Hegel asignaba al Estado y la Sociedad Civil pues, según él, sería la Sociedad Civil la que encarna el papel de Base económica sobre la cual se apoya el Estado, como una mera Superestructura político-ideológica. La Sociedad Civil, en cuanto sociedad económica, se ocupa del mundo de las necesidades de producción y reproducción de la vida humana que sostiene a la superestructura estatal. Por tanto, para Marx, la clase universal no son los funcionarios estatales, como Hegel mantenía en la línea del Despotismo ilustrado, sino la clase obrera en tanto que del análisis que Marx, en *El Capital*, lleva a cabo del funcionamiento de la Economía, resulta ser la clase explotada.

En tal sentido, el Materialismo Histórico, tal como aparece resumido por Engels en su famoso libro, *El origen de la familia, la propiedad privada y el Estado*, arrancaba de la relación entre las clases sociales y el origen del Estado. El origen de este habría sido la ruptura de la unidad originaria del «comunismo primitivo» en dos clases antagónicas, la de los explotadores que se apropian de loa territorios y riquezas comunitarias y la de los expoliados. En los conflictos entre estas clases sociales, así constituidas, pondría el materialismo marxista el «motor» de la historia, la famosa lucha de clases. Y entre los sucesos más importantes de este proceso histórico de la lucha de clases, aparece la constitución de los Estados, como instituciones al servicio de los explotadores para dominar y explotar a la clase explotada. El Estado, en el Materialismo Histórico es, pues, una superestructura posterior a la división de la sociedad en clases sociales por la que se introduce la propiedad privada de los medios de producción. Por ello, para Marx, el objetivo último del comunismo, la supresión de las clases sociales, implicaba la extinción del Estado, al que sucederá un nuevo tipo de sociedad sin Estado en la que, retomando una frase del Conde de Saint-Simón, la «administración de las personas» debería dejar paso a la «administración de las cosas». En ello reside el componente utópico del marxismo que se enfrenta al estatalista Hegel regresando en este punto al más kantiano Fichte, que había desarrollado una filosofía de la Historia en su obra *Los caracteres de la Edad Contemporánea*, en la que se preveía una extinción del Estado con la realización futura del kantiano Reino de los Fines[12]. Como señala Gustavo Bueno:

"La idea marxista de un <<estado final de la Humanidad>> se apoya también en la posibilidad de una Sociedad civil exenta, respecto del Estado, no ya en la perspectiva del pretérito o del presente etnológico, sino en la perspectiva del futuro político. El Estado representará ahora el resultado de una especie de secuestro de una Sociedad civil pre-política por la Sociedad política. Pero en la fase final, el Estado se desvanecerá y la Sociedad política tomará la forma superior de una Sociedad civil"[13].

Lo que de hecho ocurrió con el marxismo en su corriente de mayor influjo histórico político, el marxismo que triunfa en la Revolución rusa de 1917, fue que el Estado, lejos de desaparecer y ser sustituido por la sociedad civil superior del comunismo soviético, se convirtió en un poder terrible sobre la propia sociedad civil, el poder del estalinismo soviético, que lejos de permitir un desarrollo económico enriquecedor y superior al de sus rivales capitalistas, provocó un colapso económico que llevo al derrumbe final del poder soviético. No todo este experimento fue vano porque de él queda paradójicamente, no una nueva Sociedad civil libre y rica, sino un Estado ruso nacionalista que, tras la reorganización de Putin, sigue hoy entre las potencias de primera línea que predominan en el mundo.

De ahí el fracaso del marxismo, por el utopismo de su concepto comunista de Sociedad Civil entre otras cosas, frente al concepto de Sociedad Civil que surgió en Inglaterra en el siglo XVII con Locke y Adam Smith como ideólogos del liberalismo político y económico que ha derrotado al denominado totalitarismo soviético por acción de la poderosa USA. La clave puede estar en que la Revolución inglesa no trató de ahogar al Estado político monárquico, sino que llevó a cabo un pacto por el cual resultaba una nueva aplicación de la fórmula que permitió una larga duración y *eutaxia* al modelo constantiniano de división de poder por el que la Iglesia tenía garantizaba las libertades individuales de conciencia a cambio de dar al Cesar solo el poder político terrenal. Pues la fórmula política de la Revolución inglesa es un hibrido, la Monarquía parlamentaria, en la que Locke dejó claras las funciones respectivas de dar al Rey lo que es del Rey, el poder ejecutivo, y al pueblo o sociedad económica (aunque la democracia era entonces más bien una oligocracia censitaria) el poder legislativo basado en el respeto a las libertades de la iniciativa individual privada. USA recogería esa tradición en la fórmula mixta de su Constitución democrática presidencialista y no meramente democrática parlamentaria. Pues, aunque la solución prudencial que adoptó la Revolución inglesa finalmente, al mantener a la monarquía en sus funciones de gobierno separadas de las funciones legislativas, que en realidad eran las decisivas en último término, buscaba un equilibrio entre la tradición y el progreso, sin embargo acabó dando lugar a la fórmula de "el Rey reina pero no gobierna" atribuida a Adolphe Thiers en su rechazo de la monarquía absoluta de Charles X de Francia. Frase brillante como crítica del absolutismo monárquico, pero que solo contenía media verdad, ya que el rey en el modelo inglés, copiado también en España por la Restauración decimonónica, decidía quien gobernaba por el famoso "turno de partidos" conservadores y liberales, en relación con unas elecciones llenas de fraudes, sobre todo en el caso de la Restauración española como denunció Joaquín Costa en su famoso libro *Oligarquía y caciquismo*.

Pero ese dicho de la inoperancia gubernativa del Rey acabó cumpliéndose en el siglo XX cuando las monarquías parlamentarias, ante el auge de la ideología democrática, acabaron siendo reducidas, de hecho, a funciones meramente protocolarias, como ocurre con la actual monarquía inglesa. Además, la crisis que sufrió el liberalismo económico por el aumento de la miseria y el paro producido en la gran Depresión de 1929, que afectó en especial a USA, demostró la mayor eficacia para salir de ella de la democracia presidencialista norteamericana que permitía la existencia de un poder presidencial elegido y renovable según cambien las circunstancias políticas, dotado de amplios poderes ejecutivos y separado de los poderes parlamentarios como el Congreso y el Senado. Inglaterra, a pesar de un primer ministro excepcional como Winston Churchill, no pude iniciar el poderoso cambio intervencionista en la política que distinguió a la política norteamericana del *New Deal* de Roosevelt o del posterior keynesianismo introducido por el presidente Kennedy en la Administración económica y continuado por Johnson[14].

En tal sentido los poderes de la Casa Blanca, que han aumentado considerablemente debido a las competencias en la política exterior, por la involucración creciente de los norteamericanos en conflictos exteriores, sobre todo tras su paso a única potencia global realmente existente tras la caída del Muro de Berlín, -pues China y Rusia solo mantienen hoy influencias regionales-, dichos poderes presidenciales se acercan a transformar USA en una "republica coronada", con sus tendencia a las "dinastías" electivas de los Kennedy, los Clinton o los Bush. Algo semejante a lo que ocurrió con el paso de la Republica romana al Imperio, con sus emperadores elegidos desde arriba entre las familias patricias. Hoy hablaríamos, no ya de patricios, sino de familias políticas con amplias conexiones con los círculos económicos y mediáticos que son determinantes en la financiación de las costosísimas campañas electorales necesarias para acceder a la llamada Administración.

La crisis del marxismo ha sido provocada por ello, de modo decisivo, por el éxito en la construcción por el liberalismo anglosajón de una Sociedad Civil desarrollada de un modo no exento, ni utópico, ni antiestatal, sino en alianza con el Estado, en una especie de reparto de papeles dentro del papel subsidiario asignado al Estado, sin excluir su intervención en la esfera macroeconómica al estilo keynesiano. Intervención iniciada por USA con su *New Deal* que superó la Gran Depresión y consiguió realizar el *american dream* que logró la integración en el sistema tardío capitalista norteamericano de la clase obrera, como observó asombrado el miembro de la Escuela de Frankfurt, Herbert Marcuse exiliado a causa del nazismo en California. Había pues que revisar, según Marcuse y la denominada Escuela de Frankfurt, las tesis del marxismo clásico, pues la clase obrera ya no era el sujeto revolucionario que Marx pensó. El nuevo sujeto revolucionario se fraccionaba en las minorías negra, sexual, cultural, etc. Influyó en ello la relevancia de las luchas por los llamados derechos civiles que en la década de los 50 tienen lugar en USA. Pero Marcuse concibe estos derechos todavía de forma utópica, en el marco de una futura sociedad comunista exenta de la alienación política de clase en el sentido de Marx. Por ello su revisión del marxismo, como la del conjunto de la propia Escuela de Frankfurt, no va más allá de sacar nuevos decimales al marxismo para aproximarlo y adaptarlo para que su mensaje revolucionario alternativo engrane con los desarrollos del llamado por Habermas tardo-capitalismo.

En realidad, lo que se necesita es superar al propio marxismo que ha demostrado sus límites e impotencia a la hora de analizar la sociedad política. Pues, no se puede negar que, aunque el concepto de Sociedad política marxista sea utópico y allá sido vencido por el liberalismo político anglosajón, ello no significa que estuviese enteramente equivocado en aspectos que deben ser mantenidos en una posible nueva concepción del Estado, como la que presentaremos aquí. Mismamente, uno de los aspectos más débiles de la concepción liberal del origen del Estado de Hobbes y Locke era la controvertida teoría del "pacto social" entendida como explicación del origen histórico del Estado. Aunque otros aspectos de dicha teoría, como la indivisibilidad de la soberanía o la separación de poderes de Locke, completada por Montesquieu, han pasado la prueba práctica de su deseable funcionamiento en la evitación de crisis políticas, sin embargo, la investigación histórica o antropológica ampliamente desarrollada en los dos últimos siglos no parece avalar de ningún modo que haya existido jamás un pacto semejante. Ya, en la propia Inglaterra, Edmund Burke, en el siglo XVIII, puso en cuestión la existencia histórica del pacto como una ficción que nunca existió, pues las instituciones políticas son producto más bien que de decisiones conscientes individuales, de las circunstancias, los hábitos civiles, los impersonales usos y costumbres sociales, como diría Ortega, que perviven en el tiempo. Rousseau, aunque aceptó la teoría del pacto en su influyente *El Contrato Social* (1762), fue a la vez, con su *Discurso sobre el origen de la desigualdad entre los hombres* (1755), el desencadenante del origen del Estado como un producto de la lucha de clases, tal como lo desarrollará Marx, cuya influencia crítica sobre el rechazo de la teoría del Pacto se impondrá en el periodo del dominio del marxismo soviético.

Pero, será con el derrumbe de la URSS cuando empiezan a tomarse en serio las críticas a los fundamentos doctrinales del propio marxismo y no solo a aspectos parciales tenidos por meras desviaciones. Ya a principios de la década de los 70, en el marxismo estructuralista francés de Althusser y Balibar, se plantearon volver a pensar el significado de Marx como científico fundador del "nuevo continente" de la Historia científica, para lo cual habría necesitado dar un "corte epistemológico" con el hegelianismo de su juventud. En España, en polémica con el althusserismo, Gustavo Bueno[15], mantuvo la imposibilidad de entender al marxismo si se cortaba su relación a la obra de Hegel. Pues hay muchas deudas que Marx tiene con Hegel y sin las cuales no habría marxismo, tales como las ideas de "clase universal", alienación, método dialéctico, salto cualitativo, etc. Por tanto, no había "corte epistemológico", aunque si una "vuelta del revés", una inversión dialéctica del idealismo en la que dichas ideas tomarían un sentido diferente y muchas veces opuesto.

Gustavo Bueno utilizó a veces la fórmula de volver a superar a Marx mismo invirtiéndolo a su vez. Parecía entonces que si Marx había dado un giro de 180° al Sistema idealista de Hegel, transformándolo en un Sistema filosófico materialista, la propuesta de Bueno de invertir de nuevo el Materialismo de Marx llevaría al Idealismo otra vez, pues dos giros de 180° equivalen lógicamente a una transformación idéntica, a un volver al punto de partida. Pero Bueno no tenía evidentemente esa intención, pues su planteamiento no iba dirigido a entender la inversión total del Sistema, sino a algunas de sus partes. Dicha inversión de Hegel por Marx se podía ver con claridad, según Bueno, en el contexto preciso de las figuras del Espíritu Objetivo de Hegel, sobre todo en las relaciones entre la Sociedad Civil y el Estado. Así, mientras Hegel supone que la Sociedad Civil, para solucionar las contradicciones debidas a sus particularismos, debe someterse a la universalidad encarnada por el Estado y su burocracia, que Hegel identifica con la "clase universal" por actuar siguiendo los criterios de la justicia y la legalidad, Marx supone, por el contrario, que es el Estado el que vive en un mundo abstracto y parasitario que depende enteramente de la sociedad económica que lo alimenta con sus impuestos y exacciones, que en definitiva brotan de la riqueza producida por el proletariado, el cual resulta por ello la verdadera clase universal en tanto que la verdadera creadora del plusvalor. Dicha clase, sin embargo, aparece como desposeída de ese plusvalor por la explotación de la clase burguesa que utiliza al Estado precisamente para mantenerla sometida. De ahí que Marx propone primero una nueva Revolución, para la que la clase obrera debía unificarse como la verdadera encarnación de un género humano que debía regenerar a la sociedad humana desde su desviación del comunismo primitivo preestatal, para volver a un comunismo final en el que desaparecerían las clases sociales, y el propio proletariado como una de ellas, e incluso el Estado mismo que, al no ser ya necesario en un mundo futuro sin explotación, se extinguiría.

Pero, la realidad histórica posterior a Marx habría desmentido la idea de que el proletariado era tal clase universal, pues es en la Primera Guerra mundial donde el proletariado francés lucha a muerte contra el alemán, a pesar de los llamamientos a tirar las armas de la ya influyente II Internacional. El fracaso de la revolución comunista en Alemania orientará a la III Internacional comunista, que había triunfado en la Revolución Rusa, hacia la subordinación por Stalin, frente a Trotsky, de todo el movimiento comunista internacional al servicio de la propia Rusia como "patria" del Proletariado. Por ello el hundimiento económico del Imperio soviético fue el golpe final a las tesis marxistas sobre la universalidad del proletariado y el advenimiento de una sociedad comunista sin clases. De ahí la necesidad de examinar los propios fundamentos sociológicos del marxismo para determinar sus fallos de base. En tal sentido, como veremos, se orienta la crítica de Gustavo Bueno cuando localiza el problema en la propia teoría del origen del Estado y de su relación con la teoría de la sociedad marxista de la distinción entre la Base económica y la Superestructura política-ideológica.

En conexión con la relación entre Base y Superestructura y la tendencia del marxismo economicista a subrayar el papel pasivo y puramente reflejo de las ideologías frente a la base, es famosa la obra del sociólogo alemán Max Weber, *La ética protestante y el espíritu del capitalismo* (1905), quien pone de relieve la influencia activa de la ética protestante (austeridad, profesionalización, predestinación, etc.) en el origen del capitalismo, en contraposición a la influencia católica, que resultó menos compatible, en el sentido de la goethiana "afinidad de caracteres", con la racionalidad económica del capitalismo. La posición de Weber no pretende decidir entre contraponer una explicación puramente ideológica a la explicación economicista marxista, sino que solo subraya la unilateralidad de ambas, tal como resulta de sus análisis histórico-sociológicos. Bastaría con considerar la acción recíproca y relativa independencia de base y superestructura. En tal sentido ya el propio Marx y Engels, frente a las deformaciones economicistas, habrían advertido de la reciprocidad dialéctica entre ambas. Pero no fueron más allá de declaraciones genéricas. El interés de la obra de Weber es que permite una discusión sobre un material histórico-sociológico concreto y bien conocido. De él se podría concluir, sin embargo, únicamente la necesidad de dejar de ver a las ideologías como meras superestructuras o reflejos fantasmales, producto de la superstición o de la falsa conciencia, como señalaba Marx. Ya el propio Stalin dejó de considerar, en las disputas sobre la llamada "cuestión lingüística" que se planteó en la URSS, al lenguaje como mera "superestructura" para considerarlo como una estructura básica. Por ello, Gustavo Bueno[16], prefiere hablar de "estructuras envolventes" y no meramente básicas, pues con ello no se salía de una especie de dualismo entre lo natural (Base) y lo Cultural (Superestructura). Habría, por tanto, que someter a crítica el propio dualismo que proviene del Idealismo alemán de Hegel, heredado por Marx. Para ello inicia Gustavo Bueno, más que una "inversión" o vuelta del revés del dualismo marxista (aunque esto también se da), lo que llamaríamos una "deconstrucción" de dicho dualismo, insertándolo como caso particular de una estructura ternaria más amplia.

Aunque es absurdo, como el propio Bueno llegó a admitir para evitar malinterpretaciones, "invertir" el sistema total de Marx, porque se volvería al sistema idealista de Hegel, con lo cual para semejante viaje no harían falta alforjas, no es absurdo deconstruir al Idealismo de Hegel, o de su predecesor Fichte, para obtener un nuevo sistema que no conduzca al Materialismo monista marxista, plagado de dualismos como el de Base/Superestructura. Esto es lo que hemos hecho en otro lugar tomando como campo de deconstrucción la Teoría del Conocimiento tal como la plantea el propio Fichte en su famosa *Primera Introducción a la Doctrina de la Ciencia* [17].

Habría que matizar que la calificación de Materialismo a la inversión de Hegel por Marx es principalmente interpretación de Engels, pues hay textos del Marx joven y otros posteriores, en los que se equipara la materia económica como algo propio de la actividad vital humana, con "condiciones materiales de vida", "vida material" como equivalente de condiciones económicas de produc-ción, como dice en el famoso Prefacio a la *Contribución a la crítica de la Economía política*. Se trata, por tanto, no ya de invertir el Idealismo de Hegel ni de volver a invertir el Materialismo marxista, sino de deconstruir ambos sistemas como un todo en sus piezas e insertarlas en una totalidad más compleja de la que resulta entonces una sistematización diferente, que puede superar a la anterior en potencia explicativa, negarla en sus defectos y conservarla en tanto que se integra como un caso particular de una estructuración más amplia.

Fichte había reducido todos los tipos de sistemas filosóficos a dos, guiándose por la concepción del conocimiento tradicional que lo entendía como una relación entre el Sujeto, entendido como una Conciencia, y el Objeto: si se parte del Objeto, decía Fichte, para explicar el conocimiento, como hace el empirismo o el dogmatismo precrítico, se tendría una filosofía materialista; pero si se parte de la conciencia se tendría una filosofía idealista, como la que él defendía. Fichte admite, sin embargo, que solo si se parte de una concepción del conocimiento que admita más elementos constitutivos de la estructura básica del acto de conocer que el Sujeto y el Objeto podría superarse este dualismo de sistemas filosóficos. Pero, precisamente esto empieza a ocurrir, por ejemplo, en la ontología fenomenológica de Heidegger quien, en *Ser y tiempo*, plantea la relación inmediata del *Dasein* con el mundo, no ya como la de una conciencia puramente contemplativa con el mundo de los objetos (*Vorhandenheit*), sino como la de un ser existencial tratando con cosas "a mano" (*Zuhandenheit*), manipulando el mundo técnicamente con las manos. Será, sin embargo, Jean Piaget quien empiece a desarrollar sistemáticamente una nueva Teoría del Conocimiento, la denominada *Epistemología Genética*, en la que se parte, no ya de conciencias, sino de sujetos biológicos, como los niños, que deben interactuar con el medio a través de su boca y sus manos, antes de llegar a ser conscientes, para construir y desarrollar dialécticamente las estructuras cognitivas que les permiten adaptarse al mundo y transformarlo. Pero, entonces, como señala Gustavo Bueno en su novedosa concepción gnoseológica de las ciencias denominada *Teoría del Cierre Categorial*, la estructura básica de esta relación inteligente con el mundo consta, no de dos, sino de tres elementos constitutivos: *términos, operaciones y relaciones*. De ahí que podamos sacar la conclusión, frente a Fichte, de que no hay dos sino tres tipos básicos de sistematización filosófica: Materialismo, Idealismo y Vitalismo[18].

Bueno, sin embargo, sigue preso en parte de dicho dualismo acogiéndose al propio Lenin, que también reducía, en sus incursiones filosóficas, todas las filosofías a dos, Materialismo e Idealismo[19].

En la crítica a Marx, Bueno sustituye la metáfora del edificio arquitectónico de Base y Superestructura por la metáfora biológica de huesos y tejidos de un vertebrado. Pues los huesos configuran un esqueleto que soporta como una base a los tejidos conjuntivos que integran el cuerpo del animal:

"Porque los huesos, el esqueleto óseo, sostenían desde luego al organismo (como la base a la superestructura), pero los huesos no estaban dados previamente a los restantes tejidos del organismo, sino que brotaban, junto con otros tejidos, del propio organismo, de sus diversas hojas blastodérmicas. A partir de ahí podrían alcanzar en la evolución las funciones de <<columnas>> que soportan la <<fábrica>> del organismo"[20].

En dicha metáfora biológica aparece entonces la necesidad de entender de modo genético evolutivo la estructura social, como algo que se está haciendo, hasta alcanzar un equilibrio dinámico y dialéctico con el medio, y no como algo meramente estático, como ocurre con la metáfora arquitectónica, según la cual una vez que el arquitecto construye el edificio lo hace como un *dator formarum* exterior a él. Incluso Marx, en un texto famoso en que compara al arquitecto con la abeja que construye un panal, señala que el primero, a diferencia de la abeja, tiene la idea del edificio previamente en su mente. Pero esto no es muy diferente a lo que dice el idealismo teológico de un Malebranche o un Leibniz cuando dicen que Dios tiene ya la Idea del Mundo en su Pensamiento antes de la Creación. Hoy sabemos por el evolucionismo que las estructuras sociales humanas no salen de ninguna mente previa *ex novo*, sino de la evolución previa de estructuras sociales animales. Son, por tanto, de origen biológico y, como todo organismo biológico, no solo están en relación ecológica con un medio básico del que toman la energía, sino que están asimismo en relación etológica fronteriza con otras sociedades con las que compiten en la lucha por la vida en la forma de una biocenosis o conjunto de organismos de diferentes especies que coexisten bajo diversas relaciones (depredación, parasitismo, etc.) en un biotopo que ofrece condiciones ambientales para su supervivencia. De ahí que Gustavo Bueno, además de plantear una visión genética evolutiva de la oposición Base/Superestructura, añada, a la Capa Basal económica y a la Capa Conjuntiva o "superestructural", una tercera dimensión social, que denomina Capa Cortical, para contemplar la relación de biocenosis propia de la sociedad humana en tanto que esta no aparece en la historia más que como evolución de sociedades previas de primates. Gustavo Bueno señala entonces que es en esta relación Cortical, en la que se producen choques fronterizos entre bandas y tribus preestatales por la conquista de un territorio para la caza o la recolección de frutos, donde surgen las jefaturas guerreras que están en el origen del Estado. El Estado surgiría entonces de la creación de una institución permanente para apropiarse de un territorio frente a otros grupos humanos:

"Según esto cabría llamar *apropiación* a la incorporación de un territorio, a veces muy extenso, por parte de una sociedad organizada con capacidad de resistencia ante las pretensiones de los «extranjeros». En este punto el Género Humano no desempeñaba ningún papel; simplemente cada individuo, cada tribu o cada sociedad política, tenía el mismo derecho (es decir, ninguno) para mantenerse en un territorio que habían ocupado los primeros, o mediante el desalojo de los precursores.

El derecho de propiedad sólo podía aparecer, en el ámbito de una apropiación, como una redistribución de esta apropiación fundada en la existencia de un poder o autoridad estatal superior ejercitada por un grupo en el ámbito del territorio apropiado"[21].

Por ello la propiedad privada ya no es, para Gustavo Bueno, el verdadero origen del Estado, pues es precedida por una apropiación pública. Aquí es donde hay "vuelta del revés" de la tesis marxista, pues la propiedad no resulta de la división en clases sociales, sino que son las propias clases sociales como detentadoras de la propiedad las que presuponen el episodio anterior de la apropiación del territorio y su mantenimiento por la fuerza por el grupo organizado como bandas o tribus. De esa apropiación previa podrán surgir sólo posteriormente las diferencias de clase económica y el enriquecimiento de unas familias o grupos frente a otros. Como señala Gustavo Bueno:

"No se tratará, por tanto, de volver a la tesis de que las leyes del Estado (como el Estado mismo) están constituidas para mantener a los propietarios; bastará afirmar que, entre otros objetivos suyos, el de mantener y confirmar a los propietarios es uno de ellos, puesto que un Estado en que la propiedad territorial no estuviese repartida no sería todavía un Estado. Y cuando la constitución asigna el territorio al Estado hay un reparto de hecho y de derecho entre los ciudadanos y una exclusión de los que permanecen fuera del Estado. Por eso hay que extender la idea de propiedad territorial al Estado en su relación con los demás Estados; de este modo la propiedad comenzará a tener que ver con la capa cortical"[22].

Por ello la propiedad privada puede surgir del robo, o del quitar a otros del disfrute de los bienes comunes resultado de la

44

apropiación originaria de un territorio, pero la apropiación misma no conculca ningún derecho previo de propiedad, porque proviene de la lucha por la vida común a otras especies animales que ya establecen también su territorio de caza en lucha con otros grupos que se lo disputan. Y aquí el único derecho es la fuerza por la cual el pez grande se come al chico. De ahí que Bueno introduzca la dialéctica originaria entre el Estado y las clases económicas como una dialéctica permanente, estructural, para entender los conflictos entre Estado y Sociedad Civil, denunciando como utópica la futura extinción marxista del Estado.

Pero la nueva dimensión cortical añadida, de la que nos ocuparemos en detalle más adelante (p. 153 s.s.), tiene, además, una connotación que limita seriamente la concepción de un Género Humano final, como canta la Internacional, el himno del Proletariado encarnación del Género Humano final, con el que, según Marx, acabaría la Prehistoria de la Humanidad y comenzaría su Historia propiamente. Pues el propio Gustavo Bueno relaciona esta Capa Cortical o fronteriza del Estado con los extranjeros y con las divinidades (seres extraños por no-humanos), en el sentido de un límite positivo a la pretensión de una Humanidad única, un Género Humano universal que borre toda diferencia entre los distintos pueblos. Como señala Gustavo Bueno, la Capa Cortical del Estado es como:

"... la superficie <<interfacial>> a través de la cual una sociedad política se encuentra interaccionando con otras sociedades que no son ella misma, sino un έτερον constituido por sujetos muy distintos entre sí (divinos, bestiales, salvajes o bárbaros inicialmente), pero de la misma manera que los objetos de la capa basal son heterogéneos y carecen de unidad sustancial absoluta. El tratamiento conjunto de los extraños o extranjeros (<<humanos>>, aunque solo muy tardíamente: recordemos el *Democrates alter* de Sepúlveda) y de los dioses o númenes (o de sus mediadores) está justificado y es de hecho una práctica común, porque los extranjeros y los dioses, aunque aparecen en la vecindad del Estado (o de la sociedad política), no están sometidos a sus poderes internos conjuntivos y basales. Por otra parte, que son entidades de la misma escala, aunque estén enfrentados entre sí, se prueba por la gran frecuencia de ocasiones en las cuales los príncipes detentadores de poderes políticos internos, han buscado la alianza de los dioses, o se han divinizado ellos mismos, no solamente para sujetar a los súbditos del propio pueblo, sino precisamente para poner un freno a los extranjeros (…) Hay, por lo demás, extraños intermedios que oscilan en el intervalo que media entre el eje angular y el eje circular: son las almas de los difuntos, aquellos a quienes invocan los chamanes y que, como hemos dicho, constituyen uno de los principales fundamentos de la idea política de la patria como <<tierra de los muertos>>.

En cualquier caso, la sociedad política tiene la necesidad de poder desplegar sus poderes ante los extraños, ante el ἕτερον (extranjeros y dioses), si quiere mantener su propia definición de unidad autónoma"[23].

Fue ya Ostwald Spengler quien, por influencia del vitalismo de Nietzsche, desarrolló una potente crítica a la Idea de Volteriana de un Progreso histórico encarnado en la Humanidad como un Género Humano indiferenciado. Dicha Humanidad es para Spengler una mera Idea abstracta que no se encuentra en la Historia. Pues en ella no vemos nunca, en sentido científico positivo, a la Humanidad, sino a los pueblos e individuos de diferentes culturas engendrando, a veces, grandes círculos culturales cerrados (*Kulturkreise*) que habitualmente designamos como las grandes Culturas o Civilizaciones históricas. Dichas civilizaciones son para Spengler los círculos máximos en los que alcanza positiva y empíricamente a expresarse lo humano, pues lo que llamamos Humanidad no existe en realidad más que como una Idea filosófica regulativa que aparece en una de esas grandes civilizaciones, la Europea Occidental. En tal sentido, la única Historia humana real, positiva, es la Historia de las Grandes Civilizaciones, pues no tiene sentido científico-positivo una Historia unívoca de la Humanidad, como la que pretende partir de un origen del primer Hombre, Adam, creado por Dios, tal como la plasmó Bossuet en su *Discurso sobre la Historia Universal* (16819), en el que se inspiraría Voltaire al sustituir a Dios por el Progreso como motor de la Historia. Ni tampoco una historia, enteramente equívoca y puramente empírica, de una multitud de culturas antropológicas puestas todas en plano de igualdad, al margen de su influencia mayor o menor en el curso de la Historia, como pretende el relativismo cultural multiculturalista actual. Solo cabe una posición intermedia, analogista, de una Historia Comparada de las grandes Civilizaciones en base a las semejanzas sorprendentes que mantienen en ciertas estructuras legaliformes que se repiten en ellas y que permiten a la ciencia histórica una especie de capacidad predictiva en sus futuros desarrollos, como la que tiene la ciencia Física cuando puede predecir los movimientos de los astros de acuerdo con ciertas Leyes o Principios funcionales. Está fue la posición de Spengler desarrollada en su magna obra *La decadencia de Occidente* (1918).

Spengler, sin embargo, tras su éxito en la segunda década del siglo XX, cayó en el olvido durante la llamada Guerra Fría, llegando a ser afectado por las acusaciones de su afinidad con el nazismo. Hoy está siendo rehabilitado de estas acusaciones y se le presenta como mantenedor de una filosofía vitalista de influencia nietzscheana, pero en conflicto con el racismo hitleriano[24]. De hecho, las concepciones de Spengler sobre la Historia de la Civilizaciones han vuelta a tener una gran influencia con la obra de Samuel Huntington en su conocida obra *El choque de civilizaciones y la reconfiguración del orden mundial* (1993). Precisamente Huntington señala un rasgo esencial que permite caracterizar a las grandes civilizaciones y que es el estar asociadas a una gran religión:

"Sangre, lengua, religión, forma de vida, eran lo que los griegos tenían en común y lo que los distinguía de los persas y otros pueblos no griegos. De todos los elementos objetivos que definen las civilizaciones, sin embargo, el más importante suele ser la religión, como subrayaban los atenienses. En una medida muy amplia, las principales civilizaciones de la historia humana se han identificado estrechamente con las grandes religiones del mundo; y personas que comparten etnicidad y lengua pueden, como en el Líbano, la antigua Yugoslavia y el subcontinente asiático, matarse brutalmente unas a otras porque creen en dioses diferentes"[25].

Además, Huntington sostiene, como Spengler, que una civilización es el circulo cultural humano más amplio que pueda existir:

"Una civilización es la entidad cultural más amplia. Aldeas, regiones, grupos étnicos, nacionalidades, grupos religiosos, todos tienen culturas distintas con diferentes grados de heterogeneidad cultural. La cultura de una aldea del sur de Italia puede ser diferente de la de una aldea del norte de Italia, pero ambas comparten una cultura italiana común que las distingue de las aldeas alemanas. Las colectividades europeas, a su vez, compartirán rasgos culturales que las distinguen de las colectividades chinas o hindúes. Los chinos, hindúes y occidentales, sin embargo, no forman parte de ninguna entidad cultural más amplia. Constituyen civilizaciones. Así, una civilización es el agrupamiento cultural humano más elevado y el grado más amplio de identidad cultural que tienen las personas, si dejamos aparte lo que distingue a los seres humanos de otras especies. Se define por elementos objetivos comunes, tales como lengua, historia, religión, costumbres, instituciones, y por la autoidentificación subjetiva de la gente"[26].

Podría decirse que el circulo político máximo que existe en la historia humana son los Imperios o la Federaciones o Confederaciones de Estados, de la misma manera que en la historia cultural lo son las Civilizaciones. Pero las Civilizaciones son de más larga duración que cualquier Imperio o agrupación de Estados:

"La composición política de las civilizaciones varía de unas civilizaciones a otras y varía a lo largo del tiempo dentro de la misma civilización. Así, una civilización puede contener una o muchas unidades políticas. Dichas unidades pueden ser ciudades-Estado, imperios, federaciones, confederaciones, Estados-nación, Estados multinacionales, y todas ellas pueden tener formas diversas de gobierno. A medida que una civilización se desarrolla, normalmente se producen cambios en el número y naturaleza de las unidades políticas que la constituyen. En un caso extremo, una civilización y una entidad política pueden coincidir. China, comentó Lucian Pye, es «una civilización que pretende ser un Estado». Japón es una civilización que es un Estado. Sin embargo, la mayoría de las civilizaciones contienen más de un Estado o de otra entidad política diferente. En el mundo moderno, la mayoría de las civilizaciones contienen dos o más estados"[27].

Pero, aunque todas las grandes civilizaciones están ligadas en su origen a lo que Augusto Comte llamaba el Estadio Teológico, sin embargo, hay una gran diferencia entre las civilizaciones que desarrollaron la Ciencia y la Filosofía y las restantes. De la misma manera que hablamos de sociedades pre-estatales, podríamos hablar de civilizaciones pre-científicas. En tal sentido, en tanto que la primera ciencia existente, la Geometría, se constituye en la civilización helénica, solo las civilizaciones que ya en su origen recibieron el legado cultural griego y lo desarrollaron se pueden considerar como un tipo más avanzado de civilización que las anteriores (China, Egipto, Mesopotamia) o posteriores (Mayas, Incas) que no tuvieron esa influencia. El criterio es objetivo en tanto que la ciencia permite un dominio y comprensión del mundo muy superior al que proporcionaban las técnicas precientíficas, por muy abundantemente que existiesen, como ocurrió en la milenaria China o en el antiguo Egipto.

Por tanto, solo hay dos civilizaciones posteriores a la griega que conocen la ciencia y la filosofía: la islámica y la europea-occidental. Aunque solo la civilización europea-occidental ha hibridado de modo especial sus creencias religiosas con la filosofía griega dando lugar, ya desde los Padres de la Iglesia y de San Agustín, a una Teología y a una Metafísica onto-teológica en Santo-Tomás, que no tiene equivalente en el mundo islámico. Pues la filosofía aristotélica de sus grandes comentaristas, como Avicena o Averroes, no llegó a generar una hibridación teológica similar, siendo dichos filósofos sometidos a persecución y condena por el potente resurgir de los fundamentalismos islámicos. Tampoco hay nada similar a la institucionalización de la alianza entre la filosofía y la ciencia griega con creencias religiosas, en este caso con la Teología Cristiana, como las Universidades medievales de Paris, Oxford o Salamanca, que pusieron las condiciones de la formación de generaciones durante siglos en el racionalismo científico y filosófico aristotélico, abriendo la posibilidad de superar a los mismos griegos con el estallido de la Revolución astronómica del Renacimiento.

Quizás una pieza clave en ello haya sido la separación del poder político y el religioso que tiene lugar en la sociedad medieval, occidental a diferencia de lo que ocurrió en el mundo islámico y en el resto de las civilizaciones anteriores. En tal sentido no se puede definir a la sociedad medieval europea como una sociedad totalitaria, como hace, p. ej., Bertrand Russell en su obra *La sabiduría de Occidente* al comparar al Partido Comunista con la Iglesia Católica medieval. Esa característica le va mejor a la sociedad islámica en la que no había separación de poderes políticos y religiosos, como en la Rusia soviética el poder científico y cultural estaba sometido al poder político, como se vio en el caso del biólogo Lysenko o en el rechazo a la moderna Lógica Formal como Lógica burguesa. En contraste con ello, la Europa medieval fue más bien un tipo de sociedad relativamente liberal, además de encarnar el modelo de la utopía platónica defendido en la *República*, una sociedad dividida en tres clases platónicas: *oratores*, *bellatores* y *laboratores*. El propio Bertrand Russell reconoce al Medievo como lo más semejante a la realización de la utopía platónica, aunque no ve donde residía el rasgo liberal de esta Sociedad, pues parece identificar lo liberal con lo democrático. Por ello considera como totalitaria a la sociedad medieval, a la que compara con la sociedad totalitaria soviética surgida de la Revolución rusa que tuvo ocasión de conocer durante su viaje al Moscú revolucionario de Lenin. Ortega y Gasset ya vio en "Notas del vago estío" claramente la diferencia entre una sociedad liberal, como lo era la sociedad medieval, en la que pone incluso el origen del liberalismo político europeo en la vida de los castillos feudales, y una sociedad totalitaria, como lo era la Rusia soviética dirigida por el poderoso Partido Comunista, en el que Russell ve una especie de Iglesia Católica inquisitorial. Ciertamente el Medievo no era una sociedad democrática, pero tampoco estaba sometido a un poder total y absoluto, sino que había una división del poder "espiritual" y "terrenal", como reconoció Augusto Comte. Eso no ocurría en el mundo islámico, en principio más floreciente culturalmente hablando que el cristiano, por su rápida y pragmática asimilación del legado greco-romano, pero finalmente superado con mucho por el Renacimiento europeo. Pues fue en éste donde se ponen las bases del surgimiento del primer poder civilizatorio global moderno que aparece en la historia, encarnado por el Imperio español y continuado por el Imperio inglés.

Fue, precisamente la existencia de la Iglesia Católica, -institución espiritual única que no tiene equivalente en el mundo islámico ni en ninguna de las civilizaciones antiguas, excepto en el periodo final del Imperio romano-, como una organización del poder espiritual concentrado en una aristocracia de los más sabios que, tras la caída de Roma, influye en la configuración de una sociedad medieval de sabios, guerreros y campesinos, que representan, como dijimos, un primer ejemplo histórico de la Republica platónica. La Iglesia conseguirá subordinar espiritualmente, no sin tensiones y crisis, como la cuestión de las Investiduras, a su servicio a guerreros y campesinos creando un orden social estable y de larga duración en Europa. Dicho orden medieval pondrá las bases del nacimiento de la sociedad moderna, como mantiene el positivismo de Saint-Simón frente al desprecio lleno de ignorancia de Voltaire hacia la "oscura" época medieval. Platón habría ganado una batalla después de muerto, pues su propuesta del gobierno de los filósofos se cumple con el predominio en la Iglesia Católica de los filósofos escolásticos, con su mezcla de Platón y Aristóteles con los dogmas cristianos. Por eso Nietzsche decía que el cristianismo es una forma de platonismo.

Podemos, incluso, en relación con esto, actualizar el análisis cíclico platónico de la sucesión de las formas de poder o gobierno. Si consideramos la época medieval una época de gobierno Aristocrático en sentido platónico, por su origen en el denominado feudalismo, ésta entra en crisis con la división que introduce el Protestantismo en la Iglesia, la cual coincide con la creación del Imperio más poderoso del Renacimiento europeo, el Imperio español. En términos platónicos dicha supremacía política Española resultaría, entre otras cosas, del paso de un gobierno medieval de guerreros acostumbrados a combates locales y orientados por los sabios filósofos-teólogos, al gobierno de un nuevo tipo de guerreros, igualmente orientados teológica y filosóficamente con la renovación por la neoescolástica de Salamanca o Alcalá, pero curtidos en una lucha secular con el Islam en la que el valor (Timocracia) y honor conseguido a través de la valentía (*timos*) y de la intrepidez ante lo desconocido, mezcla de exotismo y barbarie, como fue la persistente amenaza islámica, les puso en las mejores condiciones para enfrentarse con éxito a la aventura americana y el comienzo de la primera Globalización efectiva y no meramente intencional. Por eso destaca España por sus conquistadores y sus caballeros intrépidos y nobles. Pero Platón afirma que a la Timocracia sucede la Oligarquía en la que, como fruto maduro de tales conquistas y descubrimientos, predomina el gusto por el disfrute de las riquezas y el abandono de los ideales guerreros. Ello empieza a ocurrir con la decadencia española de los últimos Austrias y este gusto por el refinamiento cortesano se imitará sobre todo en la rica Francia versallesca de Luis XIV y en la Inglaterra cuyos reyes y nobles se enriquecen a su vez con la confiscación de los monasterios católicos y con la piratería. Pero el aumento de las desigualdades sociales que ello conlleva con la proletarización del campesinado, reduciendo a la miseria a gran parte de la población, que tiene que emigrar a las ciudades, llevará, cumpliéndose la predicción de Platón, al estallido de las revoluciones democráticas: primero la inglesa y luego la americana y la francesa. En España no ocurrieron por entonces tales procesos revolucionarios por contar con la válvula de escape de la presión social que jugo su poderoso y extenso imperio.

Pero la Democracia, que se ha extendido y ha triunfado desde entonces por todo Occidente, está basada, según Platón, en la búsqueda concupiscente del placer, lo cual conduce a un individualismo anárquico que acabará por provocar el deseo "populista", como se dice hoy, de un dictador. Ello parece que está empezando a suceder en la actual democracia más poderosa del mundo con el ascenso al poder de Donald Trump. Por ello USA, el único imperio global hoy realmente existente, después del español y el inglés, recuerda a la antigua Roma en su época de crisis de la República, comparada brillantemente con la situación actual de Europa por David Engels en su obra *Le déclin* (2014). No obstante, Platón solo conoció la democracia griega, que era muy imperfecta y no disponía, como la actual, de poderosos contrapoderes, jurídicos, económicos, etc. Por ello bastará que se acentúe la tendencia presidencialista frente al parlamentarismo para transformar autoritariamente la democracia americana, sin necesidad de una dictadura militar. Dictadura que hoy sería inviable en una compleja sociedad cuyo poder ya no reside en la conquista militar y la explotación de otros, como ocurría en el antiguo Imperio romano, cuanto en la explotación de las fuerzas naturales por la ciencia y la distribución de la riqueza a través de los instrumentos que proporciona la moderna ciencia económica. Queda sin embargo pendiente la cuestión platónica del ascenso de un nuevo poder filosófico o "espiritual" que confiera una larga duración y estabilidad a la organización científico-industrial moderna de la sociedad y que, surgiendo de esta, permita superar el nihilismo o vacío espiritual provocado por el predominio de una producción tecnológica al servicio del mero consumismo hedonista, que amenaza incluso a la propia Naturaleza, explotándola de una forma sin límite, como muchos coinciden en reprocharle. Es el modelo de desarrollismo que caracterizó al *american way of life* y que hoy está entrando en crisis con la Globalización, el Multiculturalismo, el cambio climático, etc.

Por ello, un nuevo tipo de conflictos aparecen en el horizonte político, tras el final de los conflictos ideológicos-filosóficos que dividieron al mundo en la II Guerra Mundial. A diferencia de la Guerra de los Treinta años que dividió a Europa en el siglo XVII entre credos religiosos (católicos, protestantes), la II Guerra Mundial dividió a Europa y, por extensión, a otras partes del mundo, en tres ideologías, liberalismo, comunismo y nazismo, que tenían fundamentos, no ya religiosos, sino filosóficos modernos, tales como el positivismo, el marxismo y el vitalismo irracionalista. El desenlace de tan magno conflicto tiene lugar al final de la Guerra Fría provocando grandes cambios en la política mundial. Así como la imperial España perdió su hegemonía en Europa con la Paz de Westfalia, abriéndose una reorganización del poder en Europa, el final de la II Guerra Mundial y la caída del Muro de Berlín simboliza una nueva reorganización mundial del poder en el que grandes potencias como Inglaterra, Francia o Rusia dejan paso a otras como USA o la ascendente China.

Con la caída del Muro de Berlín se abren los llamados por Samuel Huntington "choques de civilizaciones", principalmente el choque entre la Civilización Occidental y otras civilizaciones, principalmente la Islámica. Dichos choques, que comenzaron con la Guerra por la partición de Yugoslavia, y continuaron con la Guerra de Afganistán, Irak, Chechenia, Ucrania, etc., pusieron en cuestión el idealismo del "final de la historia" de Francis Fukuyama. Pues la historia, lejos de finalizar con la extensión de la Democracia a todo el globo, continúa planteando serios conflictos que no tienen fácil solución y que incluso ponen sobre la mesa los límites de la propia democracia occidental, tal como se entiende como panacea universalista. Ponen sobre todo en cuestión la versión fundamentalista de la democracia defendida hoy de modo acrítico por la mayoría de las fuerzas políticas occidentales. Ya sea en la versión liberal anglosajona, que reduce la democracia a un pacto constitucional, o en la versión socialdemócrata europea de procedencia alemana, marxista o no, que la reduce a un intervencionismo estatal que garantice un estado de bienestar. Estos modelos, exitosos en su momento, empiezan a ponerse en cuestión, sino totalmente, si en parte, porque no se plantean el problema de la necesidad esencial del mantenimiento de unas fronteras territoriales y culturales sin las cuales no es posible una vida política estatal sin más, pero tampoco democrática. Ello se está empezando a percibir en los graves conflictos culturales y sociales provocados por la pretensión fundamentalista de extender los derechos políticos a todos los inmigrantes provenientes de otras partes del globo terráqueo, especialmente de las más económicamente desfavorecidas.

Con ello volvemos a la cuestión de las fronteras, pues estas no solo han sido esenciales para explicar el origen del Estado, como veremos, sino que también son esenciales de modo estructural para mantenerlo. Pues la cuestión principal para explicar la existencia o no de un Estado es la de la Soberanía. Sin ella no hay poder estatal ni libertad de autorregulación. No se trata de pensar que un Estado solo puede mantenerse libre siendo autónomo y viviendo al margen de los demás. No hay tal Estado exento. Pues todo Estado nace de una frontera que le sirve para resistir el empuje de otros Estados o entornos de bandas o tribus hostiles que amenazan con destruirlo. La relación no es de mera existencia separada, sino siempre de coexistencia. Ya Ortega criticaba la moda del individualismo existencialista de su época diciendo que existir es siempre coexistir. De la misma manera que no se entiende la vida de un organismo sino es en relación con un medio del que se alimenta en competencia con otros organismos, de la misma o diferente especie, tampoco se entiende la vida de un Estado sin la dialéctica con otros Estados en relación con el medio que provee riqueza y poder, ya sea un territorio rico en recursos o una red de comercio e intercambio de bienes. Las fronteras no solo marcan una limitación del poder del Estado, frente a la cual algunos creen que suprimiendo esa barrera se alcanzaría un Estado universal verdaderamente humano, un Estado Mundial, como planteaba ya Bertrand Russell, en el Famoso Tribunal Russell, en la época de la Guerra de Vietnam, en relación con la existencia de crímenes de Guerra, problemas globales, y el peligro de conflictos atómicos que destruyen a la propia especie humana. Es más bien lo contrario lo que en realidad sucede, pues la universalidad no se alcanza por la implantación de un único Estado final, el cual parece imaginable pero solo como mera utopía, pues no es posible, según lo veremos, el propio concepto de un Estado sin límites, sin fronteras. Sería un "circulo cuadrado", una contradicción en sí mismo. No obstante, ello no quiere decir que tengamos que renunciar a la universalidad en el sentido de la realización más alta posible de los ideales de justicia que representa ya la *República* platónica. Pues, como decía Goethe,

"Quien quiera algo grande debe esforzarse. El maestro solo se muestra en la limitación y la ley solo puede darnos libertad"[28].

Quien quiera un Estado Universal, el más grande posible, solo lo logrará con grandes esfuerzos y fatigas dentro de la limitación que imponen siempre las fronteras, en tanto que constitutivas de toda estructura estatal, de todo poder político humano actual y posible. Como señala Gustavo Bueno:

"… analizado desde la capa cortical, el territorio es, ante todo, el espacio limitado por las sociedades políticas extrañas porque precisamente no están sometidas a nuestras normas. Esto significa que, en el supuesto de que hubiera un solo Estado -o un Estado isla- las leyes dejarían de ser territoriales e incluso carecería de sentido el que lo fueran. El territorio es entonces la determinación misma de la soberanía de la Sociedad política. Parece una contradicción vincular la soberanía (en tanto implica un poder por encima del cual no existe otro) con la territorialidad limitada. Pues soberanía equivale de algún modo a no reconocer ninguna auto-ridad superior, pero el territorio limitado implica el reconocimiento de que otras autoridades (que además pueden ser superiores a nosotros) existen. Sin embargo, precisamente por esto, el territorio limitado es, por su limitación, lo que define la soberanía de un Estado o sociedad política que no está dotada de unicidad. Pues en la hipótesis de la multiplicidad de Estados es precisamente, por paradójico que ello sea, la limitación del territorio lo que hace a cada Estado universal"[29].

Gustavo Bueno considera, además, a los grandes Imperios históricos como el motor de la universalidad civilizatoria, como los verdaderos sujetos de la Historia. No son, como creía Hegel, los Estados el sujeto de la Historia, sino más bien aquellos Estados a los que Hegel atribuía el papel de llevar la antorcha de la Humanidad en cada época. Esto es, los Imperios asirio, egipcio, romano, chino, el sacro-imperio, el imperio español, etc. Pero el propio Bueno se ve obligado a afinar más el criterio distinguiendo entre Imperio meramente depredadores, como el imperio vikingo, el holandés, el inglés incluso, e Imperios generadores, como el Imperio romano, el Imperio español, el soviético o el norte-americano[30]. La distinción nos parece certera en relación con el carácter universalista o particularista que caracteriza a unos Imperios y otros. Pero debe ser profundamente transformada a nuestro juicio, en tanto que clasifica con el mismo rótulo de depredador, p. ej., al imperio vikingo o al holandés que al inglés. Sin embargo, así como el poder vikingo deriva su riqueza del pillaje guerrero o el holandés del comercio de especies y otros bienes mediante el establecimiento de factorías coloniales fronterizas con los territorios ricos en especies y valiosas materias primas abundantes, en el imperio inglés, aunque haya empezado de manera similar, al tener lugar en Inglaterra la Revolución industrial con la invención de la máquina de vapor y su aplicación a la industria textil y al ferrocarril, la riqueza y poder derivarán, en su época de mayor expansión, ya no tanto del mero comercio como de la producción industrial que permite un aumento espectacular en la producción mecanizada por máquinas y un consecuente abaratamiento de los productos que ganarán inevitablemente en la lucha de la dura competencia mercantil.

La Revolución Industrial, que conduce a la sustitución de las meras herramientas manuales por máquinas automáticas, antece-dentes de los actuales robots de las cadenas de producción, no pudo desarrollarse plenamente sin la intervención de los conoci-mientos científicos en los que Inglaterra producirá grandes figuras como Newton, Faraday o Maxwell. Y la ciencia implica una nueva dimensión de universalidad que caracteriza al modo anglosajón, continuado después por EEUU, de concebir un modo nuevo de sociedad, las llamadas por los filósofos positivistas, como Herbert Spencer, "sociedades industriales" como contrafigura de las anteriores "sociedades militares" del mundo antiguo y medieval. Los Imperios antiguos, incluso en el caso de poseer un carácter civilizador universalista, como el imperio romano, al depender de una técnica precientífica en la explotación de las fuerzas naturales, obtenían la mayor parte de su riqueza de la explotación del trabajo esclavo suministrado por la conquista de prisioneros por la guerra. Mientras que los imperios industriales modernos, como el inglés o el norteamericano, obtienen su mayor riqueza con el aumento espectacular de la productividad de bienes posibilitado principalmente por el dominio y la explotación de las fuerzas naturales, mediante la aplicación de las ciencias. Por ello, según se iba avanzando en el desarrollo de tecnologías derivadas de la explosión científica que tiene lugar en el siglo XIX y el XX, fue posible la eliminación de la esclavitud y la mejora progresiva de las condiciones de vida de la mayoría de la población en los países occidentales. En tal sentido, tale Imperios no se pueden considerar esencialmente como depredadores, aunque en su inicio hayan tenido rasgos de este tipo pues, en su desarrollo, han ido desapareciendo y extendiéndose por imitación su modelo de vida productivo a otros países europeos y asiáticos.

Tales Imperios han sido, en cierto sentido, generadores de un nuevo tipo de ciudad, la llamada *city* que sustituye a las ciudades fortalezas antiguas y medievales que estaban separadas de su alfoz campesino por murallas. Tales villas, cuyo centro era el asentamiento de las viviendas de las clases gobernantes, con su servicio doméstico administrativo y militar, y de un surtido mercado artesanal y agrícola, son sustituidas hoy por otras en las que el centro es el lugar en que se sitúan las sedes de las grandes empresas y bancos, como en la City londinense, de las que dependen las industrias que se extienden incluso allende el propio territorio nacional, mientras que la población se desplaza a los llamados barrios residenciales que forman anillos concéntricos entorno a la *city*. De ahí que el Imperio inglés, aunque empieza creando factorías o fábricas coloniales de explotación de especies, con el desarrollo de la industrialización serán más bien las materias primas, como el algodón, las que se conviertan en la fuente principal de riqueza al poder transformarlas, en enormes cantidades industriales, como productos para inundar los mercados satisfaciendo las necesidades del consumidor hasta el grado actual de los mercados pletóricos de las grandes superficies comerciales. Pero, entonces, fue necesario la generación de un nuevo tipo de ciudad, como es la moderna ciudad industrial que a su vez genera un nuevo tipo de sociedad, la Sociedad industrial, en la que todavía nos encontramos, convertida en modelo universal que será así mundialmente imitado.

Por ello, a pesar de las lacras de la industrialización inglesa en su periodo victoriano, reflejadas en las obras de   Dickens o en las críticas de Marx, tal modelo de industrialización capitalista resultó, tras el final de la Guerra Fría, con el hundimiento del proyecto alternativo soviético, como la única alternativa de progreso. Tiene razón Gustavo Bueno cuando considera al Imperio español como un imperio generador y no depredador, frente a lo que sostenía la denominada Leyenda Negra. Pero habría que matizar que el Imperio español es todavía, por las circunstancias históricas, un imperio, si no preindustrial o medieval, como lo fue el Sacro-Imperio romano germánico, si un Imperio proto-industrial, ya que el mismo Marx reconoce en *El Capital* que España puso las bases de la navegación mundial y de la Acumulación Originaria con el oro y la plata americanas, necesarios para que se generase el capitalismo industrial inglés. El Imperio español como generador de ciudades fue universal en tanto que son las ciudades la sede necesaria para que se desarrollen y consoliden los avances civilizatorios. En tal sentido, recuerda a Imperios fundadores de ciudades como el Imperio helenístico de Alejandro o al Imperio romano. Ya Ortega, en *España invertebrada*, comparaba a Castilla con Roma, como la fuerza política integradora que consigue ir sumando por alianzas un poder inmenso:

"El poder creador de naciones es un *quid divinum*, un genio o talent tan peculiar como la poesía, la música y la invención religiosa. Pueblos sobremanera inteligentes han carecido de esa dote, y, en cambio, la han poseído en alto grado pueblos bastante torpes para las faenas científicas o artísticas. Atenas, a pesar de su infinita perspicacia, no supo nacionalizar el Oriente mediterráneo; en tanto que Roma y Castilla, mal dotadas intelectualmente, forjaron las dos más amplias estructuras nacionales"[31].

Pero nos parece que hay más semejanza entre el Imperio español y el de Alejandro que con el de Roma. Pues lo que caracteriza a los dos primeros es el famoso lema español de *plus ultra*, de no detenerse nunca. Alejandro, ya porque estuviese poseído de una *hibris* conquistadora o porque sabía que la Tierra era redonda, por enseñanza de su ilustre preceptor Aristóteles, pretendió avanzar por la India siguiendo siempre hacia el Este, sin detenerse. Los españoles, que saben también que la tierra es una esfera redonda, incluso saben cuánto mide su diámetro, por los cálculos del griego Eratóstenes, navegan siempre hacia el Oeste, porque Isabel I de Castilla, que decide financiar el viaje de Colon, una vez tomada Granada y finalizada la Reconquista, ante el persistente peligro turco, pretende coger a los musulmanes por su espalda, buscando alianzas con China. Efectivamente los españoles, tras las grandes conquistas americanas de Cortés y Pizarro, exploran el Pacifico y conquistan las Filipinas como plataforma de acercamiento por la diplomacia o por la conquista a China. El fracaso de los jesuitas, que acompañaban a los navegantes españoles, en la evangelización de China y Japón exigía la conquista militar. Pero era una empresa que se hizo ya imposible por las sucesivas bancarrotas que tuvieron lugar además de la propia decadencia que afectó a los Habsburgo con Felipe III y Felipe IV, en los que la Timocracia del Imperio, dicho en terminología platónica, cede a la Oligocracia plutocrática que se apodera de una Corte de Validos corruptos como el Duque de Lerma o el Conde-Duque de Olivares. Con el enfermizo Carlos II vendrá la puntilla que pondrá a España a rebufo de la Francia de Luis XIV. En tal sentido el Imperio español estuvo poseído de la sed insaciable de conquista que le emparenta con Alejandro. Por ello algunos le atribuyeron una especie de quijotismo reflejado en la búsqueda insaciable y sin descanso de una meta, sea un poder, una fe o un afán justiciero.

Miguel de Cervantes escribió su inmortal novela *Don Quijote de la Mancha*, la cual se convirtió, según interpretaciones posteriores, en un análisis indirecto del alma española a través de las divertidas y aleccionadoras aventuras de sus dos personajes principales, Quijote y Sancho. En principio, el éxito que tuvo en España fue como una entretenida burla de las medievales novelas de caballería, en unos tiempos de inicio de la modernidad en los que las costumbres medievales empezaban a quedar fuera de tiempo. Pero la importancia de España entonces, como gran potencia europea, hizo que dicha obra trascendiese sus fronteras y se tradujese al inglés. Y fue allí, en tierra entonces enemiga, donde tuvo un éxito y una interpretación diferente. Se la vio como una crítica a un defecto estructural que afectaba de lleno a la médula del entonces imparable expansionismo imperialista español.

Don Quijote era un trasunto del proyecto político utópico español, que pretendía un imperialismo católico cuyo sentido, como sostenía Gustavo Bueno, era recubrir a sus dos enemigos principales: el Islam y el Protestantismo. Pero este recubrimiento, para ser finalmente victorioso, precisaba de un avance continuado hacia el Occidente (*Plus Ultra*), primero por el Atlántico (América) y luego por el Pacífico (Las Islas Filipinas, Japón, China), que recuerda el avance del Imperio de Alejandro hacia el Oriente, por la India. Alejandro pretendía demasiado para sus efectivos poderes y por ello fracasó en su proyecto imperial sin límites. Ya Nietzsche habría dicho que los españoles habían querido ser demasiado. Como le ocurrió a Alejandro, su deseo de poder y de justicia plasmado en Leyes (lo que ahora se denominan los derechos humanos) y Empresas (el proyecto de Conquistar China) era demasiado grande para sus recursos militares y económicos. Acabaron quedandose en las Filipinas, explotando el comercio oriental de especies a la espera de mejor ocasión. De Europa debieron de retirarse tras las victorias de la rival Francia y de los protestantes en Holanda e Inglaterra. Quedaba América. Era entonces el Imperio español realmente existente, a partir del cual España podría reforzarse para rehacerse de sus derrotas en Europa.

Pero, entonces vino la Decadencia de los Austrias, y con ella el postergamiento secular de los mejores, como señala Ortega, que nos conduciría, tras el afrancesamiento borbónico, a la perdida de la parte mayor del Imperio en las Guerras Napoleónicas. Dicha Decadencia se debe a muchos factores, pero hay dos que destacan: el mantenimiento de los ideales del Absolutismo monárquico y el retraso en la renovación científica y filosófica, a la que no es enteramente ajena la orteguiana "postergación de los mejores". Inglaterra y Francia, con sus transformaciones políticas, nos rebasaron ampliamente en la constitución de un poder político más adecuado para el nacimiento de las modernas sociedades industriales. Y el retraso científico y filosófico frenó la constitución de una sociedad industrial necesaria para eliminar la pobreza y el atraso económico. Fue Inglaterra, quien puso en marcha el proyecto de Francis Bacon de sustituir los milagros de la religión por los más efectivos milagros de las ciencias positivas. A su vez nunca pretendió crear un Imperio como fin para dominar el mundo, sino como un medio para obtener las necesarias materias primas (algodón, etc.) para el desarrollo del naciente capitalismo industrial, creador de la primera sociedad con poderosa y prospera clase media. En tal sentido recuerda, en este aspecto y sobre todo en sus continuadores norteamericanos, a un imperialismo más semejante al romano que al alejandrino. Pues los romanos no se propusieron nunca acrecentar su poder sin límite, sino que, donde encontraban un gran rio, el desierto o el Océano, ahí se detenían y se fortificaban frente a la barbarie exterior. Su poder se revertía principalmente en el interior del propio imperio, en el Mediterráneo, en el que impusieron una *Pax romana* y sus más civilizadas costumbres. El equivalente de dicha *Pax* es hoy la denominada *Pax americana* tras la Segunda Guerra Mundial.

Entre los Imperios modernos, España recuerda, en otro aspecto, también a Rusia. Destacan en común su situación periférica en Europa, su lucha secular de frontera contra el Islam, su duda cíclica en torno a su identidad europea, su dificultad para salir de su atraso medieval y su recurso al "quijotismo", que en Rusia se manifestó con fuerza tras la Revolución soviética con la construcción fallida del Comunismo, como solución válida universalmente para sacar de la miseria y de la explotación a todos los pueblos de la Tierra. No en vano los rusos han sido grandes admiradores de Don Quijote. Por eso, ante la superación de la denominada leyenda negra que proponen actualmente algunos en España[32] y para no caer sin darse cuenta de nuevo en la leyenda rosa, convendría volver al final del libro de Cervantes en el que Don Quijote recobra la cordura y, regenerándose, desiste de intentar nuevas salidas. Sobre todo, cuando se propone salirse de Europa (el propio Gustavo Bueno pensó, al parecer, titular un conocido e influyente libro suyo como "España contra Europa", aunque luego desistió al publicarlo como *España frente a Europa*) para aventurarse de nuevo en la creación de una Federación o Confederación política con los Estados Hispanoamericanos.

En tal sentido, habría que distinguir Europa como Civilización del circunstancial Club de la Unión Europea actual que parece estar entrando en crisis. Pues en el primer sentido toda América es una prolongación de la cultura y las tradiciones políticas europeas, desde Canadá y USA a Chile y Argentina. Las antiguas civilizaciones precolombinas han sido sustituidas por la civilización occidental europea, aunque queden restos sincretistas todavía que se intentan resucitar con las ideologías indigenistas, además de padecer un atraso en la industrialización y aumento de la riqueza general similar al que padeció España en el siglo XIX. Precisamente la única justificación que puede tener la violencia que hubo en tal conquista está en que supuso el paso de unas civilizaciones precientíficas, técnica y moralmente atrasadas, a una civilización como la europea, heredera de la superior ciencia y filosofía griega mezclada con una religión más humanista, como es el cristianismo occidental, sustituta de religiones politeístas que precisaban de cruentos sacrificios humanos. Por ello el Imperio español no puede ser equiparado al Imperio Persa o Turco, como hacía todavía Montesquieu, (aunque en sus *Cartas Persas*, parece que apuntaba a la propia monarquía francesa de Luis XIV). Sus diferencias con el Imperio Inglés son de otro tipo, pues ambos son desarrollos sucesivos de la propia Cultura europea forjada en común en el Medievo. Un libro clásico sobre esa forja común de la Civilización europea es la *Historia general de la civilización europea* de Guizot (1828). De ahí que cuando se habla de los grandes Imperios como los sujetos de la Historia, como hace Gustavo Bueno, es necesario considerar que dichos Imperios como grandes sujetos corpóreos operatorios, tiene también "alma", en el sentido comtiano de un "poder espiritual" separado del "poder terrenal". Dicho poder no es ciertamente el poder de la espada, sino el poder que guía en último término, en compleja dialéctica, a la propia espada.

Dicho "poder espiritual" lo representó para el Imperio español la Iglesia católica con sus Doctores de la brillante neoescolástica española. Pero, al surgir una filosofía moderna como la cartesiana (en parte apoyándose en proto-modernidades que habían introducido escolásticos tan influyentes entonces en las universidades europeas como Francisco Suarez), se produjo un principio de crítica y de superación de la filosofía aristotélica en partes suyas esenciales, como la Astronomía, la Teoría del Conocimiento, la

Metafísica, etc., debido a la aparición de la matemática algebraica y de la física matemática que no existía en la época de Platón y Aristóteles. Con ello se crea un nuevo "poder espiritual" de filósofos y científicos que arrinconará paulatinamente al de los escolásticos y minará el poder de la Iglesia, ya muy debilitado por la propia división puramente religiosa entre Protestantes y Católicos. De ahí que el conde de Saint-Simón interprete la Revolución Francesa como la sustitución de la Alianza entre el Trono y el Altar por la nueva Alianza de los industriales y los científicos y filósofos positivos.

Por ello se puede afirmar ciertamente que el sujeto de la Historia son los pueblos o naciones organizados en grandes Imperios o Federaciones, pero guiados por una serie de valores intelectuales compartidos, que no se reducen a meros reflejos mecánicos de sus intereses materiales, sino que solo pueden ser el resultado de la existencia de poderes separados relativamente de dichos intereses y capaces de construir unas constelaciones ideológico-culturales que engranen con la realidad y, tras la revoluciones científicas, con amplias franjas de verdad. Pues los valores supremos de tales civilizaciones, con raíces comunes, aunque con diferente desarrollo, son un componente esencial que marca los límites fronterizos últimos de los grupos humanos. Son los círculos culturales máximos que pueden ser trazados. De ahí que el actual conflicto que se presenta a la Civilización Occidental, tras el despertar del sueño de un fin democrático y homogéneo de la Historia, como creía Fukuyama, sea el denominado por Samuel Huntington como "choque de civilizaciones". Por ello, el multiculturalismo dominante, inspirado en los ideales de un humanismo cosmopolita acrítico e ignorante de la realidad tozuda de las fronteras cree, cual paloma platónica, que puede elevar a la humanidad a un vuelo universalista sin la resistencia de las peligrosas turbulencias fronterizas. Pero no comprende que la única forma de progresar en dicha universalidad es por las propias fronteras que ponemos nosotros – universalidad que nunca será enteramente cosmopolita, pues del propio cosmos, en sentido estricto, no conocemos ni conoceremos nunca (*ignoramus, ignorabimus*) si en sí mismo tiene fronteras o no-, porque solo se pueden fijar dichas fronteras desde dentro de un gran proyecto político cultural, el cual puede arrancar de un minúsculo Estado hasta alcanzar el tamaño máximo de una Civilización, de la misma manera que desde un organismo unicelular se puede alcanzar a la generación de las especies cada vez más diferenciadas y en competencia o biocenosis entre sí.

La única diferencia es que, en contraste con la lucha entre las especies animales en la adaptación a la naturaleza, los choques entre los grupos humanos pueden escapar a los crueles rigores de la lucha animal, en tanto que mediante la técnica y la ciencia y otras instituciones humanas, somos nosotros, en mayor medida que ningún animal, quien podemos adaptar la naturaleza a nuestras necesidades. Aquí la situación se invierte en una especie de "biocenosis" humanizada en la que la fuerza bruta meramente animal y depredadora puede ser vencida y superada por las habilidades técnicas, científicas o filosóficas en tanto que engranen con la verdadera realidad, encarnadas en instituciones políticas, sociales, culturales, etc., como las que introducen las formas estatales y civilizatorias.

ENFOQUE OPERATIOLÓGICO DE LA POLÍTICA

Nos proponemos en lo que sigue estudiar y analizar los fenómenos políticos, -algunos de los cuales vuelve a presentársenos con aires de novedad, como hemos visto en la Introducción-, desde un método filosófico nuevo que denominamos método operatiológico, el cual se ha ido ejercitando en diversos campos científicos a lo largo del pasado siglo XX, especialmente en su segunda mitad, sobre todo en ciencias como la Psicología Evolutiva de Piaget, en la Teoría de la Ciencia de Gustavo Bueno, en la Sociología Cognitiva y la Antropología de Bourdieu, etc., aunque no se haya tenido una clara representación de ello. Hemos tratado más ampliamente sobre esta nueva representación de dicho método y su exigencia de una filosofía operatiológica en otro lugar[33]. Haremos aquí una síntesis y repetiremos parte de lo dicho para hacer mínimamente inteligible la aplicación de esta nueva metodología de análisis filosófico al campo de los fenómenos políticos.

Ligamos el surgimiento de esta nueva metodología operatiológica al denominado Estructuralismo francés que desarrollaron en diversos campos figuras sobresalientes como Jean Piaget, Levi-Strauss y otros. Sus nuevas concepciones en el análisis de las estructuras humanas se han abierto paso entre la tenaza de las corrientes del positivismo cientificista norteamericano y del determinismo materialista soviético, que influían entonces de forma abrumadora en tales campos de investigación.

Dicha nueva perspectiva denominada Estructuralista, en tanto que ponía el acento en la construcción o reconstrucción de unas estructuras psicológicas y sociales, resultado de las acciones y operaciones de los sujetos, e irreductibles tanto a la pura empíria experimental así como al carácter epifenoménico de meros reflejos, abrió un terreno de investigación puramente estructural, "eidética" o esencial, como diría Husserl, que provocó una verdadera revolución científica en el campo de las ciencias humanas, posibilitando una especie de nuevo paradigma que orientó numerosas investigaciones positivas, con nuevos y sorprendentes resultado, tenidos hoy como adquisiciones científicas irrenunciables.

De modo especial, la Psicología genético-evolutiva de Jean Piaget se propuso el examen sistemático y científicamente riguroso de las estructuras operatorias básicas del conocimiento humano partiendo de la previa reducción, en el sentido de Husserl, de la esencia del conocimiento a unas acciones primarias y básicas, los denominados "esquemas de acción" o habilidades primordiales, tales como ocurre en los niños con el chupar, agarrar, golpear, frotar, arrojar objetos, etc., situándose así en un nivel diferente y más profundamente significativo, que el nivel de los meras sensaciones atómicas de que parte la psicología fisiológica, entendida como una parte de las ciencias naturales.

La extensión de esta reflexión psicológica sobre las habilidades individuales, manuales y corporales en general, al campo complementario de la intersubjetividad sociológica y antropológica ha sido la obra personal, y también muy influyente a nivel internacional, de Pierre Bourdieu, que parece inspirarse en Piaget, más que en Levi-Strauss, para formular su concepto de la Habilidades o habitualidades (*Habitus*) sociales[34].

En tal sentido, la obra del psicólogo suizo debe ser considerada, por su trascendencia para la ahora denominada Sociología Cognitiva, -que continúa la anteriormente llamada Sociología del Conocimiento o Sociología de la Cultura-, una obra epistemológicamente fundacional en tanto que sus procedimientos metodológicos y de enfoque investigador, atento a la construcción y reconstrucción de las "esencias" o estructuras cognoscitivas humanas, afectan a nuevos campos científicos, como el abierto por Pierre Bourdieu en su influyentes y novedosos análisis de campos sociológicos como el de la Educación (*Homo Academicus*) o el del Arte (*La distinción, Las reglas del arte*). Pues, tanto Piaget como Bourdieu representan, desde este punto de vista, un ejercicio positivo y brillante de lo que venimos denominando una forma operatiológica de pensar. Pierre Bourdieu hablaba de un "pensamiento relacional" para referirse a la filosofía que presuponía el propio Estructuralismo. Con ello se daba un paso decisivo en el avance contemporáneo de la tarea de superar el idealismo de la modernidad sin tener que recaer en una nueva versión del realismo materialista, como le sucedió al denominado marxismo clásico. No en vano Bourdieu se propuso superar la sociología economicista del marxismo sin tener que pagar por ello el alto precio del mentalismo e idealismo solipsista del sujeto entendido como un individual *rational agent*, y utilizado, como alternativa al marxismo en el positivismo sociológico americano basado en la Inteligencia Artificial y la Teoría de Juegos. Para tal superación no se podía recurrir a ningún mecanismo de inversión, como hizo Marx con Hegel, transformando su filosofía idealista en una filosofía materialista, sino procediendo por un camino intermedio, tratando de evitar hábilmente ambos extremos, buscando un nuevo principio que estuviese *in medias res*, como son los *Habitus* o habilidades corporales humanas, en tanto que son un "entre dos" como diría Merleau-Ponty, al situarse en un posición irreductible tanto a las explicaciones fisiológico-mecanicistas como a cualquier reduccionismo lógico formalista.

Tanto la Psicología Genética Evolutiva como la Sociología de los *Habitus*, se han preocupado respectivamente en diferenciarse de la actitud, que Husserl llamaba "natural", compartida tanto por la Sociología y la Psicología positivista anglosajona, como por el economicismo marxista y la reflexología pauloviana soviética. Frente a tales posiciones, tanto Piaget como Bourdieu, han practicado una especie de *épojé* husserliana, pero no en un sentido meramente fenomenológico, sino en un sentido que podemos denominar operatiológico. Pues han empezado por remitir la observación científica en tales materias, ya no a los hechos en su idealidad o materialidad ontológica, sino a unos fenómenos vivenciales muy precisamente recortados, a las acciones y las operaciones corpóreas de los sujetos sometidos a estudio e investigación en su conducta individual o social. Por tanto, hay aquí una primera reducción que no necesita ya ser explicada como una "puesta entre paréntesis" del mundo, ya que las acciones de las que se habla no son internas a la conciencia, sino que son acciones de un sujeto corpóreo externamente observables. Basta, como hace Piaget, con partir *in medias res* en la cadena evolutiva de los seres vivos, suponiendo que las habilidades propias de la inteligencia humana, no brotan de sí mismas, sino que resultan de la transformación de hábitos previos, que a la vez resultan de instintos y reflejos fisiológicos, suficientemente explicados por leyes físico-mecánicas, etc. De forma similar los *habitus* o habilidades sociales suponen determinismos económicos previos de los que resultan por trasformaciones y cambios históricos; pero no se reducen a ellos, exigiendo un tratamiento más recto que haga resaltar sus estructuras propias, que no resultan automáticamente de los imperativos económicos. Se trata de captar en ambos casos, no meros hechos causados mecánicamente, sino acciones vivenciales inseparables de algún modo de finalidad.

Pero, además, se necesita de una segunda reducción a lo Husserl que remitiría a las "esencialidades eidéticas" dadoras de sentido, a las estructuras operatorias psicológicas y sociales mismas, que ya no son estructuras *a priori* como pensaba todavía la Fenomenología husserliana, sino que son el resultado de construcciones del sujeto corpóreo operatorio. La experiencia operatiológica es una experiencia de la conducta externa que tiene una doble dimensión individual y social. En ambos campos se ha revelado un ámbito de estructuras, que aunque ya no pueden considerarse, ni innatas, como hacía el cartesianismo, ni dadas a priori, como hacían Kant o Husserl, -pues son estructuras construidas y generadas por los sujetos corpóreos en su interacción con el medio físico y con otros sujetos corpóreos-, no son menos necesarias y capaces de devenir universales, en tanto que con ellas se pone de manifiesto lo que permanece invariable tras las trasformaciones producidas por los sujetos operatorios. En tal sentido, tanto la psicología piagetiana como la sociología estructuralista de Pierre Bourdieu, ponen de manifiesto, en sus amplias y prolijas investigaciones, la existencia de tales estructuras, o invariantes psicológicos o sociales, al margen de las cuales no puede haber un conocimiento racional.

Lo más característico de la Fenomenología de Husserl fue la conquista de un nuevo método, el punto de vista fenomenológico, con el cual abrir una visión nueva y más profunda que las anteriores visiones proporcionadas tanto por el análisis y la síntesis del positivismo, como por la dialéctica de las síntesis y superaciones hegelianas. Dicho método trata de evitar, tanto el psicologismo sensualista o sensacionista del positivismo, como el formalismo de la dialéctica hegeliana. Frente al positivismo que, cuando escucho, por ejemplo, la canción de una cantante, reduce dicha experiencia a una mera suma de sensaciones, el método fenomenológico de Husserl trata de captar la propia canción como una totalidad, caracterizada por una forma o estructura (*Gestalt*) melódica, que es preciso describir de una forma cuidadosa, ateniéndose a lo que aparece, y nada más que lo que aparece, cuando la escuchamos. Pues lo importante en el conocimiento de las cosas, no es tanto decir qué son (sensaciones, ondas electromagnéticas, etc.), sino cómo son posibles, como se nos da el objeto. A partir de este camino metodológico riguroso se podrá alcanzar la "esencia" del objeto, lo que él mismo es en realidad, su dimensión ontológica, pero no antes, como pretendería una filosofía dogmática.

En tal sentido, la filosofía fenomenológica sigue el planteamiento revolucionario instaurado por Kant con su "giro copernicano". Aunque, aún más decididamente que Kant mismo, o los mismos neo-kantianos, la perspectiva fenomenológica no ignora la importancia de la experiencia exterior en la formación del conocimiento, no es anti-empírica, sino que lo que echa en falta en el empirismo clásico es la actividad del sujeto, necesaria y trascendental, como Kant puso de relieve, para la comprensión de las representaciones cognitivas. No hay Objeto sin Sujeto ("*keine Objekt ohne Subjekt, keine Subjekt ohne Objekt*"), dirá Fichte en su *Grundlage der gesamten Wissenschaftslehre*, y con él Schelling y Hegel, abriendo así una concepción relacional del conocimiento en la que la objetividad se da conjugada con la subjetividad. Dicha actividad del sujeto (*noesis*) es entendida por los fenomenólogos en correlación apriórica y trascendental con el objeto de conocimiento (*noema*). Es el famoso *Apriori de Correlación* del que habla Husserl. Según ello, la constitución de los objetos de conocimiento está esencialmente ligada a los actos por los que se nos dan en la experiencia. De ahí que la descripción minuciosa y exacta de lo que ocurre cuando experimentamos algo, pasada por alto por el Idealismo, sea tan importante para los fenomenólogos. Así, se dice que el descripcionismo fenomenológico abría una nueva forma empírica, positiva, de ver, de mirar el mundo. Siguiéndola podíamos no solo sentir la presencia de los objetos mismos, sino intuir, captar, de forma viva su esencia, la estructura de su ser mismo, lo que en realidad son.

Pero la Fenomenología entenderá dichas esencias, formas o estructuras de los objetos, de una forma rígida, hipostasiada o reabsorbida en la materia objetual que se describe, como algo que está enterrado y que es preciso revelar, sacar a la luz, hacer patente, como un arqueólogo descubre un tesoro antiguo con sus excavaciones. Heidegger formulará la concepción de la verdad implícita en este modo de proceder, recurriendo a la concepción de la verdad como *aletheia*, como descubrimiento o des-encubrimiento de la esencia de las cosas, de aquello que las constituye como las "cosas mismas" y que trata de rescatar la Fenomenología siguiendo su famoso lema de "vuelta a las cosas mismas" (*Zurück zu dem Sachen selbst*). Una concepción descripcionista de la verdad que, aunque tiene como objetivo el desenterrar estas esencias o estructuras de las cosas, sin embargo, no las entiende todavía como constitutivas de la propia verdad de esas cosas, pues no consigue hacerlas despegar de la materia experiencial, con el fin de que adquieran vida y movimiento propio para tratar de reconstruir genéticamente las cosas mismas. Esto es lo que conseguirá hacer la Epistemología Genética de Piaget en su forma de entender las Formas o Estructuras que nos dan la "esencia" de los objetos en un orden circular y dialéctico, por medio del cual tales Estructuras son construidas operatoriamente según una causalidad circular, móvil y cerrada:

"Según este punto de vista, las operaciones intelectuales, cuya forma superior es lógica y matemática, constituyen acciones reales, bajo el doble aspecto de producción propia del sujeto y de una experiencia posible sobre la realidad. El problema consiste entonces en comprender cómo se elaboran las operaciones a partir de la acción material y mediante qué leyes de equilibrio es dirigida su evolución: las operaciones se conciben así como agrupándose necesariamente en sistemas de conjunto, comparables a las "formas" de la teoría de la *Gestalt*, pero que, lejos de ser estáticas y dadas desde el principio, son móviles, reversibles y no se encierran en sí mismas sino al término del proceso genético a la vez individual y social que las caracteriza"[35].

En tal sentido, de la misma manera que la Psicología de la *Gestalt* fue sustituida y superada por la Psicología genético-evolutiva de Piaget, sería preciso sustituir la filosofía fenomenológica por una filosofía que fuese el *pendant* de los avances científicos en la explicación del conocimiento introducidos y desarrollados por Piaget.

Esto es lo que, a nuestro juicio, ha empezado a hacer Gustavo Bueno con su concepción constructiva y genética de las Esencias filosóficas[36].

Frente a las descripciones de Esencias de la Fenomenología, lo que importa ahora, son las definiciones constructivas. En tal sentido, ya la Psicología evolutiva de Piaget había optado, frente a la Psicología de la *Gestalt*, por las definiciones genético-constructivas del Espacio o del Objeto Permanente. Así, inspirándose y generalizando la famosa definición del Espacio geométrico que hizo el matemático francés Poincaré, definiéndolo como la resultante de un grupo algebraico construido por los propios sujetos en sus desplazamientos, Piaget generaliza dicha estructura de agrupamientos algebraicos para definir genéticamente, además del Espacio, los propios Objetos entendidos como Objetos Permanentes o Substancias, la Identidad, como identidad de masas sea de agua o de plastilina, la Cantidad, la Medida o Número, etc.

Gustavo Bueno utiliza, asimismo, este procedimiento de "definición genética" para definir objetos o eventos cotidianos, como cuando propone definir el concepto de mesa, como un concepto generado a partir del surgimiento de las actividades manipulatorias en los homínidos, como "el suelo de las manos"[37]. O el concepto de "basura" a partir de la operación de barrer[38]. Con ello Gustavo Bueno amplía los procedimientos de definición operacional, que Piaget había utilizado en sus construcciones de las estructuras cognitivas, a conceptos tan comunes como las mesas, la basura, el diálogo político, etc. Al fin y al cabo, se podría decir que se pasa de tratar de definir "esencias" o estructuras científicas a definir también "esencias" de objetos ordinarios.

Gustavo Bueno distingue, en su concepción de las Esencias[39], un Núcleo generador, un Cuerpo envolvente y un Curso evolutivo en el que se especifican las diferentes avatares o fases de la Esencia en su transformación y desarrollo dialéctico, en el cual eventualmente se alcanzará la destrucción o negación del núcleo. Con el ejemplo geométrico de la definición esencial de la circunferencia, ilustra dicha forma de definición:

"Si las cónicas son una *esencia genérica* del campo matemático, su *núcleo* podría ponerse en la intersección del plano secante y la superficie del cono (ambos son *componentes* o *elementos* del núcleo); el cuerpo de esa esencia genérica estaría constituido por el conjunto de funciones polinómicas (con sus parámetros) que convienen a las líneas de intersección respecto de sistemas exteriores de coordenadas; el *curso* de esta *esencia* es el conjunto de las especies (elipse, hipérbola, etc.) que van apareciendo, y, entre las cuales, figurarán la recta y el punto como "curvas degeneradas" (en las cuales el núcleo desaparece"[40].

Bueno denomina a las Esencias, así entendidas, "esencias plotinianas", por contraposición a las "esencias porfirianas" basadas en el procedimiento aristotélico de la definición por género próximo y diferencia específica, en el sentido de considerarlas como totalidades evolutivas que, al transformarse, conservan una unidad de origen, interpretando las palabras de Plotino:

"La raza de los heraclidas forma un género, no porque tengan un carácter común, sino por proceder de un solo tronco" (*Enéadas*, VI,1,3).

Es en tal sentido que hablamos de una filosofía positiva operatiológica por contraposición al positivismo fenomenológico, el cual todavía permanece preso de la rigidez de sus estructuras esenciales, como señalaba Piaget, no pudiendo rebasar, por ello, el nivel puramente descripcionista de tales estructuras. El nuevo punto de vista aquí incorporado nos permite un enfoque igualmente positivo que el que reivindica la Fenomenología, por el contrario-posición al propio de una filosofía puramente especulativa, pero que posibilita, a diferencia del enfoque fenómenológico, la introducción de una perspectiva dinámico-evolutiva y dialéctica a la hora de abordar la comprensión esencial y última de algo, que es lo que tradicionalmente se atribuye a la labor estrictamente filosófica. Dicho nuevo enfoque nos conduce a lo que denominamos método filosófico-operatiológico, como método que vinculamos a una concepción hábil del pensamiento filosófico, en comparación con el famoso método fenomenológico propugnado por Husserl a principios del siglo pasado.

El interés por volver a plantear la cuestión del método tiene su razón de ser en la percepción que creemos tener de lo que podríamos conceptuar como un Movimiento Operatiológico que se estaría formando desde la segunda mitad del pasado siglo y que, como contrapuesto en su origen al famoso Movimiento Fenomenológico, habría que remitirlo principalmente, en relación con su iniciación, a la Epistemología Genética de Piaget. En base a ella, entenderíamos el Materialismo Filosófico de Gustavo Bueno, que incluimos como continuador de esta tendencia, como un "materialismo operatiológico", el cual prolonga, en muchos aspectos, el desarrollo del Movimiento operatiológico en un campo declarada y conscientemente filosófico, a diferencia de lo que ocurría en Piaget con sus pretensiones de "fundamentalismo científico", a las que le condujeron sus desengaños filosóficos de juventud, tal como el mismo cuenta en su libro *Sabiduría e ilusiones de la filosofía* (1965).

Esta Filosofía Operatiológica, en el modo en que la entendemos, pretende poseer un método en el sentido tradicional de un camino o procedimiento que nos permite ver y comprender el mundo, y la realidad en general, de una forma que creemos más clara y profunda. Comparte con la Fenomenología el rechazo, como métodos metafísicos, tanto del racionalismo puramente especulativo, como de otros métodos insuficientemente positivos como el empirismo psicologista asociacionista. Pues los actos de conocimiento, como los actos de juzgar, deducir o hacer abstracciones, no son actos cuyo fundamento descanse en las meras sensaciones o "hechos" perceptivos, como sostiene el empirismo clásico; pero tampoco su naturaleza es meramente intencional, en el sentido solipsista de "mental", como sostiene la Fenomenología, sino que tales actos son actos propios, no de una "mente o conciencia intencional", sino de una conducta operatoria corpórea ejecutiva (Ortega y Gasset), propia de un sujeto de "carne y hueso", como sostenía Unamuno, un sujeto con pies y manos, sin los cuales sus operaciones serían meramente mentales e intencionales y no efectivas. La clave de este conocimiento operatorio conductual no está tampoco, como pensaba el positivismo clásico comtiano, en la mera "coordinación de los hechos" para establecer leyes; ni tampoco en la descripción fenomenológica de las formas o esencias persistentes bajo la apariencia sensible, sino en la construcción o reconstrucción de las estructuras que resultan de la coordinación, no tanto de los hechos, como de las *acciones* conductuales mismas, en estructuras operatorias precisas y claramente definidas. Pero el acceso a tales estructuras que, como "invariantes" de grupos de transformaciones operatorias, no aparecen a simple vista, requiere un método artificioso, que no es el de la simple observación natural, sino que exige un punto de vista especial.

La Fenomenología había avanzado ya en esta dirección de superación de la "conciencia natural" por medio de una *epojé* o "puesta entre paréntesis" que nos permita regresar, por "reducciones", a la captación de las esencias o estructuras de las cosas, al margen de que estas sean reales o imaginarias, esto es, en tanto que fenómenos que se nos aparecen. Para nosotros, el sentido de la *epojé* no es tanto una eliminación del mundo cuanto una concentración de la mirada en una parte de él, las operaciones de los sujetos, desenfocando, por así decirlo, otras características de la realidad, como las propias de las sensaciones perceptivas, que no desaparecen, sino que actúan de modo secundario, como señalizaciones auxiliares para orientar las acciones. Piaget llega a afirmar decididamente que la clave en la explicación del conocimiento humano está en las acciones y no en las sensaciones, frente a lo que sostenía el empirismo.

Pero, dichas acciones no son contenidos mentales, como eran todavía para Fichte, sino que se dan como fenómenos en la experiencia conductual. Y lo que se da en la experiencia no es, como creía el idealismo kantiano, un material organizado por intuiciones y categorías que pone un yo interior o "mental", sino que, como apuntó con decisión Husserl, lo dado es un resultado de la correlación entre las acciones del sujeto (*noesis*) y los correlatos intencionales objetivos de tales actos (*noemas*). Tales objetos noemáticos ya no son meros "contenidos de conciencia", sino entidades dioscúricas, como diría Ortega al proponer la nueva metáfora del conocimiento con la imagen de Cástor y Pólux, los famosos dioses cabiros que forman una unidad de opuestos. Son entidades unitarias, pero, a la vez, con un aspecto objetivo y otro subjetivo: son entidades objetivas generadas o construidas a través de coordinaciones subjetivas de acciones conductuales externas.

Como reconoce Piaget:

"El gran mérito de las intuiciones husserlianas es de situarse de golpe en presencia de <<las cosas mismas>>, del fenómeno, pues, y de negarse a partir del dualismo del sujeto y del objeto. Husserl se opone tanto al idealismo como al apriorismo kantiano, que lo atribuyen todo al sujeto, como al empirismo o al positivismo que olvidan al sujeto en beneficio del objeto. El dato fundamental es, para él, el fenómeno en cuanto interacción indisociable, y quiere partir de esa indisociabilidad para alcanzar lo real"[41].

Pero la fenomenología se mantuvo todavía en el carácter apriórico de tal correlación y no procedió a un análisis sistemático de los modos en que se opera o articula dicha correlación. El rechazo de dicho apriorismo es lo que se inicia con las investigaciones psicológico-evolutivas de Piaget, en las que se indagan los agrupamientos operatorios algebraicos como fundamento de los diversos tipos de conocimiento abstracto. En tal sentido debe corregirse la declaración husserliana en la que manifestaba su adhesión al positivismo, cuando declaraba que la Fenomenología era un "positivismo absoluto" por la falta de presu-puestos inherente a la *epojé*, en el sentido de que la filosofía opera-tiológica, que se está abriendo paso desde Piaget, es a su vez una forma de filosofía positiva, pero no absoluta, ni escéptica o relativista, sino que es una especie de lo que llamaríamos "positivismo operatio-lógico", en tanto que se reconoce en las operaciones humanas el último fundamento racional positivo que nos permite entender la realidad sin incurrir en la locura metafísica ni en el idiotismo empirista, como decía Augusto Comte.

Pero Piaget, en relación con Husserl, había escrito que:

"... problemas fenomenológicos, tantos como se quiera, pero método fenomenológico, eso sí que no"[42].

Por ello, Piaget acepta los planteamientos husserlianos de la *epojé* y las reducciones, pero su método es un método nuevo que nosotros proponemos denominar método *operatiológico*, el cual, en vez de describir las "esencias" o estructuras de la inteligencia humana, las construye o reconstruye a partir de la estructuración cerrada de las acciones. Una casa, para un fenomenólogo, no es una mera suma de sensaciones, sino que es un conjunto totalizado de sensaciones en una forma o estructura que pone el sujeto, como demuestra la psicología de la *Gestalt*. Pero desde un punto de vista operatiológico, una casa, esencialmente considerada, no se reduce a una determinada totalidad de partes, en las que lo esencial es la forma, sino que una casa es un sitio donde puedo entrar, refugiarme, etc. Una especie de guarida, cuyo significado esencial se capta cuando se conecta con operaciones de ocultamiento seguro, para dormir, alimentarse, descansar, etc. Por tanto, su "esencia" se capta, de un modo más profundo, cuando la conectamos inmediatamente con funciones vitales de motricidad, y no con meras formas perceptuales.

En este sentido, puede servir como ejemplo de intuición operatiológica de tales "esencias", la definición de "mesa" que ofrece Gustavo Bueno, como algo cuyo significado esencial y más profundo se capta cuando la entendemos, en formula brillante de Bueno, como "el suelo de las manos"[43]. Para conseguir tal resultado se procede criticando definiciones ya dadas, como que la mesa es un "mueble", lo cual además de no captar lo específico, pues dicha definición vale también para un armario, no da cuenta de que existen mesas fijas, inmóviles; o, criticando por insuficiente la definición estructuralista por la que la mesa sería una totalidad funcional de partes: patas, tablero, etc. Bueno encuentra la definición correcta conectando la mesa con sus funciones motrices antropológicas (comer, escribir, etc.), funciones que remiten a las manos y están en el origen de las transformaciones claves producidas por una "mano exenta", posibilitada por la bipedestación de los homínidos y las nuevas funciones que genera. En tal sentido, nos parece que expresa muy bien lo que podemos llamar una intuición de esencias operatiológica, en tanto que el significado esencial de la mesa se capta al relacionarlo con sus funciones motrices vitales, desconectándolo de otras relaciones que se nos aparecen ahora como secundarias y no esenciales a la cosa misma, con lo que se capta "lo que es" una mesa en su mayor generalidad y universalidad.

En el caso de las definiciones de abstractos objetos científico-categoriales, como el hexaedro o "cubo", la definición fenómenológica husserliana hacía hincapié en captarlo como una síntesis invariante de una serie de perspectivas, o perfiles (*Abschattungen*) en las que el "cubo" nunca se percibe entero, sino en escorzos de tres caras como máximo. El "cubo" sería para los fenomenólogos el resultado, por tanto, de una fusión de los diferentes escorzos captados en variaciones azarosas. Lo que añade de nuevo aquí el nuevo punto de vista operatiológico es la articulación precisa de las variaciones por las que se llega a concebir el "cubo" como tal: la estructura operatoria de "grupo algebraico" al que se ajustan sistemáticamente los "giros" o rotaciones a que sometemos al cubo para captar su estructura. A su vez, se pone de manifiesto la necesidad de vincular inmediatamente el "cubo", como lo que Piaget denomina "objeto permanente", con el espacio, ya no meramente perceptivo, como ocurría en Husserl, sino con el espacio sensoriomotor, que Poincaré fue el primero en definir como suponiendo el llamado "grupo algebraico de los desplazamientos": la suma de dos desplazamiento es otro desplazamiento (ley de composición interna), todo desplazamiento tiene su inverso; hay el elemento o desplazamiento neutro (el ir y volver al mismo sitio), la propiedad asociativa (los rodeos y atajos), etc. A su vez, Piaget ofrece definiciones operacionales de conceptos abstractos, como la identidad de masa líquida (experimento de identificar la misma cantidad de agua en vasos diferentes) o de la masa sólida (experimento de la bola y la salchicha de plastilina), en los cuales se pone de manifiesto la relación de verdad entre dos afirmaciones sobre la cantidad, no ya como adecuación de la afirmación a un objeto preexistente, ni como desvelamiento (*aletheia*), sino como una identidad resultante de la confluencia equilibrada de cursos de construcción operatoria diferentes.

La verdad se concibe, según esto, como lo que Gustavo Bueno denomina verdad como "identidad sintética" en sus análisis de las más complejas identidades establecidas por la ciencia ("F=m.a, "E=mc^2", "S=πr^2", etc.), como Principios, Teoremas o Leyes, en los que las construcciones algebraicas cerradas no son ya uni-operatorias como en los ejemplos citados, sino que son multi-operatorias ("cierres categoriales")[44]. La verdad científica, condensada en una identidad, expresaría una intuición de la "esencia" o estructura de una realidad física, biológica, etc., obtenida tras complejos procesos de construcción operatoria (demostraciones de teoremas) en los que las operaciones conceptuales intermediarias son hábilmente neutralizadas (puestas entre paréntesis) para dar lugar a identidades inmediatas de términos que permanecían ocultas a la conciencia natural. Por ello la *epojé* o puesta entre paréntesis por neutralización o eliminación, remite únicamente a las operaciones del sujeto y no al mundo mismo como pretendía Husserl. Piaget habría dado la formula general de estos procesos de conocimiento, que conducen, por equilibración, al establecimiento de conceptos tan básicos como el de Espacio geométrico, o el de Identidad de masa, resumiéndola en un proceso dialéctico positivo de cuatro fases, que supone una ampliación y rectificación de la famosa triada dialéctica hegeliana de la tesis-antítesis-síntesis, y que resume en cuatro pasos: si llamamos, en el ejemplo de la plastilina, A a la bola y B a la salchicha, el niño procede por sostener primero, p. ej., que hay más masa en A; luego, por el contrario, en B; en tercer lugar llega a un equilibrio sintético, en una especie de identidad por fusión (A y B), pero solo en una salchicha particular; por último, comprende la igualdad de masa en relación articulada con las transformaciones sucesivas efectuadas. En este último caso, la identidad no resulta de una mera fusión dialéctica de los opuestos, como en Hegel, sino de una conjugación positivamente articulada a través de un cierre operatorio.

Una vez presentado este resumen de lo que entendemos por la perspectiva de análisis operatiológico, deberemos de ajustarnos a su aplicación al campo de los fenómenos políticos. Para ello distinguiremos a la hora de analizar tales fenómenos tres dimensiones ya clásicas como son la dimensión Pragmática, la Semántica y la Sintáctica, en un sentido similar al que utilizamos para analizar a la propia racionalidad manual en el libro *La razón manual*, al cual nos remitimos.

ANÁLISIS DIMENSIONAL DEL PODER POLITICO

Husserl, como es conocido, abrió también el camino a una "fenomenología genética", que explicase las acciones constitutivas del conocimiento trascendental en el marco de la intersubjetividad, y de lo que denominaba el "mundo de la vida" (*Lebenswelt*), en tanto que incluye la finalidad. Dicho marco intersubjetivo lo había introducido Fichte en el análisis del Yo Trascendental kantiano cuando sostenía, en sus *Fundamentos del Derecho Natural*, que "el hombre solo es hombre entre los hombres". Desde una filosofía operatiológica, como la que defendemos aquí, y frente a la filosofía Fenomenológica de Husserl[45], debemos pues plantearnos desarrollar también, no ya una Fenomenología Trascendental general, sino una Operatiología Trascendental general que se centre en la génesis de la racionalidad del propio Sujeto político Corpóreo Operatorio.

Se trata entonces, para decirlo al modo husserliano, de regresar transcendentalmente al fundamento último de la racionalidad política humana, con vistas a reconstruir genéticamente las instituciones políticas mismas; de regresar, más allá de la política como "representación", dada en el escenario habitual de los Gobiernos y Parlamentos, a la fuente de las representaciones mismas, a la propia actividad operatoria política, buscando sus supuestos últimos. En ella trataríamos de hallar el residuo último de lo que Husserl denominaba la reducción trascendental. Dicho residuo, podemos anticipar, no reside en la "conciencia", sino en un ego corporeizado, una suerte de lo que el Enacionismo de Varela y Maturana denominaba *embodied mind*, que se empieza a separar evolutivamente de nuestros antepasados simios en la actividad cazadora, indiferenciada entonces de la propiamente guerrera posterior, que se comienza a institucionalizar ya en los homínidos dotados de hachas, flechas y demás productos de la industria lítica.

Se suelen reducir los análisis del origen de tal proceso de institucionalización a dos perspectivas opuestas, una materialista y la otra idealista, según que se parta de una causalidad objetiva, marcada por la presión de las condiciones materiales o de una causalidad subjetiva, en la que predomina la libertad de acción del sujeto. Ello supone partir de la distinción entre Sujeto y Objeto. Una distinción filosófica clásica de la que, ciertamente, es difícil prescindir. El Idealismo dialéctico de Fichte buscó ya una fusión superadora de ambos componentes con la propuesta del Sujeto-Objeto, aunque sin conseguir superar el Idealismo, dentro del cual permanecía aun su propuesta presentada como un Idealismo crítico frente al prekantiano Idealismo metafísico-dogmático. Schelling al proponer el esquema de la Identidad de la Naturaleza y el Espíritu, aunque abre el camino a una especie de organicismo biológico, no consigue avanzar más allá de una Identidad abstracta, como le reprocha Hegel en el famoso Prólogo de la *Fenomenología del Espíritu*. Pero Hegel se ve obligado a regresar al Idealismo, que él denomina Absoluto, para diferenciarlo del de sus predecesores. Marx vuelve al Materialismo, y por tanto hacia una posición enteramente opuesta a la del idealismo hegeliano o fichteano, consiguiendo en otros aspectos, antropológicos, políticos, sociales, etc., avances ampliamente reconocidos al poner al trabajo manual como presupuesto del trabajo intelectual. Husserl, a su vez, aunque introduce avances en el análisis del conocimiento respecto a la mera teoría del conocimiento como reflejo social, en la que todavía permanecía el marxismo, mantiene un Idealismo que, sin embargo, irá aproximándose a lo largo de su obra hacia el Vitalismo con la incorporación de la Intersubjetividad y el Mundo de la Vida (*Lebenswelt*). Con ello abre la posibilidad de pasar de la Identidad abstracta o por mera fusión del Sujeto y del Objeto, propia del Idealismo fichteano y hegeliano, a una Identidad Articulada u Operatoria, en la que se mantienen ambos términos, pero como derivados de un tercero intermedio, el *A priori* de Correlación, desde el cual pueden ser vistos ambos como meros "puntos de fuga". Tal fue lo esencial de la crítica de Heidegger a Husserl en su famosa obra *Ser y Tiempo* en la que empieza la descripción del hombre como un ser en co-determinación con el mundo, en el cual se relaciona de forma primordial y constitutiva con seres, no ante los ojos (*vor-handen-sein*), sino como seres a mano (*zu-handen -sein*). Así aparece entonces un punto de vista intermedio de carácter corpóreo, entre la conciencia husserliana y el mundo de los objetos que se sustancia en las manos hábiles creadoras del plexo instrumental técnico. Este tercero intermedio, -en nuestra interpretación, que hemos desarrollado en otras obras como *La Razón Manual*-, radica pues de una forma aún más precisamente corpórea, en nuestras manos, dadas no ya meramente como manejadoras de instrumentos, sino como extremidades superiores del cuerpo, sitúadas ontológicamente en la frontera entre la parte objetual exterior del medio natural envolvente y la parte subjetual interior de nuestra conciencia lingüística.

Pues la habilidad operatoria manual requiere nuevos conceptos para ser captada en su esencia, tal como Heidegger reprochaba a la fenomenología de la conciencia husserliana, que no servía para comprender las habilidades técnico-manuales que lo dado "a la mano" requería. Para ello habría que regresar del plano epistemológico marcado por la relación Conciencia-Objeto a un plano más fundamental o previo que es el plano operacional-antropológico de las habilidades propias de un ser-en-el-mundo. La nueva hermenéutica fenomenológica heideggeriana se hizo, sin embargo, oscura y difícil por no encontrar los conceptos científico-positivos adecuados para expresarse. Es a partir de la Epistemología Genética de Piaget, insertada en el marco de una Psicología evolutiva, cuando se empieza a comprender que debemos situarnos *in medias res* en el análisis del conocimiento, tratando de entender como aumenta el conocimiento, por ejemplo, en un niño, suponiendo, no un origen absoluto de un sujeto o de un objeto, sino una situación intermedia de partida, que es aquella en que el niño ya tiene, por herencia biológica, unas estructuras como los reflejos instintivos y por tanto se trata ahora de entender justamente cómo se va haciendo inteligente a partir de ellos por medio de hábitos y habilidades operatorias. Piaget plantea ya claramente esta nueva estructura de un espacio gnoseológico tridimensional, como una Identidad Articulada o Invariante de un Grupo de Transformaciones, de la que hablamos como encarnación corpórea que va más allá de la mera Identidad schellinguiana todavía abstracta, (lisológica diría Gustavo Bueno), en base a Estructuras Operatorias morfológicas propias de un sujeto corpóreo. La distinción dualista Conciencia-Objeto, queda entonces superada, aunque conservada en cierta manera al insertar los componentes clásicos en una estructura gnoseológica ternaria con los análisis tridimensionales implícitos en los planteamientos que denominamos operatiológicos, al descomponer, como propone con más claridad Gustavo Bueno, el acto cognoscitivo más simple y primitivo, el manipular técnico, en *términos, operaciones* y *relaciones.*

Según mantiene el propio Gustavo Bueno en su *Teoría del Cierre Categorial*, -apoyándose en distinciones básicas de la Semiótica de Charles Morris-, este nuevo tipo de análisis que denominamos operatiológico, en términos, operaciones y relaciones, remite, al tratar los *signos* propios del lenguaje científico, a una dimensión *sintáctica* de los actos cognitivos la cual, a su vez, presupone la dimensión *semántica* y la *pragmática* [46].

La dimensión sintáctica es la propia derivada del análisis de la Lógica operacional corporal, y especialmente la manual, de sus estructuras o "formas", como señala Piaget. La dimensión semántica remite a los contenidos ordenados en dirección a los objetos, como referencia que da significado a las operaciones corporales. Y la dimensión pragmática apunta a los contenidos ordenados en la dirección del sujeto.

Trataremos, entonces, de llevar a cabo lo que denominamos un análisis operatiológico de la racionalidad política humana, -como ya hicimos en otro lugar (Manuel F. Lorenzo, *La Razón Manual*, 2018), al tratar de analizar a la propia racionalidad humana en su dimensión más genérica de carácter gnoseológico y ontológico-, siguiendo estas tres dimensiones propias del lenguaje y basándonos en el propio lenguaje como componente esencial de dicha racionalidad, que nos diferencia y distancia cualitativamente, no ya de forma radical, aunque si de grado, de la racionalidad de otras especies animales, hoy tratadas por las ciencias etológicas como especies inteligentes. En tal sentido utilizaremos en nuestro análisis de la racionalidad humana las tres dimensiones de la Semiótica de Charles Morris con las que se analizan los contenidos lingüísticos.

Pasaremos a continuación a analizar cada una de estas dimensiones del espacio político-antropológico en sus contenidos generados por las acciones políticas de un sujeto vivo, corpóreo-operatorio, dado en un medio natural y social, comenzando por la dimensión pragmática que nos remite a los contenidos dados en la dirección subjetual.

DIMENSIÓN PRAGMÁTICA

Génesis del poder político: Mano y Poder

Como señalamos más arriba, fue el Conde de Saint-Simón el que puso en conexión sistemática las habilidades con el campo de la política cuando acuñó la denominación de *politique des abilités* para caracterizar el cambio de naturaleza del poder político en las modernas sociedades industriales, en comparación con lo que ocurría en las sociedades pre-industriales. En tal sentido, distinguió, en la historia de la humanidad -como señalamos en la Introducción- dos grandes periodos, que se correspondía con dos tipos de sociedad esencialmente diferentes: las sociedades militares antiguas y medievales y las sociedades industriales modernas. No obstante, deberíamos reinterpretar la distinción saint-simoniana, como señalamos más arriba, entre la política de la fuerza y la política de la habilidad, como una distinción entre dos tipos de habilidades, las guerreras y las industriales y no como una distinción entre la habilidad y su negación en las sociedades militares por la pura fuerza bruta.

Con ello tenemos constituido los primeros tejidos o mimbres de un núcleo originario del poder propiamente humano que, al desarrollarse, irá configurando un cuerpo, unas corporaciones políticas determinadas, que seguirán un curso marcado por sus transformaciones esenciales, siguiendo en ello las explicaciones propuestas por Gustavo Bueno en su *Primer ensayo sobre las categorías de las "ciencias políticas"* (1991). En tal sentido, así como de la intersección de una figura cónica, -como señala Bueno para poner un ejemplo de núcleo generador de estructuras esenciales, en este caso las diferentes clases de curvas[47]-, por un plano secante, al variar el ángulo de corte, se obtiene diversas curvas, como la circunferencia, la elipse, la hipérbola, etc., de la misma forma la intersección entre la fuerza corporal y la habilidad manual humana (muy superior ésta a la de cualquier primate, a partir del *Homo Habilis* o de la australopiteca Lucy, por la perfección de la mano de estos homínidos) forma un núcleo generador que desestructura las sociedades propiamente animales, regidas en sus mecanismos de dominación principalmente por pautas instintivas, dando lugar por *anamorfosis* a la aparición de otras formas nuevas de sociedades ya propiamente prehumanas o humanas, que se empiezan a caracterizar por estar regidas principalmente por normas racionales y no meras pautas rutinarias instintivas. Dichas normas derivan del desarrollo de tecnologías manuales que permiten la construcción de instrumentos poderosos como las hachas, lanzas, arcos, flechas puntiagudas, etc. Dicha normalización de la producción técnica habría requerido la institucionalización de la fabricación de instrumentos, el origen y desarrollo del lenguaje y de nuevas habilidades cognitivas, etc., y puede ser vista como la fuente del surgimiento de las propias normas sociales que caracterizaran y diferenciaran a las sociedades humanas de las sociedades animales, como sostiene Jonathan Birch:

"The normative domain expanded from technical norms to incorporate norms of fairness, reciprocity, ritual and kinship. I suggest that these norms, despite their apparently abstract and general character, were an elaboration of a basic capacity for norm-guided skill execution"[48].

En tal sentido se puede decir que aparece aquí ya la base o germen del que surgirán las sociedades políticas humanas en sentido estricto, en las que el poder o la dominación del grupo deja de ser esencialmente de tipo etológico-animal para pasar, del dominio instintivo del macho alfa, al dominio racional fundado en normas socialmente instituidas del jefe político. Pues, el desarrollo de la racionalidad tecnológica normativizada e institucionalizada abre la posibilidad de que se genere una nueva forma de poder propiamente humano y que aparezcan las primeras sociedades estrictamente políticas, pasando de pequeñas bandas de cazadores-recolectores a grandes tribus proto-estatales.

El núcleo originario resultado de la intersección entre la animalidad evolucionada de los homínidos y el surgimiento de una mano específicamente humana, -muy diferenciada ya de los simios en la famosa australopiteca Lucy-, que permite el despegue tecnológico propiamente humano, dará lugar a la aparición de una estructuración de la vida de los homínidos que desembocará en las primeras sociedades propiamente humanas, en las que la organización política se irá imponiendo tras diversos avatares sobre las formas propiamente animales de conducta y organización. Dichos momentos de desarrollo de las sociedades, ya propiamente humanas por su carácter político cultural, son los ya clásicamente es tablecidos de las sociedades pre-estatales y de las actuales sociedades estatales en las que está organizada la pluralidad humana. Podemos vislumbrar incluso, hoy mejor que antaño, la aparición en el horizonte de un nuevo tipo de sociedad en la que el Estado tenderá a desaparecer o pasará a tener u papel mucho más limitado que el que todavía tiene. Ya el filósofo alemán Fichte empezó a introducir, basándose en el Idealismo procedente de Kant, la concepción de una futura extinción del Estado orientada por el Ideal kantiano de un "reino de los fines" que, aunque no se alcanzaría nunca plenamente, debería orientar la marcha futura de la Humanidad. Marx mismo, influido por Fichte en su concepción de la Historia[49] abogará por la extinción del Estado cuando la Humanidad alcance el estadio del Comunismo Final, en el que, utilizando fórmulas de Saint-Simón, la administración de los hombres sería sustituida por la administración de las cosas y cada uno será considerado según sus necesidades y no ya según sus habilidades. Tras el derrumbe del comunismo soviético, esta concepción marxista ha perdido su atractivo, aunque no por ello ha desaparecido el ideal de una sociedad trans-estatal que hoy toma nuevas formas y figuras con la llamada Globalización.

Pues, como final de esta historia que se inició en bandas aisladas de cazadores-recolectores, se está abriendo el camino a una forma nueva de organización social dada en una situación opuesta, la llamada sociedad transnacional o trans-estatal, que seguirá siendo una sociedad capitalista, después de que el fracaso de la experiencia soviética ha demostrado que no hay alternativa. Pero será un tipo de capitalismo seguramente muy diferente del originario capitalismo manchesteriano, pues deberá considerar los límites, cada vez mejor establecidos por las propias ciencias, que la Naturaleza pone a su explotación sin freno ni límite alguno. Quizás en el futuro haya una transición de las condiciones de vida y trabajo hacia una situación nueva en la que haya una mejora en las condiciones sociales de los obreros y trabajadores en general, propiciadas por el desarrollo científico y tecnológico, de un modo similar a como se produjo una transición gradual y lenta, al final del Imperio Romano, del duro régimen esclavista a un régimen feudal en el que existió una mejora indudable de las condiciones del trabajo y los derechos sociales en la figura del siervo que sustituye al esclavo y que estudios más recientes, -como el conocido libro de Jacques Heers, *La invención de la Edad Media*, (Crítica, Barcelona, 2000) que, dejando de demonizar la llamada Edad Media como una edad oscura y tenebrosa-, la valoran en su justa medida como generadora de un progreso social indudable que, además, puso las bases de la modernidad europea. Tanto el conde de Saint-Simón como August Comte ya veían a la Edad Media europea como una preparación de lo que sería la modernidad europea y no como una simple recaída en la barbarie y el oscurantismo, como creían Petrarca o Voltaire. Alvin Toffler, más recientemente, en su obra *La Tercera Ola* (Plaza & Janes, Barcelona, 1980) ha tratado de prefigurar el futuro que nos espera con anticipaciones a veces brillantes de fenómenos que hoy nos sorprenden, como las consecuencias que empieza a tener la revolución digital en la esfera de nuevas formas del trabajo o de la familia, etc., aunque muchos rasgos con que los dibuja no pasan de ser proyecciones en las que se abusa de la imaginación más que de consideraciones más racionales y críticas.

Trataremos, a continuación, de la estructuración genético-operatoria del poder político contemplado en su dimensión pragmática y ordenado en sus tres momentos, terminal, operacional y relacional, propios de la metodología operatiológica que utilizamos. En tal sentido el momento operativo corresponde a la formación de bandas humanas aisladas y autónomas como prolongación de las bandas o rebaños animales; el momento relacional o federativo se corresponde con la formación de federaciones de tales bandas humanas en forma de tribus o confederaciones de tribus y el momento terminal o determinativo se corresponde con el surgimiento y consolidación de las normas sociales humanas que van sustituyendo e imponiéndose sobre las anteriores pautas instintivas que regulaban la existencia meramente animal.

Organización Autárquica (hordas y bandas)

En el origen del poder político encontramos a los homínidos organizados en hordas y bandas. En el desarrollo de estas bandas primitivas de cazadores-recolectores, al chocar con otras bandas en la disputa de la caza, se irá abriendo la posibilidad de la aparición de nuevas relaciones más complejas que darán lugar, finalmente, al Estado como nuevo tipo de organización territorial. El tipo de asociación humana más temprana de hordas o bandas está en continuidad con las sociedades propias de nuestros antepasados evolutivamente más próximos, los primates. No obstante, las sociedades humanas más primitivas se diferencian de las sociedades de los simios por las características de lo que se denomina el proceso de hominización. Mediante dicho proceso se produce la irrupción de la racionalidad específicamente humana, en la cual, como señalamos más arriba, parece tener un peso decisivo, como ya señaló Charles Darwin, la aparición de una mano libre, debido a la bipedestación y dotada de unas características de movilidad operatoria nuevas con respecto a nuestros parientes más cercanos, los simios.

Sin embargo, la observación y ponderación del papel de las manipulaciones en el desarrollo de la inteligencia humana técnica y emocional es relativamente reciente, tanto desde el punto de vista de la ontogénesis (Piaget), como de la filogénesis (John Napier, Frank R. Wilson y otros). Asimismo, la conexión, cada vez más clara, entre el desarrollo de las manipulaciones y el progresivo aumento de las circunvalaciones y potencia cerebral, parece estar en relación también con las características más específicas del lenguaje humano, situado por ello en un nivel inalcanzable para el resto de lenguajes animales[50]. La manipulación especifica humana, base de la aparición de la técnica hace aproximadamente dos millones de años en el *homo habilis*, implica la existencia de un *logos* normalizado y acumulativo, frente a cualquier tipo de inteligencia animal. De ahí que la diferencia entre el hombre en estado de naturaleza, el buen salvaje rousseauniano, y las hordas de simios, sea sustancial en lo que se refiere a la introducción de una conducta racional que permite un cálculo normalizado, tanto en la construcción de herramientas como en la configuración de los principios imitativos en torno a los cuales se rigen instituciones como la familia humana, base de la primera educación.

Esta racionalidad manual es la que, debido a un desarrollo inédito de la memoria, junto al desarrollo del lenguaje con capacidad narrativa, y a la habilidad mimética, por la cual se transmiten mediante tradiciones institucionales, de tipo oral primero y escrito después, conocimientos que se acumulan de generación en generación, ha hecho posible el surgimiento de una personalidad esférica humana cerrada, en el sentido de que sabe, a partir de un cierto momento de madurez, para alcanzar el cual son indispensables los relatos de la tradición, que aunque su vida está limitada por dos cotas, el nacimiento y la muerte, tales instituciones perduran y trata por ello de mantenerlas.

Los principios de conducta humana giran, desde entonces, en torno a dos ejes propios también de nuestros antepasados evolutivos más próximos: la firmeza o resistencia del individuo para perseverar en su ser y la generosidad o fraternidad con el pequeño circulo que le rodea y le sobrevive y sin el cual no podría subsistir. Pero tales principios se circunscriben, en su radio de máxima acción, a estructuras o instituciones sociales del tipo familiar o sus múltiplos, en las que el número limitado y relativamente pequeño de interacciones permita la cohesión del grupo. Robin Dunbar estableció una relación entre el desarrollo del neocórtex, la parte de evolución más reciente en el cerebro de un primate, y el tamaño de un grupo social estable: cuanto más grande es la <<tribu>>, mayor es el neocórtex de sus individuos. Dichas hordas o bandas pueden formar agrupaciones mayores, como clanes (150 individuos), mega bandas (500 individuos) o tribus (1500-2000 individuos). Pero, como ha demostrado Dunbar, las relaciones personales entre los individuos solamente se mantienen en grupos por debajo de los 150 individuos, que corresponde a la estructura de un clan familiar. Dicho tamaño se mantiene en los pueblos de las primeras sociedades agrícolas de 5000 años antes de Cristo, en la moderna horticultura de Indonesia, Filipinas o Sudamérica, o en las comunas mormonas o hutteritas[51]. Además, los clanes están asociados a menudo con alguna función institucional-ceremonial, como ritos de paso de adolescentes, matrimonios, o ritos que refuerzan las relaciones con los ancestros. La especificidad propia de los clanes familiares humanos en relación con otras estructuras similares de los primates, reside en la sustitución, por ceremonias ya institucionalizadas, de meros rituales previos, como el ritual de despiojamiento de los monos, cuya función, no era solo sanitaria, sino también de trabazón y unión del grupo, por esa especie de acicalamiento o masaje lingüístico que es el ritual del cotilleo social, tal como lo interpreta Dunbar. Mediante él se forman grupos o coaliciones de individuos ligados por relaciones fuertemente personalizadas.

Organización Federativa (tribus)

Por tanto, a partir de cierto número de individuos (150), las relaciones personales son imposibles, generándose otro tipo de relaciones personales indirectas entre individuos, que tienen un mismo origen clánico, pero que, al crecer en número, van configurando y generando nuevos clanes, los cuales, al tener ancestros comunes, integran grupos más amplios denominados tribus, que requieren ceremonias institucionales más complejas para coordinarse y mantener la originaria relación genética y que son un presupuesto de lo que serán las relaciones federativas de bandas, las cuales empiezan ya a ser agrupamientos estrictamente políticos. Por ello los clanes familiares, una vez que alcanzan un grado de desarrollo que sobrepasa los 150 individuos por persona, se descomponen, en lo que respecta a la naturaleza fuertemente personalizada de sus relaciones, para dar lugar al nacimiento de un nuevo tipo de organización, basada en un tejido conjuntivo de relaciones impersonales realizadas a través de mediadores burocráticos institucionalizados.

La ulterior posibilidad que queda es el choque de estas organizaciones tribales con otras del mismo rango, lo que da lugar al establecimiento de fronteras territoriales claramente defendidas y delimitadas, para las que se necesita el desarrollo de un tejido nuevo, un tejido de instituciones fronterizas, por el cual se establece la relación estrictamente interestatal, sea pacífica (comercio, intercambio cultural) o no-pacífica (guerra, conquista, etc.).

Pues el choque con otras tribus debió tener, en un principio, un sentido puramente defensivo, una especie de lo que se denominará "guerra justa", es decir, la que se desata, por ejemplo, como defensa de un territorio de caza frente a la intromisión de otras tribus. En tal sentido ya vimos como Gustavo Bueno ponía el origen del Estado en la apropiación de un territorio por un grupo frente a otros rivales. Pero poniendo de relieve que dicha apropiación es previa a la división de clases, frente a lo que suponían Rousseau o Marx. Dicha apropiación originaria debía ser mantenida en último término por la guerra defensiva, la cual produce prisioneros y víctimas del conflicto, que pasan también a formar parte de la apropiación. Pero la apropiación del territorio de la que se habla aquí debe ser entendida como una categoría todavía biológico-ecológica, en tanto que es común con la conducta de los animales depredadores que constituyen una "biocenosis", es decir un entramado vital de presas y depredadores en el que están delimitados los territorios de caza en los que se da una apropiación de ellos por unas bandas de depredadores que excluyen a otras, en dura competencia salvaje en la lucha darwinista por la vida. En tanto que se conoce la existencia, demostrada por los etólogos, de la territorialidad de muchas especies zoológicas, incluidos nuestros más inmediatos antecesores, los primates, Gustavo Bueno sostiene que:

"... la territorialidad política es una transformación por anamorfosis de la territorialidad natural"[52].

Cuando los homínidos desarrollan la técnica de fabricar hachas, lanzas, arcos y flechas, debido a los cambios evolutivos que perfeccionan sus manos y los distancian cualitativamente de la capacidad manual de cualquier póngido, se convierten en poderosos depredadores que compiten con los anteriores grandes depredadores, como leones, tigres o cocodrilos. A su vez, al ir creciendo y adquiriendo la división en tribus de orígenes clánicos suficientemente distantes para sentirse extraños, se encuentran con competidores tribales de igual rango en la lucha por la apropiación de los territorios de caza.

Con ello, en caso de coexistencia no-pacífica, la caza restringida hasta entonces de modo habitual frente al animal se extiende ahora además a otros homínidos competidores de tribus extrañas que son percibidos como competidores tan dañinos como alimañas, como enemigos a los que, una vez cazados en tales guerras defensivas, también se les come, como se hace con los grandes depredadores animales, leones, tigres, etc., considerados todavía hoy como los más altos trofeos de caza mayor. Pues ya Augusto Comte decía que el canibalismo debió preceder al esclavismo en las relaciones entre los diferentes grupos humanos. Sin embargo, la horda en la que se basan tales tribus todavía no es una familia propiamente hablando. Sobre todo, por sus posibles relaciones incestuosas y promiscuas. Aunque la discusión, planteada por antropólogos influyentes como Levi-Strauss, sobre la existencia de una evitación del incesto en animales superiores ha complicado la cuestión enormemente. Pero, al margen de ello, Engels en su famoso libro *El origen de la familia, la propiedad privada y el Estado* ha puesto de relieve la sucesión de estructuras familiares previas a la familia monogámica occidental, basándose en el antropólogo norteamericano Lewis H. Morgan. Con ello lo que llamamos familia humana es una institución muy posterior y enteramente diferente de las hordas animales. Incluso la propia familia humana del llamado patriarcado que suceda al matriarcado anterior, en sentido estricto, parece que presupone al Estado, del cual sería su contrafigura, según señala Ortega y Gasset en su escrito "El origen deportivo del Estado":

"...si investigamos qué forma de sociedad aparece inmedia-tamente después de la forma informe que hemos llamado <<horda>>, nos encontramos con una sociedad dotada ya de un comienzo de organización. El principio de esta organización es sencillamente la edad. El cuerpo social ha aumentado en número de individuos y de horda se ha convertido en tribu. Pues bien, las tribus primitivas aparecen divididas en tres clases sociales: que no son, ciertamente, económicas, como preferiría la tesis socialista, sino la clase de los hombres maduros, la de los jóvenes y la de los viejos. No hay otras distinciones, y, por supuesto, no existe aún la familia. Tan no existe, que todos los pertenecientes a la clase joven se llaman entre sí hermanos y llaman padres a todos los de la clase de más edad (...) Sin embargo, de estas tres edades, la que predomina por su poder y autoridad, la que manda y decide no es la de los hombres maduros, sino la de los jóvenes"[53].

Con ello se nos plantea entonces el problema de cómo surgió positivamente el Estado, para poder delimitar claramente el alcance y los límites del poder tribal junto con la consideración de la evolución de la familia.

Origen del Estado

En primer lugar, es importante tener una Idea previa de cómo pudo surgir el Estado en sentido estricto a partir de la dialéctica tribal que conduce a los llamados proto-estados. Existen, por supuesto, las teorías clásicas del "contrato social" de Hobbes, Locke o Rousseau. Pero tales teorías, aun cuando son útiles para explicar racionalmente la dinámica en que se basa el poder político, fracasan cuando pretenden representar la situación histórica en la que dicho "pacto" tuvo lugar por primera vez. Es decir, fallan a la hora de dar una explicación genética y no meramente estructural del Poder político. Pues el Estado, aunque, supone un "pacto" o acuerdo social, tácito o implícito, sobre quien gobierna, no nace de este. Ni tampoco de la mera utilidad que proporcionan los intercambios sociales ocasionales. Ni es una mera ampliación cuantitativa de la primitiva horda familiar o de las tribus.

Por otro lado, el Estado es además el que permite, con su aparición, transformar la estructura del apareamiento primitivo próximo a la animalidad en una nueva estructura ya propiamente familiar humana. En tal sentido, Ortega y Gasset, por ejemplo, supone que la aparición de la exogamia fue determinante en la aparición del Estado. Basándose en investigaciones de la etnología de su tiempo, Ortega ofrece una explicación del origen del Estado relacionándola con el rapto de mujeres promovido por los guerreros jóvenes, que en la adolescencia buscan la relación con otros jóvenes, la cual acaba institucionalizándose en una casa o cabaña mayor que las destinadas al alojamiento de las primitivas familias. Aparece aquí la guerra propiamente ofensiva, la razzia, cuyo motivo es descaradamente el robo de un bello botín, y cuya motivación ultima no es económica, sino primordialmente biológica, un instinto sexual más fuerte o sofisticado, provocado por el deseo que provocan las mujeres de otras tribus, ante la escasez de las propias o, sencillamente, ante la mayor belleza de las ajenas:

"En el año 1902 publicó el genial etnólogo Schultz un libro que bien merecía ser más conocido. En él hace notar con sorpresa que en muchos pueblos primitivos y bajo la especie de residuo y supervivencia, en casi todos ellos, existe una casa o cabaña mucho más capaz que las destinadas a alojamiento de cada familia, la cual es rodeada de un respeto, un miedo y un acopio de preocupaciones rituales verdaderamente extraños. Además, dondequiera es tenida la institución, ya que no su materia, como la más antigua y arcaica. En ella se encierran los principales ídolos, sobre todo <<totémicos>> o de animales, y toda suerte de utensilios religiosos. De sus paredes penden máscaras horribles y bajo ellas los tambores y flautas de guerra y festival. A veces, se hallan también calaveras y aun cabezas frescas o momificadas. Toda esta conjunción de elementos es curiosa nada más, pero falta lo más interesante: en estos grandes albergues viven en común los hombres solteros, los jóvenes"[54].

Dicha "casa de los solteros", según Ortega, estaría en el origen de la exogamia, la primera ley matrimonial que obliga a buscar esposa fuera de los consanguíneos, pues es el lugar, primer cuartel, sede de una sociedad secreta, donde se reúnen los jóvenes de las hordas próximas y donde toman una decisión que tendrá gran trascendencia histórica:

"... deciden robar las mozas de hordas lejanas. Pero esto no es empresa suave: las hordas no toleran impunemente la sustracción de sus mujeres. Para robarlas hay que combatir, y nace la guerra como medio al servicio del amor. Pero la guerra suscita un jefe y requiere una disciplina: con la guerra que el amor inspiró surge la autoridad, la ley y la estructura social. Pero unidad de jefe y disciplina trae consigo, y, a la vez, fomenta la unidad de espíritu, la preocupación en común por todos los grandes problemas. Y, en efecto, en estas asociaciones de muchachos comienza el culto a los poderes mágicos, las ceremonias y los ritos"[55].

En tal sentido habría, según Ortega, una estrecha relación entre la exogamia, la guerra y la aparición de una sociedad fuertemente jerarquizada y disciplinada en la guerra que configura el germen del

Estado. Su origen no tendría tanto causas económicas, como sostenían Rousseau o Marx, sino causas biológicas. Como reacción a esto aparece la familia propiamente dicha:

"Pero no es dudoso que esta época, en que predominó sin trabas ni freno la gresca juvenil, fue tiempo duro y cruel. Era preciso que el resto de la masa social procurase su defensa frente a las asociaciones bélicas y políticas de los mozos. Entonces se organiza frente a ella la asociación de los viejos: el Senado. Viven éstos con las mujeres y los niños, de los que no son o no se saben maridos ni padres. La mujer busca la protección de sus hermanos y hermanos de su madre, y se hace centro de un grupo social opuesto al <<club>> de varones; es la primera familia, la familia matriarcal, de origen, en efecto, reactivo, defensivo y opuesto al Estado"[56].

Por último, Ortega conecta el "rapto de las sabinas" perpetrado por los romanos con el origen de su Estado:

"Y, para colmo de convergencias sugestivas, recordamos que se enlaza con la instauración de la ciudad (Roma) la leyenda del rapto de las sabinas como una de las primeras hazañas realizadas por Rómulo y sus compañeros. Nuestra interpretación permite reconocer en esta leyenda un hecho bien general y notorio, característico de un estadio en la evolución social. En los ritos matrimoniales de Roma perduró la huella del rapto originario, ya que, como es sabido, la esposa al ingresar en la casa de su marido, no lo hacía por su pie, sino que éste la tomaba en vilo, a fin de que no pisase el dintel, simbolizando así que había sido arrebatada"[57].

No se olvide que la propia Guerra de Troya, narrada por Homero en *La Ilíada*, comienza por el rapto de la bella Elena. Un tipo de guerra cuyas causas no son todavía directamente económicas, como lo serán las Guerra Médicas posteriores del imperialismo persa contra las Ciudades-Estado griegas. En Troya es todavía el bello sexo exogámico el desencadenante del conflicto, como ocurría desde las anteriores guerras de conquista sexual que se tramaban en la "casa de los solteros", documentada por la etnología de Schultz que Ortega interpreta de modo brillante. Ortega considera el desarrollo de su tesis del sexo "exogámico" un acierto feliz en tanto que, como sabemos hoy por la biología moderna, ello produjo una mejora sustancial de la raza humana, pues la endogamia conducía a la humanidad a un empeoramiento y degeneración racial progresiva con el aumento de enfermedades y taras genéticas. La adquisición de las bellas extranjeras provoca además que, al convertirse en favoritas, releguen a las mujeres del clan a funciones secundarias de criadas al cuidado de los ancianos y de los niños. De ahí nace, según Ortega, la familia humana en sentido estricto, como institución diferenciada y contrapuesta al Estado, dedicada al cuidado de los más débiles, niños y ancianos. Aparece, asimismo, añadimos nosotros, la figura de la esposa como sometida exclusivamente a su dueño, el marido y no al clan paterno de procedencia. Sus hijos pasan a ser también posesión exclusiva del marido, con lo que se diferencian de los hijos endogámicos dependientes de los hermanos o tíos. Esa relación exclusiva de los hijos exogámicos les dará un privilegio en el reparto de los cuidados y dedicación paterna, la única de la que son acreedores, pues no tiene filiación genética con otros miembros de la tribu. Lo cual redundará en el creciente poder de las mujeres de la exogamia en la jerarquía familiar a través de la influencia indirecta de sus hijos, como se ve en el caso del poder indirecto que adquirieron tantas reinas en la historia. También ocurre que, a diferencia de las mujeres y los niños, los hombres viejos, que detentaban un poder dirigente y decisorio en el régimen pre-estatal, pasan a desempeñar un poder, ya no decisivo, pero si útil, en la ayuda para organizar el nuevo poder del Estado con su sabiduría y consejo, creándose, según Ortega, una especie de institución senatorial, germen del Parlamento.

Pero, conjeturamos nosotros, tratando de dar sentido a lo que supone Ortega, que los hijos exogámicos, al mejorar la raza, se empezarían a diferenciar de los hijos endogámicos por su mayor salud y ausencia de taras, lo que genera una especie de "aristocracia" genético-racial que estaría en el origen de la importante distinción de clases sociales entre familias patricias y plebeyas, de importante significado histórico en la Historia de Roma. Las familias patricias, por su mayor poder y fortaleza meramente biológica, traducirían esa situación en un reparto desigual de los bienes económicos, lo cual estaría en el origen y aparición de las dos clases sociales de que hablan Rousseau y Marx, la de los poseedores y la de los explotados, en la que se incluirá a los prisioneros de guerra, que por esta aparición de una apropiación ya netamente económica, dejaran de ser sacrificados y comidos o , en el mejor de los casos tomados en adopción e integrados a la tribu, para ser utilizados como mano de obra esclava. De ahí sale el término familia derivado del latín *famulus*, que significaba sirviente o esclavo.

La aparición de la guerra ofensiva de rapiña o depredadora, y no ya meramente defensiva, como era la que se desataba por la mera defensa de un territorio de caza -el cual tenía su origen en el reparto territorial que se mantiene en un equilibrio ecológico, propio de las especies animales que constituyen una biocenosis, como señalan los biólogos y etólogos-, requiere el predominio de los intereses de una aristocracia guerrera resultante de la exogamia productora de los individuos más sanos y robustos que la van conformando. Dicha aristocracia biológica que se genera en la clase de los jóvenes y aguerridos cazadores, ya sea por la escasez de mujeres en la gens o tribu, ya sea por la atracción del exotismo de las mujeres de otras tribus fronterizas con las que ocasionalmente se tienen disputas territoriales, convierte entonces a esta clase de los jóvenes guerreros de los que habla Ortega, no solo en elementos necesarios para la defensa ocasional de los territorios apropiados por la tribu, sino también en buscadores de las bellas mujeres extranjeras como premio o "descanso del guerrero", tal como se atribuye aún en el medievo a las conocidas prácticas depredadoras de los temibles guerreros vikingos, que asolaban las costas europeas creando el caos y la destrucción y llevándose, además de joyas y objetos valiosos, a las mujeres más bellas.

Cuando las razias guerreras se hacían más difíciles, por la resistencia organizada de los extranjeros en jefaturas guerreras con capacidad para resistir, se pasará a la compra o el intercambio de mujeres, la cual en el régimen de patriarcado -que sustituye al matriarcado anterior en el que el padre era el hermano mayor de la madre, el tío, y no el padre biológico-, dará lugar al reconocimiento del padre biológico en el guerrero que es el único dueño y poseedor de la mujer, como se posee un objeto por robo o por simple compra. Pues, en el matriarcado anterior, la mujer de la práctica endogámica pertenecía más a la familia de su hermano que a la de su marido. Por ello los hijos de dichas mujeres raptadas, además de mejorar la raza, son propiedad exclusiva del guerrero propietario de la moza raptada, aunque pudiese ser gozada por camaradería guerrera por otros. Ahora el guerrero es el dueño de la mujer, y no el padre de esta o su hermano mayor, como ocurría en el matriarcado anterior. Ello permite la aparición, además de una clase aristocrática biológica, en el sentido natural de los más sanos y fuertes (*citius*, *altius*, *fortius*), la aparición de dinastías paterno-filiales que pueden culminar en la aparición de monarquías hereditarias, sobre todo al acrecentarse la riqueza procedente de la guerra depredadora, que se inicia con el rapto de mujeres, pero se continua con el robo y el saqueo de riquezas o la adquisición de esclavos. Aquí habría que situar el origen de la desigualdad económica de que hablan Rousseau y Marx.

Pero, como sostiene Gustavo Bueno, esta separación en clases económico-sociales es posterior a la aparición del Estado, cuyo origen estaría en transformaciones anamórficas de estructuras biológico-etológicas previas. Ello podría tener lugar por el reparto de partes territoriales entre los propios guerreros de la clase aristocrática biológica, que será beneficiada en relación con la clase plebeya, tenida ahora como clase "vulgar", en tanto que se sigue generando endogámicamente, o con una exogamia dentro de la tribu y de menor radio de alcance con respecto a la variabilidad genética. Se podría explicar tal evolución en el modo que lo hizo, clásicamente, Platón, el cual parte, siguiendo un relato mitológico fenicio (*La República*, 414 c), de una división en razas diferentes proveniente de los dioses que habrían mezclado diferentes metales (oro, plata, hierro y bronce) en su constitución. Cuando predominan los metales más nobles (oro y plata) tendríamos a la aristocracia, la raza de los guerreros (guardianes y gobernantes). La raza de los siervos (obreros y artesanos) sería aquella en que predomina el hierro y el bronce). Basta sustituir el mecanismo mitológico de Platón por el mecanismo biológico que representó la exogamia para explicar la aparición de una clase de hombres física y racialmente superiores, engendrada por los jóvenes guerreros, de los que habla Ortega. que raptan las mujeres de otras tribus. Con ello se crearía la primera clase aristocrática natural, los más fuertes altos y rápidos, por la mejora biológica que supuso la exogamia frente a las taras degenerativas crecientes que comportaba la endogamia. Sería dicha aristocracia la que encarnaría la "raza de los señores" de que habla Nietzsche frente a la "raza de los esclavos". Dicha aristocracia de origen natural, producto, no ya de la intervención de los dioses, ni de una raza primigenia elegida por especulaciones indemostrables (los mitos arios del nazismo, o los propios relatos judíos bíblicos cuando hablan de un "pueblo elegido"), sino de un mecanismo puramente biológico (la exogamia), resultado del azar histórico evolutivo, pero no propio en exclusiva de una tribu "elegida", sino generalizable y generalizado posteriormente a las restantes. En tal sentido dicha aristocracia biológica sería la primera que introduce una división en clases de dominación (patricios y plebeyos), sobre la base previa de una división en clases por edad de las hordas o tribus endogámicas (los jóvenes y los viejos, mujeres y niños de los que habla Ortega) que inaugura el decurso evolutivo cíclico del poder tal como lo expone clásicamente el propio Platón, como hemos visto más arriba

Por ello, volviendo a retomar el tema del paso de las federaciones o confederaciones de tribus al Estado, a través de lo que se denominan las jefaturas personales, podemos decir ahora que el Estado es ciertamente previo, como sostiene Gustavo Bueno frente a Marx, a la aparición de las clases económicas, pero no es previo a la aparición de clases por edad, propias de la organización en clanes o familias, como señala Ortega, ni previo, en un sentido estricto, a la aparición de aristocracias de carácter biológico resultantes de las practicas exogámicas de los jóvenes guerreros.

Organización normativa (usos, costumbres y leyes)

Las unidades sociales humanas, en continuidad evolutiva con los animales superiores, tienen sus raíces en estructuras instintivas de reproducción y lucha por la vida. En tal sentido el individuo, como ocurre en el mundo animal más próximo evolutivamente a nosotros, no tiene sentido sin el grupo al que pertenece por nacimiento y que le transmite sus instintos sociales, los cuales determinan su relación con los otros miembros de su especie o de otras muy diferentes. Pero, aunque haya una innegable continuidad evolutiva con el mundo animal, los humanos han desarrollado unas rutinas o hábitos, por transformación de los previos instintos animales, que los hacen muy diferentes y alejados de aquellos. En tal sentido se dice que el hombre es un animal de costumbres.

Las costumbres humanas, una especie de hábitos individuales o sociales, no son algo meramente genético, como los instintos, sino que tienen que ser construidas por los sujetos humanos como resultado de diferentes experiencias de fracaso o victoria. Así Piaget explica como el niño desarrolla la costumbre o hábito de chuparse el dedo desviando el genético instinto de succión de la mama hacia otros objetos que por azar se interponen al desarrollar el instinto, por ejemplo, chupando el dedo pulgar por asimilación con la mama. Al hacerlo no obtiene alimento, pero experimenta un placer bucal que calma su ansiosa espera de alimento, con lo que se produce lo que llama Piaget una reacción circular primaria que, al usarse, fortalece dicha conducta haciéndola repetitiva y habitual. Por ello habría que hablar aquí de una conducta racio-morfa, aunque todavía no es una conducta propiamente inteligente en el sentido de que, según Piaget, no se incluya la posibilidad de la operación inversa, sino que es una repetición unidireccional y rígida. La reacción circular primaria tiene que ver con las acciones sobre el propio cuerpo del niño. Piaget añade la reacción circular secundaria y terciaria cundo se actúa sobre los objetos del medio. En la terciaria aparece ya una variabilidad sistemática que es una suerte de conducta de ensayo y error. Propiamente no hay todavía inteligencia porque no hay representación simbólica del objeto, ya sea exterior, por un lenguaje gestual, o interior, mediante un lenguaje de palabras y representaciones con imágenes mentales evocadoras. Además, no hay todavía la llamada conducta del *Insight* que implica, como probaron los famosos experimentos gestaltistas de Köhler con chimpancés en Tenerife, la percepción de una estructura global, o la construcción de un Agrupamiento cerrado de las acciones, como señala la Psicología Evolutiva de Piaget. Por ello los hábitos o costumbres son rígidos, aunque resulten de conductas variables, pero no cerradas, de ensayo y error. En tal sentido es preciso diferenciar con claridad, como hace Piaget, los hábitos de las habilidades propias de la conducta inteligente, la cual implica también reacciones circulares, pero que incluyen procesos más complejos de Asimilación y Acomodación, como ocurre con las habilidades técnicas.

El instinto de alimentación conduce a la actividad de cazar, la cual requiere a veces realizar grandes desplazamientos por un territorio. De ahí puede haber surgido, por transformación, el hábito de hacer rutas o largos paseos sin el objeto de obtener una presa, sino solo por el beneficio de mantener el cuerpo en forma y buena salud, en los periodos en que no se realizan actividades de caza. El pasear ha llegado hasta nosotros como un hábito saludable, recomendado por la actual medicina para combatir el sedentarismo. Se puede pasear por cualquier sitio en el campo, porque no tiene puertas, como se suele decir. Pero en la ciudad no ocurre lo mismo, por lo que se institucionaliza un parque o una calle exclusivamente para ello. Aquí es donde se marca una diferencia clara con los hábitos o "rutinas animales": la aparición de una normativa que establece por donde se puede pasear despreocupadamente y por donde no. Dicha normativa la establece la autoridad competente, que es el Ayuntamiento, el cual a su vez supone el Estado. Pero no siempre existió el Estado. Las costumbres y usos humanos son muy anteriores a él y se sitúan en ese larguísimo periodo de tiempo que media entre la vida animal regida por sus rutinas y la vida humana con sus costumbres civilizadas, que suponen ya la ciudad, la *polis*, como la primera forma de Estado. Es, por ello, en las sociedades pre-estatales donde se generan muchos de esos usos y costumbres, los cuales adquieren la fuerza de una institución coactiva.

Tradicionalmente se explicaba la existencia de los usos y costumbres humanos que nos diferencian de la vida salvaje animal por la existencia de un Derecho natural procedente de una revelación divina. Dicha doctrina del Derecho natural se desarrolló en la filosofía medieval europea adquiriendo una forma más avanzada en la llamada neoescolástica española del Renacimiento, en especial en la obra del jesuita Francisco Suarez, por la cual el poder y todos sus mandamientos necesarios para mantener el orden y las buenas costumbres sociales procedían de la revelación divina interpretada por la Iglesia, pero que se encarnaba en el Rey a través del consentimiento del pueblo. Este desarrollo implicaba que la soberanía real no era un atributo exclusivo del rey, sino que requería la mediación popular, de tal manera que si el Rey se convertía en un rey tiránico podría justificarse el tiranicidio o la perdida de la soberanía, la cual quedaba retenida en el pueblo hasta que fuese transferida a un nuevo Rey apropiado y justo. Curiosamente esto fue lo que ocurrió en la llamada Revolución liberal española de las Cortes de Cádiz, durante la Guerra de la Independencia, en la cual Napoleón logró arteramente la abdicación del Trono español, tanto de Carlos IV como la de su hijo Fernando VII, retenidos en Bayona, nombrando Rey de España a su hermano José, denominado popularmente como "Pepe Botella", el cual reprimió tiránicamente la rebelión popular del Dos de Mayo en Madrid. Por ello las Cortes de Cádiz retiraron la soberanía al Rey impuesto por Napoleón y ante la imposibilidad de devolverla a un Rey español, se la atribuyeron al pueblo como mediador y como el único propietario entretanto volviese el deseado Rey.

Fue distinto el caso de lo que ocurrió con la Revolución inglesa, la cual se basó en las teorías políticas de Hobbes y Locke. Hobbes tiene el mérito de haber desarrollado en su *Leviathan* una fundamentación del poder político que no necesita recurrir a supuestos de naturaleza teológica, como todavía ocurría con Suarez. Como partidario del materialismo atomista de Gassendi, pero además de convicción atea, Hobbes inicia una explicación puramente filosófico-racional del origen del Estado y del Derecho que descansa en un entendimiento del hombre como determinado por un "individualismo posesivo", -como lo ha definido clásicamente C. B. Macpherson en su conocida obra *La teoría política del individualismo posesivo. De Hobbes a Locke* (1961)-, es decir por una psicología del egoísmo individualista puramente animal, acuñado en su famosa frase de que "el hombre es un lobo para el hombre". Solo con la constitución del Estado que monopoliza la violencia caben la vida y las costumbres humanas racionales. No hay por tanto Derecho natural, pues en el Estado de naturaleza solo cabe la "guerra de todos contra todos", como en el mundo animal. La obra de Hobbes supuso así el inicio de una explicación de la racionalidad de la vida humana basándose en un llamado Derecho positivo, como el derecho del más fuerte, cuyo surgimiento trata de explicarse sin recurrir a supuesto teológicos extra racionales e imposibles de verificación empírica.

Pero el inconveniente de esta explicación era la tendencia hacia una especie de totalitarismo al que conducía inexorablemente. En tal sentido Hobbes sería reivindicado por teóricos nazis en el siglo XX para justificar el Estado totalitario. Ello era posible porque Hobbes, al renunciar al Derecho natural previo al Estado, hacía derivar la legitimidad jurídica que contempla las Leyes solo del Estado, quedando la libertad del individuo inerme ante el peso de la maquinaria del poder estatal. El tiranicidio que defendían los teóricos españoles como el Padre Mariana, cuyos libros, junto con los de Francisco Suarez, se quemaban entonces en los Parlamentos de los absolutismos monárquicos dominantes en Londres o París, no tenía justificación ninguna en Hobbes, porque siempre era mejor un Estado tiránico ya que su ruptura violenta conduciría otra vez a la "guerra de todos conta todos", como había ocurrido en Inglaterra con la ejecución por el Parlamento de Carlos I, lo que abrió la llamada "Guerra Civil" inglesa, que condujo a la dictadura de Cromwell.

Pero Locke, tratando de defender la posibilidad de una limitación del Poder Absoluto de los Reyes, escribió sus *Dos Tratados sobre el gobierno civil* en los que, admitiendo como Hobbes que el Poder político no deriva de Dios, -a rebatir lo cual dedica el primer Tratado-, considera, frente a Hobbes, la existencia de un Derecho Natural en las sociedades primitivas que no estarían entonces en un continuo estado de guerra entre ellas. Pero para explicar el origen de esta racionalidad natural de las costumbres pacíficas propiamente humanas necesita recurrir al deísmo y al supuesto de una revelación divina. Por eso Locke excluye de la tolerancia liberal a los ateos. Será preciso esperar a otro gran filósofo inglés, a Herbert Spencer, ya en el siglo XIX y en plena era victoriana, para encontrar una defensa de la existencia del Derecho basado en unas costumbres en un tiempo anterior a la propia existencia del Estado y sin tener que presuponer revelaciones divinas. Por ello Spencer pide una consideración de la existencia de unas normas de conducta racionales anteriores al Estado tal como las pedía el Derecho natural:

"Quizá se hablaría con menos dogmatismo si se reflexionase que existe en el continente toda una escuela de juristas que mantiene una creencia diametralmente opuesta a la de la escuela inglesa. La idea de *Naturrecht*, es la idea base de la jurisprudencia alemana. Ahora bien: sea cualquiera la opinión que se tenga sobre la filosofía alemana en conjunto, nadie puede considerarla como superficial. Una doctrina corriente en un pueblo que se distingue entre todos los demás por sus infatigables investigadores no se debería eliminar como si sólo fuera una ilusión popular"[58].

Spencer considera que dichas costumbres pueden explicarse, no ya de forma teológica, sino positivamente, por la investigación de la nueva ciencia de la Sociología postulada por Augusto Comte, mediante la cual se puede establecer de modo científico la existencia y evolución de las costumbres sociales desde los supuestos que el evolucionismo biológico, -al cual Spencer hizo sus propias contribuciones filosóficas en la misma época que Charles Darwin- introducía la explicación científica de la Selección natural. Spencer utilizó los nuevos conocimientos científicos de las sociedades humanas, -para lo cual reunió un ingente material publicado complementariamente a sus *Principios de Sociología* (3 vols. Londres 1876-96)- para desarrollar una comprensión de las sociedades humanas como un todo regulado por leyes orgánicas (leyes anatómicas) y no meramente por leyes mecánicas de choque de cuerpos (leyes atómicas) que los consideran como meras unidades o átomos que choca entre sí, como todavía lo era en el caso de Hobbes y Locke. Así estableció Spencer numerosas analogías, sin caer tampoco en extremos reduccionismos organicistas, entre los procesos de diferenciación evolutiva de lo simple a lo complejo en el mundo animal, con los procesos evolutivos de las sociedades humanas con creciente diferenciación de funciones, que generaban las distintas instituciones familiares, políticas, eclesiásticas, profesionales, industriales, ceremoniales, etc. Spencer iniciaba así una mezcla de positivismo y biologismo evolucionista muy fecundo, aunque con el peligro de inclinarse a una especie de lo que se denominó un "darwinismo social" de connotaciones racistas. Por esa asociación con el racismo, de tan nefastas consecuencias tras el nazismo del siglo XX, Spencer ha dejado de ser leído y permanece en el olvido hoy en la propia Inglaterra, aunque se han iniciado intentos de alejarlo de tales interpretaciones profundizando en su compleja figura anticipadora del predominio actual del evolucionismo en las explicaciones histórico-antropológicas, como hace la obra de Mark Francis en su obra, *Herbert Spencer and the Invention of Modern Life* (2007).

Excurso sobre la Intersubjetividad

La propia Sociología, como ciencia humana fundada por Augusto Comte, tuvo como rival en el siglo XX la escuela socio-lógica marxista y otras tendencias alemanas, como la influyente figura de Max Weber. El origen del marxismo se remonta, no tanto a la Ilustración francesa, como era el caso del Positivismo, como al Idealismo Alemán de Fichte o de Hegel. Frente a la concepción positivista de la sociedad, el marxismo había introducido una concepción de la sociedad y de la historia, surgida de la utilización del nuevo método dialéctico inaugurado por Fichte, que difería notablemente en la explicación de la relación de los individuos en sus interacciones sociales y con la naturaleza. El Positivismo había rechazado el método dialéctico al considerarlo un método espe-culativo, propio de una filosofía abstracta y puramente negativa. El único método positivo era el método científico de descripción de los fenómenos y establecimiento de las leyes que los regulan. No obstante, Augusto Comte se había enfrentado al liberalismo individualista inglés, al que veía asimismo como una metafísica especulativa puramente negativa, necesaria para destruir el Antiguo Régimen basado en la Alianza del Trono y el Altar, pero a la que consideraba incapaz de construir de manera positiva las bases filosóficas de la nueva sociedad industrial moderna. En tal sentido consideró necesario criticar este individualismo basado en el "libre examen" del Protestantismo, porque en las ciencias positivas, que estaban estableciendo leyes universales y necesarias, siguiendo el modelo de la Física de Newton, ya no cabía la libre opinión, pues las leyes científicas se imponen necesariamente de modo deductivo.

Además, Augusto Comte volvió a recuperar a Aristóteles como padre de la nueva ciencia de la sociedad, aunque solo como fundador de las bases de la denominada Estática social. La aportación positivista de Comte sería el desarrollo de una Dinámica social que explicase, con datos científicamente positivos, -y ya no recurriendo a mitos como hacía Platón cuando hablaba de razas de oro, de bronce, etc.- como cambian las sociedades.

Para Comte, Aristóteles y Platón habrían tenido razón frente a la metafísica individualista de los ingleses al subordinar el individuo al grupo social, sin el cual no tiene sentido. Ese cambio de vista se había dado ya en la teoría de la sociedad del Idealismo alemán a partir de Fichte cuando, al principio de sus *Fundamentos del Derecho Natural*, sostiene que "el hombre solo es hombre entre los hombres". Con ello introduce al tema de la Intersubjetividad como paso necesario intermedio para explicar las relaciones entre el individuo y el grupo social. Aunque el marxismo recogió el tema de la intersubjetividad fichteana, y de su brillante interpretación de la hegeliana "Dialéctica del Amo y del Esclavo", en su Teoría de la Sociedad, que contrapuso al Positivismo con pretensiones de cientificidad, sin embargo, por su dependencia de una filosofía materialista, elaborada en su forma más general por Engels en su famoso *Anti-Dühring*, como una mera inversión del Idealismo hegeliano, tendió a dividirse sobre la cuestión del papel que correspondía a los individuos en el cambio social, oscilando entre la posiciones del determinismo económico de las corrientes socialdemócratas y el voluntarismo revolucionario de las corrientes comunistas. Además, en su deriva totalitaria soviética, se perdió completamente el valor irrenunciable de la libertad creadora del individuo, la cual solo se admitía si no entraba en conflicto con los intereses de la clase o grupo revolucionario que era el único garante de la dirección política a seguir.

El tema de la Intersubjetividad sería también recogido por el Idealismo fenomenológico de Husserl, que ofreció un tratamiento no meramente ideológico, como ocurrió en el marxismo, sino un refinado tratamiento filosófico dentro del marco de su descripcionismo positivista fenomenológico. En tal sentido ha llegado a ser uno de los temas estrella del Movimiento fenomenológico y es de donde parte Ortega y Gasset para avanzar en sus análisis de la Sociedad humana en su brillante obra *El hombre y la gente*. Ortega considera también a Fichte, y no tanto a Hegel como hacia Marx, como el hombre a batir en su intento de superar lo que él denomina el Idealismo moderno, desde su Raciovitalismo. Pero, aunque Fichte es el que introduce primero la condición de la intersubjetividad en el análisis de los temas éticos y políticos, criticando así incluso el interiorismo puramente individualista de la ética kantiana de la que parte, será sobre todo Husserl quien desarrolla y hace influyente el tema de la Intersubjetividad en el siglo XX. Por eso Ortega se remite en la obra citada a Husserl, intentando replantear el análisis de la intersubjetividad como eslabón intermedio entre el individuo y la sociedad, pero de un modo no idealista, como era el de Husserl y Fichte, sino apoyándose en su posición filosófica racio-vitalista. Dicha posición trata de regresar a una raíz o fundamento más profundo que aquella de la que partían las grandes filosofías anteriores, como el realismo aristotélico o el idealismo cartesiano o kantiano moderno. Para Ortega dicho fundamento es lo que llama la vida humana, dentro de lo que podemos denominar un Vitalismo Antrópico, diferente del Vitalismo Anantrópico como el de Nietzsche o del biologismo de Herbert Spencer.

Partiendo del entendimiento de la vida humana como de un Yo dado siempre en unas Circunstancias, -como una forma más profunda de entenderlo que la que propugnaban tanto el realismo aristotélico, que lo reducía a un mero reflejo o epifenómeno de las cosas exteriores, como el Idealismo moderno cartesiano, que lo sustancializaba-, Ortega entiende la vida humana, de forma similar a Heidegger, como la de un Ser-en-el-Mundo ocupado pragmáticamente con lo que se le aparece como resistencias o facilidades que este le ofrece para su vida, la cual es una lucha constante por sobrevivir, para no naufragar en la existencia cotidiana de cada cual. En tal sentido, el Mundo es visto, no ya como un mundo de objetos enteramente independientes del yo, en esta vital consideración, sino como materias entendidas, no ya como objetos físicos, sino como asuntos, como "materias" (en español se puede hablar de la materia de un poema o de una novela para referirse a su asunto, dramático o no, que es algo muy distinto que las letras físicas de tinta en que está escrito), como importancias, como algo que importa en tanto que afecta a nuestras vidas positiva o negativamente. Ya Fichte, en quien algunos han visto en su última filosofía una aproximación al Vitalismo[59], quizás por influencia de la *Naturphilosophie* de Schelling, había señalado que el idioma alemán podía desplegar una nueva filosofía frente a la metafísica anterior por su carácter dialéctico impreso con claridad, por ejemplo, en la palabra *Gegenstand* que se ofrece como otra forma, diferente al *Objekt* de origen latino, que literalmente significa "lo que está en contra". Es cierto que en latín *object* también encierra un sentido de oposición, como se ve en el español "objetar". Pero no es tan patente, a no ser para un lector español culto que sepa latín y relacione ambas significaciones. En alemán si es patente y directo este sentido de oposición para el hablante común. Por ello Fichte consideraba absurdo pretender demostrar la existencia de los objetos exteriores, como pretendía la Metafísica moderna a partir de Descartes, pues consideraba que tal existencia no se deduce, sino que resulta instintivamente del sentimiento de resistencia que nos ofrecen las cosas exteriores.

Ortega, siguiendo más de cerca a Husserl, rechaza la posición del empirismo positivista que supone que captamos la existencia de los objetos con solo verlos, con su sola presentación inmediata a nuestros sentidos. Pues, a primera vista, como señalaba Husserl, no vemos, por ejemplo, una manzana en su totalidad. Solo vemos perfiles (*Abschattungen*) suyos diferentes cuando realizamos la acción de desplazarnos para verla por el lado oculto o desplazamos la propia manzana en nuestras manos hasta captar su esencia, que solo se nos da con la variación y combinación operatoria de sus diferentes perspectivas, del anverso y del reverso. Desde el perspectivismo orteguiano, siguiendo a Husserl, siempre hay, de modo constitutivo, una parte de las cosas que no vemos y que solo nos es co-presente, de la misma forma que el mundo siempre se nos da envuelto en un horizonte, tras el cual suponemos que sigue existiendo. Así dice Ortega:

"… como en el caso de la manzana, esta compresencia de lo que no es patente pero que una experiencia acumulada nos hace saber que aun no estando a la vista existe, está ahí y se puede y se tiene que contar con su posible presencia, es un saber que se nos ha convertido en habitual, que llevamos en nosotros habitualizado. Ahora bien, lo que en nosotros actúa por hábito adquirido, a fuer de serlo, no lo advertimos especialmente, no tenemos de ello una conciencia particular, actual. Junto a la pareja de nociones presente y compresente nos conviene también distinguir esta otra: lo que nos es actualmente, en un acto preciso, expreso, y lo que nos es habitualmente, que está constantemente siéndonos, existiendo para nosotros, pero en esa forma velada, inaparente y como dormida de la habitualidad. Apúntese, pues, en la memoria esta otra pareja: actualidad y habitualidad. Lo presente es para nosotros en actúalidad; lo compresente, en habitualidad. y esto nos hace desembocar en una primera ley sobre la estructura de nuestro contorno, circunstancia o mundo. Esta: que el mundo vital se compone de unas pocas cosas en el momento presentes e innumerables cosas en el momento latentes, ocultas, que no están a la vista, pero sabemos o creemos saber -para el caso es igual- que podríamos verlas, que podríamos tenerlas en presencia. Conste, pues, que ahora llamo latente sólo a lo que en cada instante no veo, pero sé que o lo he visto antes o lo podría, en principio, ver después"[60].

Pero en el caso del mundo, al ser infinito, aparece más clara la imposibilidad práctica de envolverlo, de captarlo como una cosa, como una totalidad con un anverso y un reverso. Así aparece para Ortega una segunda ley que determina nuestra percepción externa, que podemos llamar anatómica y no meramente atómica de la realidad:

"A esa primera ley estructural de nuestro mundo que consiste -repito- en hacer notar cómo ese mundo se compone en cada instante de unas pocas cosas presentes y muchísimas latentes, agregamos ahora una segunda ley no menos evidente; ésta: que no nos es presente nunca una cosa sola, sino que, por el contrario, siempre vemos una cosa destacando sobre otras a que no prestamos atención y que forman un fondo sobre el cual lo que vemos se destaca. Aquí se ve bien claro por qué llamo a estas leyes, leyes estructurales: porque éstas nos definen, no las cosas que hay en nuestro mundo, sino la estructura de éste; por decirlo así, describen rigorosamente su anatomía. Así, esta segunda ley viene a decirnos: el mundo en que tenemos que vivir posee siempre dos términos y órganos: la cosa o cosas que vemos con atención y un fondo sobre el cual aquéllas se destacan. Y, en efecto, nótese que constantemente el mundo adelanta a nosotros una de sus partes o cosas, como un promontorio de realidad, mientras deja, como fondo desatendido de esa cosa o cosas atendidas, un segundo término que actúa con el carácter de ámbito en el cual la cosa nos aparece. Ese fondo, ese segundo término, ese ámbito es lo que llamamos horizonte. Toda cosa advertida, atendida, que miramos y con que nos ocupamos tiene un horizonte desde el cual y dentro del cual nos aparece. Ahora me refiero sólo a lo visible y presente. El horizonte es también algo que vemos, que nos es ahí, patente, pero nos es y lo vemos casi siempre en forma de desatención porque nuestra atención está retenida por tal o cual cosa que representa el papel de protagonista en cada instante de nuestra vida. Más allá del horizonte está lo que del mundo no nos es presente en el ahora, lo que de él nos es latente. Con lo cual se nos ha complicado un poco más la estructura del mundo, pues ahora tenemos tres planos o términos en él: en primer término, la cosa que nos ocupa, en segundo el horizonte a la vista, dentro del cual aparece, y en tercer término el más allá latente «ahora»"[61].

Ortega introduce así un análisis de la realidad que trata de superar el dualismo kantiano de un mundo de cosas en si (noúmenos incognoscibles) y un mundo de cosas fenoménicas cognoscibles, introduciendo una tercera estructura, el horizonte como frontera entre ambos, que está ahí pero no lo vemos, o lo vemos bajo la forma de la desatención. (Eugenio Trías se ocuparía en su filosofía del Límite de tematizar esta estructura del horizonte mundano en su obra *Los límites del mundo* de una forma más desarrollada que lo que hace Ortega). Y de ahí las antinomias cósmicas que Kant consideraba irresolubles. No podemos confundir la imagen del Universo que nos da la Cosmología de la Física atómica con su realidad efectiva. Dicha imagen puede sernos útil, como una kantiana Idea regulativa para orientarnos en él, pues constitutivamente el mundo real es el que se da en nuestra dimensión nuclear u originariamente pragmática, anatómica, como mundo vivido. Desde un punto de vista vital o pragmático, según Ortega, este es el origen de nuestra experiencia y conocimiento del mundo. Podemos, después, por la ciencia construir hipótesis o teorías sobre la naturaleza y composición del mundo y de los objetos que contiene, los cual nos puede permitir entenderlos para manejarlos y dominarlos técnicamente, aunque eso no nos muestra nunca su final naturaleza, pues los avances científicos siempre pueden, sino falsar estos conocimientos científicos completamente como si fueran mitos, si relativizarlos y ofrecernos nuevos y más profundos horizontes de una realidad que se muestra como inagotable e inabarcable. Así lo expresó ya Ortega captando el dialelo que plantea siempre toda explicación científica:

"Ese mundo es una gran cosa, una inmensa cosa, de límites borrosos, que está lleno hasta los bordes de cosas menores, de lo que llamamos cosas y que solemos repartir en amplia y gruesa clasificación, diciendo que en el mundo hay minerales, vegetales, animales y hombres. De lo que estas cosas sean se ocupan las diferentes ciencias -por ejemplo, de plantas y animales, la biología. Pero la biología, como cualquiera otra ciencia, es una actividad determinada en que algunos hombres se ocupan dentro ya de su vida, es decir, después de estar ya viviendo. La biología, y cualquiera otra ciencia, supone, pues, que antes de que su operación comience, teníamos ya a la vista, nos existían, todas esas cosas. Y eso que las cosas nos son originaria, primariamente en nuestra vida de hombres antes de ser físicos, mineralogistas, biólogos, etc., representa lo que esas cosas son en su realidad radical. Lo que luego las ciencias nos digan sobre ellas, será todo lo plausible, convincente, exacto que se quiera, pero es evidente que todo ello lo han sacado, por complicados métodos intelectuales, de lo que desde luego, primordialmente y sin más, nos eran las cosas en nuestro vivir. La Tierra será un planeta de un cierto sistema solar perteneciente a una cierta galaxia o nebulosa, y estará hecha de átomos, cada uno de los cuales contiene, a su vez, una multiplicidad de cosas, de cuasicosas o quisicosas que se llaman electrones, protones, mesones, neutrones, etc. Pero ninguna de esas sabidurías existiría si la Tierra no preexistiese a ellas como componente de nuestra vida, como algo con que tenemos que habérnoslas y, por tanto, con algo que nos importa -que nos importa porque nos ofrece ciertas dificultades y nos proporciona ciertas facilidades. Esto quiere decir que en ese plano previo y radical de que las ciencias parten y que dan por supuesto, la Tierra no es nada de eso que la física, que la astronomía nos dice, sino que es aquello que me sostiene firmemente, a diferencia del mar en que me hundo (la palabra tierra -terra- viene de tersa, según Breal, «do seco»), aquello que tal vez tengo que subir penosamente porque es una cuesta arriba, aquello que bajo cómodamente porque es una cuesta abajo, aquello que me distancia y separa lamentablemente de la mujer que amo o que me obliga a vivir cerca de alguien a quien detesto, aquello que hace que unas cosas me están cerca y otras me estén lejos, que unas estén aquí y otras ahí y otras allí, etc. Estos y muchos otros atributos parecidos son la auténtica realidad de la Tierra, tal y como ésta me aparece en el ámbito radical que es mi vida"[62].

El mundo, para una filosofía vitalista como la de Ortega, es ante todo y primordialmente, un mundo pragmático, un mundo, como él dice, de "asuntos o importancias"[63]. Ese es el mundo real que Ortega contrapone al mundo ideal de Descartes y la filosofía moderna, para el cual las cosas son más bien al revés, meras proyecciones fantasmagóricas de un cógito:

"Pero entiéndase bien todo esto. No quiero en modo alguno insinuar que yo sea la única cosa que existe. En primer lugar, se habrá reparado que aun siendo «vida», en sentido propio y originario, la de cada cual, por tanto, siendo siempre la mía, he empleado lo menos posible este posesivo, como no he empleado apenas el personal «yo». Si lo he hecho alguna vez ha sido meramente para facilitarles una primera visión de lo que es esa extraña realidad radical - la vida humana (...) Ahora bien, esto incluye una enormidad de cosas. El pensamiento europeo ha emigrado ya fuera del idealismo filosófico dominante desde 1640, en que Descartes lo proclamó -el idealismo filosófico, para el cual, no hay más realidad que las ideas de mi yo, de un yo, de mi moi-meme, del cual Descartes decía: moi qui ne suis qu'une chose qui pense. Las cosas, el mundo, mi cuerpo mismo serían sólo ideas de las cosas, imaginación de un mundo, fantasía de mi cuerpo. Sólo existiría la mente y lo demás un sueño tenaz y exuberante, una infinita fantasmagoría que mi mente segrega. La vida sería así la cosa más cómoda que se puede imaginar. Vivir sería existir yo dentro de mí mismo, flotando en el océano de mis propias ideas, sin tener que contar con nada más que con mis ideas. A esto se ha llamado idealismo. No tropezaría yo con nada. No tendría yo que ser en el mundo, sino que el mundo sería dentro de mí, como una película sin fin que dentro de mí se corría. Nada me estorbaría. Sería como Dios, que flota, único, en sí mismo, sin posible naufragio porque es él, a la vez, el nadador y el mar en que nada. Si hubiere dos Dioses se enfrentarían. Esta concepción de lo real ha sido superada por mi generación y, dentro de ella, muy concreta y enérgicamente por mí"[64].

Pero este rechazo del idealismo tampoco exigiría de una vuelta al materialismo. Si se entiende así, como algunos han intentado interpretar a Ortega, como una especie de "materialismo vitalista", habría que matizar que con ello se está utilizando la palabra "materia" en un sentido muy especial, que el idioma español permite cuando se entiende por ejemplo la "materia" de un poema, como dijimos más arriba, no ya como las letras físicas de tinta en que está escrito en el papel, cuanto el "asunto" de que trata. En tal preciso sentido Ortega se refiere a las cosas mundanas que nos rodean como asuntos o importancias. Estas cosas son una realidad material primordialmente en tal sentido y no ya en el sentido del realismo aristotélico o tomista, o del materialismo que va desde Tales hasta nuestros días. Incluso el Materialismo Filosófico de Gustavo Bueno, tal como lo podemos interpretar, ateniéndonos más a su espíritu que a su letra, pide a nuestro juicio, más que considerarlo como una nueva versión y actualización del realismo materialista de la tradición, considerarlo como un Vitalismo Antrópico en tanto que, como Ortega, admite también el dialelo gnoseológico en el que, según Gustavo Bueno, incurren las ciencias en su interpretación del conocimiento científico con sus tesis sobre el hiperrealismo como explicación del mundo entorno, que se contrapone tanto al realismo aristotélico como al idealismo cartesiano[65]. Pues, según Bueno, las ciencias que reconstruyen el origen de la vida, por ejemplo, siempre lo hacen, *in medias res*, desde la propia vida humana ya en marcha, de la que no pueden salirse para situarse en un punto de vista puramente objetivo y situado fuera del mundo vivido, como era el llamado punto de vista de Dios, del que hablaba el Padre Malebranche.

Pues, desde un punto de vista originariamente pragmático, no hay datos de los sentidos o sensaciones puras, sino meras señales que apuntan a lo que nos importa en nuestra relación con las realidades mundanas. Así lo señala Ortega:

"... la existencia de esas cosas llamadas sensibles no es la verdad primaria e incuestionable que sobre nuestro contorno hay que

112

decir, no enuncia el carácter primario que todas esas cosas nos presentan, o dicho de otro modo, que esas cosas nos son. Pues al llamarlas «cosas» y decir que están ahí en nuestro derredor subentendemos que no tienen que ver con nosotros, que por sí y primariamente son con independencia de nosotros y que si nosotros no existiésemos ellas seguirían lo mismo. Ahora bien, esto es ya más o menos suposición. La verdad primera y firme es ésta: todas esas figuras de color, de claro-oscuro, de ruido, son y rumor, de dureza y blandura, son todo eso refiriéndose a nosotros y para nosotros, en forma activa. ¿Qué quiero decir con esto? ¿Cuál es esa actividad sobre nosotros en que primariamente consisten? Muy sencillo: en sernos señales para la conducta de nuestra vida, avisarnos de que algo con ciertas calidades favorables o adversas que nos importa tener en cuenta, está ahí, o viceversa, que no está, que falta"[66].

Piaget lo dirá con más claridad en su Epistemología Genética: los datos de los sentidos son señales que acompañan a la acción operacional, que es lo esencial en la explicación del conocimiento. Lo importante es la acción sobre el entorno por la que se crean o construyen las estructuras operatorias que nos permiten entender la realidad para adaptarnos a ella, como animales evolucionados que somos o para adaptar la realidad a nuestros fines propiamente humanos mediante la técnica. Ortega mismo señala al tacto como el sentido más importante en nuestra conexión con el mundo real, más importante que la vista misma, la cual por sí misma, produce muchas ilusiones que solo se pueden corregir con los otros sentidos y especialmente con el tacto que nos da la sensación más segura de realidad. Pues el tacto siempre esta interpuesto, como una línea de frontera dibujada en el contorno fronterizo entre nuestro cuerpo y el cuerpo ajeno que tocamos o aprehendemos:

"Por eso cabría decir que en el contacto sentimos las cosas dentro de nosotros, entiéndase, dentro de nuestro cuerpo, y no como en la visión y audición, fuera de nosotros, o como en el sabor y el olfato las sentimos en ciertas porciones de nuestra superficie corporal -la cavidad nasal y el paladar. Con advertir lo cual, sin grandes aspavientos, dábamos un gran paso: caer en la cuenta de que el contorno o mundo patente se compone, ante todo y fundamentalmente, de presencias, de cosas que son cuerpos. Y lo son porque ellas chocan con la cosa más próxima al hombre que existe, al yo que cada cual es, a saber: su cuerpo. Nuestro cuerpo hace que sean cuerpos todos los demás y que lo sea el mundo. Para lo que suele llamarse un «espíritu puro», los cuerpos no existirían, porque no podría tropezar con ellos, sentir sus presiones; y viceversa, no podría manejar las cosas, trasladarlas, conformarlas, triturarlas. El «espíritu puro», pues, no puede tener vida humana. Se desplazaría por el mundo siendo él mismo un fantasma. Recuérdese el cuento de Wells en que se habla de unos seres con sólo dos dimensiones, que por ello no pueden penetrar en nuestro mundo donde todo tiene, por lo menos, tres dimensiones, mundo, pues, que está hecho de cuerpos. Asisten al espectáculo de las vidas humanas; ven, por ejemplo, que un malvado va a asesinar a una anciana dormida, pero ellos no pueden intervenir, no pueden avisarla y sufren y se angustian de su ser fantasmático. El hombre es, pues, ante todo, alguien que está en un cuerpo   y que en este sentido -repárese, sólo en este sentido- sólo es su cuerpo. Y este simple pero irremediable hecho va a decidir de la estructura concreta de nuestro mundo y, con ello, de nuestra vida y destino. El hombre se halla de por vida recluso en su cuerpo"[67].

Es decir, no es el cuerpo, como en Platón, una "cárcel del alma" de la que se pueda escapar algún día. Es una cárcel que, llevada al límite de duración de una pena que nunca finaliza, se convierte en posada de la que no tiene sentido que se pueda salir, con lo que deja también de ser propiamente una posada, una estación en medio de un camino. Pues, ¿a dónde se podría salir si ya estamos por definición fuera, como seres en un mundo y no como idealizadas conciencias encerradas en sí mismas? Por ello, una vez entendida la vida humana como la vida de un sujeto corpóreo, dado en un mundo o unas circunstancias que lo rodean, considerado, ya no existiendo en un mundo que le es extraño y al que ha sido arrojado sin que nadie le pidiese permiso, -tal como sostenían los existencialistas seguidores de Heidegger o Sartre-, sino coexistiendo de modo evolutivo y constitutivo con él en relación vital corpóreo-operatoria, Ortega pasa entonces a explicar de modo operatorio como se produce el fenómeno de la Intersubjetividad, esto es la aparición del Otro frente al Yo propio de partida. Entonces, si la subjetividad humana se define constitutivamente por la corporeidad operacional, solo habrá intersubjetividad cuando nos encontramos

114

en nuestro mundo entorno con otros sujetos corpóreo-operatorios. Pues, señala Ortega:

"Sabemos que la piedra no se entera de nuestra acción sobre ella y que su comportamiento mientras la golpeamos se reduce a quebrarse, fraccionarse, porque ello es su mecánica e inexorable condición. A nuestra acción sobre ella no corresponde por su parte ninguna acción sobre o hacia nosotros. En ella no hay en absoluto capacidad de acción ninguna. En rigor, tampoco debemos llamar a lo que le pasa con nosotros pasión -en el sentido de padecer. La piedra ni hace ni padece, sino que en ella se producen mecánicamente ciertos efectos. Por tanto, en nuestra relación con la piedra nuestra acción tiene una dirección única que va de nosotros a la piedra y allí, sin más, termina"[68].

Eliminados, entonces, los minerales solo nos quedan, para explorar la intersubjetividad, los vegetales, los animales y el resto de los sujetos humanos. Ortega equipara los vegetales con los minerales, por su pasividad ante nuestras acciones. Hoy habría que matizar esta posición, pues un mayor desarrollo de las investigaciones biológicas nos lleva a admitir cierta capacidad de respuesta de la planta ante nuestras acciones. Así, Gustavo Bueno[69], considerando plantas y animales como "ovoides" orgánicos que tienen ya un dintorno y un contorno o membrana que los separa del entorno, los ovoides vegetales son aquellos en cuyo contorno hay orgánulos que juegan el papel de receptores o de interruptores o disruptores, una especie de filtros de la acción del eco entorno (cortezas, espinas, pestañas vibrátiles, etc.).

Estos ovoides, según su morfología, no se distinguen de los ovoides animales por su pasividad, puesto que también actúan, sino porque los animales, además de lo orgánulos interruptores, están dotados de orgánulos que juegan el papel de mecanismos irruptores en el eco entorno, como pseudópodos, aletas, picos, patas, manos, gestos, palabras apelativas, etc. En tal sentido, por ejemplo, los vegetales no son enteramente pasivos frente a los ataques animales, pues sus interruptores son también activos. La diferencia estaría en las direcciones o vectores de la interacción. En los vegetales no hay órganos irruptores, capaces de desarrollar un ataque o de acecharnos obligándonos a defendernos o atacar mediante nuestras acciones igualmente irruptoras.

Ortega, no obstante, considera a los animales en su relación con estos mecanismos irruptores de reciprocidad conductual con los hombres:

"Lo que no parece cuestionable es que decir «el animal y yo somos» tiene ya alguna dosis de sentido que faltaba en absoluto al «la piedra y yo somos». Somos el animal y yo, puesto que mutuamente nos somos, puesto que me es notorio que a mi acción sobre el animal va éste a responderme. Esta relación es, pues, una realidad que necesitamos denominar «mutualidad o reciprocidad». El animal me aparece, a diferencia de la piedra y la planta, como una cosa que me responde y, en ese sentido, como algo que no sólo existe para mí, sino que, al existir también yo para él, co-existe conmigo. La piedra existe, pero no co-existe. El coexistir es un entrepeinar las existencias, un entre o interexistir dos seres, no simplemente «estar ahí» sin tener que ver el uno con el otro"[70].

Es interesante ver como Ortega analizó la relación hombre-animal en una forma fenomenológica muy amplia, teniendo en cuenta la diferencia entre unos animales y otros (un toro, un jilguero), o entre animales domésticos y salvajes, aunque le falta un desarrollo operatiológico de como se ha llevado a cabo dicha relación. Así apunta Ortega la relación puramente utilitaria con el animal a la vez que la distingue de una relación más personal y, en ocasiones, misteriosa:

"¿podemos reconocer en la relación del hombre con el animal un hecho social? No lo podemos, sin más, decidir. Desde luego nos retenía para contestar afirmativamente la limitación de la co-existencia y además un carácter confuso, borroso, ambiguo que percibimos en el modo de ser de la bestia por lista que ésta sea. La verdad es que, no sólo en este orden sino en todos, el animal nos azora. No sabemos bien cómo tratarlo, porque no vemos clara su condición. De aquí que en nuestra conducta con él nos pasamos la vida oscilando entre tratarlo humanamente o, por el contrario, vegetalmente y aun mineralmente. Se comprenden muy bien las variaciones de actitud ante el bruto porque el hombre ha pasado a lo largo de su historia -desde ver en él casi un dios, como los primitivos y los egipcios, hasta pensar, como Descartes y su discípulo, el dulce y místico Malebranche, que el animal es una máquina, un pedrusco algo más complicado"[71].

En este último párrafo, el explicar como el animal pasó de ser considerado como un dios a ser visto como una máquina por la modernidad filosófica, es lo que falta en Ortega. Aunque enuncia el problema, no le hace frente. Al aludir en el texto al toro frente al jilguero, podemos remitirnos a los brillantes análisis que hace Ortega con ocasión de su prólogo "Sobre la caza" al libro del conde de Yebes, *Veinte años de caza mayor* (1943), en relación con la consideración de la relación hombre-animal salvaje en el contexto de la actividad venatoria. Parece que Ortega pretendió escribir también un libro sobre el toreo, pero solo quedan algunos escritos dispersos[72]. Será Gustavo Bueno, posteriormente, quien, con su Teoría de la Religión ofrecida en *El animal divino* (1985), dé una explicación histórica y operacional del paso del animal divino de los primitivos al animal máquina del cartesianismo, como antesala del ateísmo ilustrado, en su teoría filosófica de la religión[73].

Por ello, Ortega se orientará finalmente, en *El hombre y la gente*, hacia la consideración de la sociabilidad como relación personal únicamente entre los hombres, entre lo que él denomina "la gente". Debido también a que considera que solo entre los humanos hay propiamente unas costumbres establecidas objetiva e institucionalmente como usos o normas de conducta por las que se   rigen las sociedades humanas.

Por otra parte, Ortega se propone, especialmente en el campo de la Teoría de la Sociedad, un análisis nuevo que permita superar la oposición tradicional entre la metafísica aristotélica, que trataba al individuo como un mero producto del grupo social, y la metafísica empirista inglesa o rousseauniana que, a la inversa, parte de la existencia originaria de un individuo libre, metafísicamente sustancializado. En tal sentido, frente al existencialismo sartriano de su época, Ortega mantiene que el hombre no existe "arrojado en un mundo", sino que co-existe con este mundo que es su circunstancia. Por ello el Yo no es previo a las Circunstancias, sino que está trabado dialécticamente con estas y recíprocamente. Fue Fichte quien rompió primeramente la hipostasis metafísica del Yo, cuando lo interpreta dialécticamente como opuesto a un Tu. De la misma manera que en la Teoría del Conocimiento sostiene que no hay Sujeto sin Objeto, ni Objeto sin Sujeto, Fichte sostiene, al interpretar al Objeto como un No-Yo, como algo que se opone o resiste a la acción del Yo, que en la Ética no existe el Yo sin un No-Yo, que en este caso es el Tu que resiste o interacciona con el Yo. Fichte se plantea entonces el problema de que el Yo solo puede ser "hombre entre otros hombres", solo puede ser libre si es reconocido y reconoce a otros hombres como libres. Sin tal reconocimiento (*Annerkennung*) recíproco no hay yo libre. De la misma manera, sin un reconocimiento del tu como otro yo, como *alter ego*, no habría propiamente yo, pues este sería entonces una ensoñación solipsista. Fichte empezó a poner entonces en conexión el Yo interior de la Conciencia individual con el cuerpo exterior del individuo, entendido como un "instrumento" mediador necesario en la relación entre las conciencias del Yo y del Tu. No solo porque es imprescindible para saber que tengo ante mi otro hombre el captar las semejanzas orgánicas entre su cuerpo y el mío, sino también captar lo que Fichte llama su cuerpo como instrumento de una voluntad que se me manifiesta en sus acciones conductuales de amistad, de huida, etc.

Muchas de estas ideas llegan hasta Husserl, quien las desarrolla utilizando el descripcionismo fenomenológico para explicar dicha relación intersubjetiva entre el Yo y el Tu. Ortega se apropia en principio de los análisis husserlianos expuestos en sus *Meditaciones cartesianas*, pero tratando de perfeccionarlos y replantearlos en puntos esenciales. Especialmente intentó superar el Idealismo de Husserl, que proviene del Idealismo kantiano y fichteano del Yo, proponiendo una explicación que parte, no del Yo de la Conciencia, sino de un Yo corpóreo, dotado de manos, como veremos en su brillante interpretación del saludo con las manos ("Meditación del saludo", IX de *El hombre y la gente*). Pues las manos no son meros "instrumentos" al servicio de un yo, sino que son dimensiones expresivas o apelativas del propio Yo, como la parte convexa de una totalidad orgánica viva, cuya parte cóncava es la capacidad representativa en la interioridad del cuerpo, por la memoria o por el lenguaje, de lo dado externamente. Para Ortega, entonces, el cuerpo externo no es un mero instrumento del Yo como ocurría en Fichte, sino que es el Yo mismo en una de sus dimensiones.

El problema de la relación de reconocimiento entre dos Yos, en cuanto Yos, comienza para Ortega, -que sigue en principio los análisis fenomenológicos husserlianos-, con la diferenciación entre la relación perceptual con una cosa, la cual se capta cuando podemos verla tanto por otros lados como en su interior al triturarla o desarmarla, y la relación muy diferente con otro yo, en cuanto me es imposible penetrar en su "interioridad", en sus pensamientos, aunque lo presione o lo triture. Pues su interioridad solo está a mi alcance de un modo indirecto, a través de la expresividad de sus emociones, por modo empático o antipático. Solo a través de la carne que permite la producción de los gestos o de las palabras puedo acceder a la interioridad de los otros:

"Cada paso, decía, hace entrar en nuestro horizonte nuevas cosas. Así ingresó en nuestro horizonte meditativo una gran pieza, el Otro, es decir ¡el otro hombre, nada menos! Presente no nos es de él más que un cuerpo, pero un cuerpo que es carne, y la carne, sobre las otras señales parejas a las que los demás cuerpos nos hacen, tiene el enigmático don de señalarnos un intus, un dentro o intimidad. Ya esto pasaba en alguna medida con el animal. El cuerpo de lo que va a sernos otro Hombre, o el Otro, es un riquísimo «campo de expresividad». Su faz, su perfil, su talle entero son ya expresión de alguien invisible cuyos son. Lo mismo sus movimientos útiles, su ir y venir, su manipular las cosas"[74].

Por ello, para captar y reconocer al Otro como un *alter ego* no basta con el mero desplazamiento de lugar para ponerme desde mi aquí en el allí del otro, como hace Husserl para indicar que así se capta el punto de vista sobre el mundo del otro:

"Husserl fue el primero en precisar el problema radical y no meramente psicológico que yo título: «la aparición del Otro». El desarrollo del problema por Husserl es, a mi juicio, mucho menos afortunado que su planteamiento, a pesar de que en ese desarrollo abundan admirables hallazgos. El pensamiento de Husserl ha sido el de más vasto influjo en este medio siglo, cuya divisoria del otro medio dentro de pocos días cabalgaremos, pero no tiene sentido que yo intente aquí un examen crítico de su teoría del Otro. No interesa para la exposición de mi doctrina hacer esa crítica a fondo de la de Husserl por la sencilla razón de que sus principios fundamentales le obligan a explicar por qué medios se produce la aparición del otro, al paso que partiendo nosotros de la vida como realidad radical, no necesitamos explicar los mecanismos en virtud de los cuales el Otro Hombre nos aparece, sino sólo cómo aparece, hacer constar que está ahí y cómo está ahí. Sólo un punto de esa teoría de Husserl -y es el inicial de ella- me es forzoso repudiar porque, acaso en toda la obra de Husserl, exacta, cuidadosa -«yo voy despacio, paso a paso», me decía-, escrupulosa como no existe otra en toda la historia de la filosofía, a no ser, en estilo distinto, la de Dilthey, en toda su obra, digo, no encuentro error tan grave precisamente por el descuido que revela. Se trata de esto: el otro Hombre, según Husserl, me aparecería porque su cuerpo señala una intimidad que queda, por tanto, latente, pero dada en forma de compresencia, como la ciudad nos es ahora compresente en tomo a cada habitación, precisamente porque ésta, al ser cerrada, nos oculta su presencia. Salvo que la intimidad no es como la ciudad, algo que, saliendo de donde estoy, puedo ver, sino que es ella por naturaleza oculta: aun para el mero com-presentarse necesita de un cuerpo. ¿Cómo es entonces que yo creo tener delante, al ver un cuerpo humano, una intimidad como la mía, un yo como el mío -no digo idéntico, pero, al menos, similar? La respuesta de Husserl es ésta: por transposición o proyección analógica"[75].

Ortega rechaza el mecanismo husserliano de la "proyección" porque descansa en suponer que la diferencia entre mi cuerpo y el cuerpo de otro es una mera diferencia de perspectiva visual especial. Pues, para Ortega:

"mi cuerpo no es mío sólo porque me es la cosa más próxima, tanto que me confundo con él y estoy en él, a saber, aquí; esto sería tan sólo una razón espacial. Es mío porque me es el instrumento inmediato de que me sirvo para habérmelas con las demás cosas -para verlas, oírlas, acercarme o huir de ellas, manipularlas, etc. Es el instrumento u órganon universal con que cuento; por eso mi cuerpo me es el cuerpo orgánico por excelencia. Sin él no podría vivir y en calidad de ser la cosa del mundo cuyo «ser para» me es más imprescindible, es mi propiedad en el sentido más estricto y superlativo de la palabra"[76].

Para Ortega, lo que me revela al Otro no es tanto "la forma del cuerpo como sus gestos". Por ello reprocha a Husserl que no tenga en cuenta la diferente sexualidad del Otro, especialmente patente si el Otro al que quiero reconocer como otro Yo es una mujer:

"La aparición de Ella es un caso particular de la aparición del Otro que nos hace ver la insuficiencia de toda teoría que, como la de Husserl, explique la presencia del Otro como tal, por una proyección sobre su cuerpo de nuestra persona íntima. Ya hice notar que la expresión alter ego no sólo era paradójica, sino contradictoria, y por tanto, impropia. Ego, en rigor, soy sólo yo, y si lo refiero a Otro tengo que modificar su sentido. Alter ego exige ser entendido analógicamente: hay en el Otro algo que es en él lo que el Ego es en mí. De común entre ambos Ego, el mío y el analógico, sólo hay algunos componentes abstractos y, en cuanto abstractos, irreales. Real es sólo lo concreto. Entre esos componentes comunes hay uno que era, por lo pronto, el más importante para nuestro estudio, la capacidad de responderme, de reciprocar. Pero en el caso de la mujer resalta especialmente la heterogeneidad entre mi ego y el suyo, porque la respuesta de Ella no es la respuesta de un Ego abstracto -el Ego abstracto no responde, porque es una abstracción. La respuesta de Ella es ya, por sí, desde luego y sin más, femenina y yo la advierto como tal. Resulta, pues, claramente inválida la suposición de la transposición de mi ego, que es irremediablemente masculino, al cuerpo de una mujer sólo podría suscitar un caso extremo de virago, pero no sirve para explicar el prodigioso descubrimiento que es la aparición del ser humano femenino, completamente distinto de mí (...) Así, decir que la mujer es un ser como yo porque es capaz de responderme no es decir nada real, porque en esas palabras desatiendo y dejo fuera el contenido de sus respuestas, el peculiar cómo de su responder"[77].

En las páginas siguientes del texto citado, Ortega presenta una reflexión sobre la mujer que va dirigida directamente contra el supuesto feminista actualmente dominante de querer convertir la igualdad abstracta entre hombre y mujer (como seres ambos humanos) en una igualdad positiva y real. Cita incluso el libro de

Simone de Beauvoir, *El segundo sexo*, calificándolo de confuso en este punto. Pero no podemos entrar ahora en estas cuestiones, por lo que debemos recuperar nuestro objetivo general de explicar cómo surge la socialidad normativa e institucionalizada que nos diferencia de las sociedades puramente naturales de los animales.

Ciertamente, lo social surge de la intersubjetividad, como había señalado Fichte con su contundente afirmación que le distanciaba de Kant y del robinsonismo inglés, de que "el hombre solo es hombre entre los hombres", y como había intentado ser analizado finamente con el método fenomenológico de Husserl. Pero, Ortega considera que no basta con la relación, meramente abierta y que apunta al Otro, de una conciencia intencional husserliana para explicar la socialidad:

"Pero si no hago más que estar abierto al Otro, darme cuenta de que está ahí con su yo, su vida y su mundo propios, no hago nada con él y ese altruismo no es aún «relación social». Para que ésta surja es menester que actúe o accione sobre él, que provoque en él una respuesta. Entonces él y yo nos somos y lo que cada uno hace respecto al otro es algo que pasa entre nosotros. La relación nosotros es la primaria forma de relación social o socialidad. No importa cuál sea su contenido -el beso, el trancazo. Nos besamos y nos pegamos. Lo importante aquí es el nos. En él ya no vivo, sino que con-vivo. La realidad nosotros o nostridad puede llamarse con un vocablo más usadero: trato. En el trato que es el nosotros, si se hace frecuente, continuado, el Otro se me va perfilando"[78].

Ortega explica como a partir del Nosotros originario se van configurando el propio Yo en relación con el Tu de los Otros más cercanos y de los Ellos más lejanos:

"Dentro, pues, del ámbito de realidad vital o de convivencia que es el Nosotros, el Otro se ha convertido en Tú. y como esto me pasa no sólo con uno, sino con bastantes otros hombres, me encuentro con que el Mundo humano me aparece como un horizonte de hombres, cuyo círculo más inmediato a mí está lleno de Tús, es decir, de los individuos para mí únicos. Más allá de ellos se hallan zonas circulares ocupadas por hombres de quienes sé menos, hasta la línea del horizonte en mi contorno humano en que se hallan los individuos para mí cualesquiera, inter-canjeables. Se abre, pues, ante mí el mundo humano como una perspectiva de mayor o menor intimidad, de mayor o menor individualidad o unidad, en suma, una perspectiva de próxima y lejana humanidad. Hasta aquí llegamos y de aquí hay que arrancar para un nuevo avance"[79].

Se trata a continuación, pues, de explicar como a partir del Otro se van configurando el Tu y el propio Yo, que lejos de ser originario, como creía Husserl y el idealismo desde Descartes, es para Ortega el último en aparecer en dialéctica con el Tu y el Ellos. Ortega introduce entonces el ejemplo de la acción de saludar para explicar, por modo que llamaríamos operatorio conductual, la aparición de Otro:

"Concluyamos este análisis de nuestra relación con el puro y desconocido Otro sacando la inmediata consecuencia. Esta: al tener frente a él que anticipar la posibilidad de que el otro sea feroz -ya veremos cómo el hombre es, por uno de sus lados, literal y formalmente dicho, un mamífero del orden de las fieras- no tengo más remedio en mi trato con él que comenzar por una aproximación cautelosa. A él le pasa lo mismo conmigo y de aquí que entre los dos el trato tenga que comenzar por una acción, en sí inútil, cuya única finalidad es tantearnos, dar tiempo a que descubramos mutuamente nuestra actitud e intenciones. Esta acción formalmente inicial, que sólo sirve para ser indicadora y tanteadora del trato, ha tenido una enorme importancia en la historia y todavía en algunos pueblos dura media hora y consiste en gestos y batimanes rigorosamente ritualizados. Lo normal en la historia ha sido que este simple hecho consistente en la aproximación de un hombre a otro, aun siéndose conocidos, pero mucho más cuando no lo son, reclame toda una escrupulosa técnica. Esta técnica de la mutua aproximación es lo que llamamos el saludo, de que hoy, por peculiares razones que se dirán, sólo conservamos su forma residual"[80].

La génesis del Yo desde un punto de vista antropológico o filogenético surge de un modo paralelo a la génesis ontogenética en el niño, como sostenía Piaget, el cual consideraba un estadio inicial de egocentrismo infantil, en el cual el niño actúa como si el mundo de los objetos y de otros sujetos fuesen una mera proyección de sus deseos. Solo cuando, al querer manipularlos, encuentra resistencias, comienza a adaptarse a ese mundo de No-Yos que se le enfrenta y a ver -en torno a los 2 años, al final del periodo sensorio-motriz, en el que aparecen las primeras estructuras lógicas que configuran los objetos permanentes y la causalidad-, que el mismo no es más que un objeto entre los objetos y una causa entre las causas. Ortega supone también un egocentrismo originario que solo se supera por el choque y la lucha:

"Porque antes, en mi soledad radical y en mi infancia, yo creía que todo el mundo era yo o, lo que es igual, mío. Los otros no eran más ni menos yo que yo: los tenía por idénticos a mí, y a mí como idéntico a ellos. Decir yo no significaba limitación ni precisión alguna. Mi mismo cuerpo, en la primerísima infancia, me parecía sin límites, me parecía llegar hasta el horizonte. Fue menester que me trompicase con los muebles de casa -mesas y cómodas- y me hiciese chichones para ir descubriendo dónde mi cuerpo terminaba y comenzaban las otras cosas. Mesas y cómodas son, desde que las hay, los primeros mudos pedagogos que enseñan al hombre las fronteras, los límites de su ser -por lo pronto, de su ser corporal. Sin embargo, ese mundo de mesas y cómodas se distinguía de mí, pero, no obstante, era mío -porque todo en él era porque me era eso que era. Pero lo Tuyo no me es, tus ideas y convicciones no me son, las veo como ajenas y a veces contrarias a mí. Mi mundo está todo él impregnado de mí. Tú mismo antes de serme el preciso Tú que ahora me eres, no me eras extraño: creía que eras como yo -alter-, otro pero yo, ego -alter ego. Mas ahora frente a ti y los otros tús, veo que en el mundo hay más que aquel vago, indeterminado yo: hay anti-yos. Todos los Tus lo son porque son distintos de mí, y diciendo yo no soy más que una porciúncula de ese mundo, esa pequeñísima parte que ahora empiezo con precisión a llamar «yo»"[81].

Por ello Ortega ve en la lucha, que implica el encuentro con el Otro, la explicación de la génesis antropológica y social del Yo en armonía o conflicto con los demás, tanto en la familia como en la sociedad, que siempre es vista por Ortega como basada en esta dialéctica de una "sociabilidad insociable" de la que ya hablaba Kant:

"La armonía ejemplar en una familia ejemplarmente armoniosa, cuyos miembros están unidos por los más cálidos nexos de ternura, es sólo un equilibrio resultante, un buen acomodo y adaptación mutua a que han llegado después de haber recibido cada uno los innumerables impactos y choques con el otro, todo lo menudos, relativamente, que se quiera, pero que son, en puridad, una efectiva lucha. En esta lucha hemos aprendido cuáles son las esquinas del modo de ser del Otro con las cuales tropieza nuestro modo de ser, es decir, hemos ido descubriendo la serie innumerable de pequeños peligros que nuestra convivencia con él trae consigo, para nosotros y para él"[82].

Entonces, solo mi conocimiento activo de los Tus irá configurando la esfera de mi propio Yo:

"Mi conocimiento de los tús va podando, cercenando a ese yo vago y abstracto pero que, en abstracto, creía ser todo. Tu talento matemático me revela que yo no lo tengo. Tu garbo en el decir me hace caer en la cuenta que yo no lo tengo. Tu recia voluntad me demuestra que soy un blandengue. Claro que, también viceversa: tus defectos destacan a mis propios ojos mis dotes. De este modo, es en el mundo de los tús y merced a éstos donde se me va modelando la cosa que yo soy, mi yo. Me descubro, pues, como uno de tantos tús, sólo que distinto de todos ellos, con dotes y deficiencias peculiares, con carácter y conducta exclusivos que me dibujan el auténtico y concreto perfil de mí mismo -por tanto, como otro y preciso tú, como alter tu. Y aquí tenemos cómo, según anuncié hay que volver del revés, a mi juicio, la doctrina tradicional, que en su forma más reciente y refinada es la de Husserl y sus discípulos -Schütz, por ejemplo-, doctrina según la cual el tú sería un alter ego. Pues el ego concreto nace como alter tu, posterior a los tús, entre ellos; no en la vida como realidad radical y radical soledad, sino en ese plano de realidad segunda que es la convivencia"[83].

Ahora bien, como señala Ortega, lo social no se reduce a lo interindividual, a lo intersubjetivo, como habían establecido brillantemente Fichte y Husserl frente al individualismo robinsoniano de los empiristas ingleses o del propio protestantismo residual aun en la ética kantiana, sino que es algo más que la intersubjetividad, algo que está más allá de ella, aunque surja de ella. En tal sentido Ortega busca ejemplos en la conducta social bien patentes que muestran tal carencia de intersubjetividad:

"Cuando salimos a la calle, si queremos cruzar de una acera a otra, por lugar que no sea en las esquinas, el guardia de la circulación nos impide el paso. Esta acción, este hecho, este fenómeno, ¿a qué clase pertenece? Evidentemente, no es un hecho físico. El guardia no nos impide el paso como la roca que intercepta nuestro camino. Es la suya una acción humana, mas, por otra parte, se diferencia sobremanera de la acción con que un amigo nos toma por el brazo y nos lleva a un aparte de intimidad. Este hacer de nuestro amigo no sólo es ejecutado por él, sino que nace en él. Se le ha ocurrido a él por tales y tales razones que él ve claras, es responsable de él; y, además, lo refiere a mi individualidad, al amigo inconfundible que le soy. Y nos preguntamos: ¿quién es el sujeto de esa acción humana que llamamos «prohibir», mandar legalmente? ¿Quién nos prohíbe? ¿Quién nos manda? No es el hombre guardia, ni el hombre alcalde, ni el hombre Jefe del Estado el sujeto de ese hacer que es prohibir, que es mandar. Quien prohíbe y quien manda -decimos- es el Estado. Si prohibir y mandar son acciones humanas (y lo son evidentemente, puesto que no son movimientos físicos, ni reflejos o tropismos zoológicos), si prohibir y mandar son acciones humanas, provendrán de alguien, de un sujeto determinado, de un hombre. ¿Es el Estado un hombre? Evidentemente, no y Luis XIV padeció una ilusión grave cuando creyó que el Estado era él, tan grave que le costó la cabeza a su nieto. Nunca, ni en el caso de la más extrema autocracia, ha sido un hombre el Estado. Será aquél, a lo sumo, el hombre que ejerce una determinada función del Estado. Pero entonces, ¿quién es ese Estado que me manda y me impide pasar de acera a acera?"[84].

Dichas acciones o mandatos impersonales las denomina Ortega "usos", en el sentido de los denominados habitualmente Usos y Costumbres sociales. Son usos sociales, para Ortega, tanto el saludo, como la forma de vestir, las normas de tráfico, las formas de hablar, etc., lo que hace que en nuestra vida cotidiana haya multitud de cosas que las hacemos porque la gente, los demás, las hace, y ello de forma obligada por ser usos sociales que se nos imponen como se imponen las leyes de tráfico por el Estado como una entidad impersonal. No se trata aquí tampoco, dice Ortega, de unas costumbres que derivan de un *esprit des nations*, como pretendía Voltaire, o de un romántico *Volksgeist* o alma colectiva que pensase por nosotros. Es algo más bien "desalmado", que se impone por encima de nuestra voluntad, como una especie de Leyes del Materialismo Histórico de Marx, al que también se refiere Ortega, aunque precisa que esa colectividad histórica de Marx es más bien lo humano sin el hombre, sin espíritu, algo enteramente deshumanizado. No es algo intersubjetivo o interindividual, como creía erróneamente el gran sociólogo Max Weber, según Ortega, porque del análisis realizado se desprende que lo social no aparece, como suponían los sociólogos como Max Weber, oponiéndolo a lo individual, sino frente a lo interindividual, frente a lo intersubjetivo[85].

Pues, continua Ortega,

"Es el Estado quien me impide cruzar la calle a voluntad. Miro en torno, pero por ninguna parte descubro el Estado. En derredor mío sólo veo hombres que me consignen uno a otro: el gendarme al director de Policía, éste al ministro del Interior, éste al Jefe del Estado y éste, últimamente, y ya sin remedio, otra vez al Estado. Pero ¿quién o qué cosa es el Estado? ¿Dónde está el Estado? ¡Qué nos lo enseñen! ¡Que nos lo hagan ver! ¡Vana pretensión la nuestra: el Estado no aparece sin más ni más! Está siempre oculto, no se sabe cómo ni dónde. Cuando nos parece que vamos a echarle mano, lo que nuestra mano palpa y tropieza es uno o varios o muchos hombres. Vemos hombres que gobiernan en nombre de esa latente entidad Estado, es decir, que mandan y que operan jerarquizados transfiriéndonos de arriba abajo o de abajo arriba, del humilde gendarme al Jefe del Estado"[86].

Esas entidades impersonales son las responsables de muchas de las opiniones que tenemos en nuestra vida, sin que siquiera las hayamos pensado de forma clara y distinta. Y que nos llevan a mantenerlas y decirlas porque se dicen por alguien como la gente, pero que no es un alguien determinado, como muestra el "se" impersonal del lenguaje. La impersonalidad de tales actos queda claramente de manifiesto cuando se analiza más precisamente uno de ellos, antes apuntado por Ortega, como es el saludo:

"¿Qué será, pues, el saludo? Tan no me interesa que, en general, ni siquiera lo refiero individualmente a cada propietario de la mano que oprimo y lo mismo le pasa a él conmigo. Cuanto va dicho -y para ello va dicho- nos permite reconocer con plena claridad que ese acto del saludo no es una relación inter-individual o inter-humana, aunque, en efecto, somos dos hombres, dos individuos quienes nos damos las manos. Alguien o algo X, que no somos ni el otro ni yo, sino que nos envuelve a ambos y está como sobre nosotros, es el sujeto creador y responsable de nuestro saludo. En éste sólo podrá haber de individual alguna mínima indentación o detalle sobrepuestos por mí a la línea general del saludo, algo, pues, que no es propiamente saludo, que deslizo en él como secretamente, y que no aparece. Por ejemplo, el más o menos de opresión, el modo de atraer la mano, el ritmo al sacudirla, al retenerla, al soltarla. Y, en efecto, de hecho no oprimimos dos manos de una manera completamente igual. Pero ese leve componente de gesto emotivo, secreto, individual, no pertenece al saludo. Se trata, pues, de un levísimo bordado que por mi cuenta añado al cañamazo del saludo. El saludo es la forma rígida, en esquema siempre idéntica, notoria y habitual que consiste en tomar la mano ajena, oprimirla -no importa si mucho o poco- sacudirla un momento y abandonarla"[87].

El saludo es, pues, como dice Ortega, una acción esquematizada que se repite, como un hábito, siempre que nos encontramos con personas conocidas o que queremos conocer. Es por tanto un esquema de acción, que recuerda lo que Jean Piaget denominaba en los niños "esquemas de acción", como coger, chupar, arrojar, frotar, los objetos que quieren conocer y utilizar en su mundo entorno. En este caso se trata de conocimiento y utilidad social al que se accede a través de los usos y costumbres establecidos, los cuales consisten en acciones esquematizadas que se repiten como hábitos, más o menos ritualizados, a través de los cuales se espera la respuesta de la otra persona, positiva o negativa. Así en el saludo, al extender nuestra mano, podemos obtener diferentes respuestas (apretón fuerte, débil, rechazo, no responde, etc.) que nos indican ya algo de esa otra persona a la que nos aproximamos para conocerla. Estos actos esquematizados y repetitivos, como ceremonias sociales, actúan como normas sociales institucionalizadas y cuyo significado originario se ha perdido o permanece ya inconsciente. Así ocurre con el saludo, como señala Ortega:

"Yo no sé, en efecto, por qué lo primero que tengo que hacer al encontrar otros hombres algo conocidos es precisamente esta extraña operación de sacudirles la mano. Se dirá, un poco apresuradamente, que no es así, que sé por qué lo hago pues sé que si no doy la mano a los demás, si no saludo, me tendrán por mal educado, desdeñoso, presuntuoso, etcétera. Esto, sin duda, es cierto y ya veremos la decisiva importancia que tiene. Pero no confundamos las cosas porque aquí está toda la cuestión. Lo que sé, lo que entiendo es que tengo que hacer eso, pero no sé, no entiendo eso que tengo que hacer. Es inteligible, tiene sentido que el médico tome la mano del enfermo para palpar su temperatura y escrutar su pulso. Es inteligible, tiene sentido que yo detenga la mano que empuña un puñal dispuesto a partirme el corazón, pero el dar y tomar la mano en el saludo, en eso no encuentro finalidad ni sentido alguno y me lo confirma el hecho de que, si voy al Tibet, el prójimo tibetano, en ocasión idéntica, en vez de darme la mano, gira la cabeza"[88].

Los usos, como el saludo, serían entonces hábitos o costumbres sociales que se nos imponen en nuestro trato con los demás. Pero la forma de imponerse suele ser lenta, pues requieren se aceptados por la mayoría, aunque no por ello sea necesario un acuerdo consciente y mayoritario. Ortega señala el caso del conde D'Orsay que cambio la costumbre de vestir la capa por vestir el abrigo:

"A veces, un hombre, un hombre solo, con su aprobación, hace avanzar más la constitución de un uso que si es adoptado por un millón. El mundo está lleno de sobretodos porque un día, hacia 1840 ó 50, cuando el conde d'Orsay, un dandy de origen francés instalado en Londres, volvía de las carreras montado en su fina yegua torda, comenzó a llover y a un obrero que pasaba le pidió el abrigo con mangas que entonces usaba el pueblo ínfimo de Inglaterra. Esta fue la invención del sobretodo, porque d'Orsay era el hombre más elegante de Londres, y «elegante» es una palabra que viene de la palabra «elegir»; «elegante» es el que sabe elegir. A la semana siguiente, por las islas británicas, empezaron a florecer los sobretodos, y hoy está el mundo lleno de ellos"[89].

El uso sería entonces lo que Gustavo Bueno denomina como una "rutina victoriosa"[90], un hábito o habilidad operatoria conductual que, de modo genético, se impone socialmente frente a otros usos o "rutinas", las cuales quedan marginadas o socialmente rechazadas, incluso pueden llegar a caer en la proscripción, aunque no desaparezcan del todo y puedan de nuevo ofrecerse como alternativa. Son conductas sujetas a normas sociales que no se reducen a simples meros rituales de cortejo o de ataque como en los animales, sino que implican una conducta proléptica prudencial y calculada artificiosamente, según planes, que precisa de un lenguaje fonético doblemente articulado, a veces, o, como en el caso de ciertas ceremonias, estar envueltas en mitos. El uso orteguiano sería entonces una norma social resultado de una rutina o habito victorioso, pues como señala Ortega frente a Max Weber o Bergson[91], no es uso por su frecuencia, sino que es frecuente porque se impone, porque triunfa socialmente convirtiéndose en un poder que nos obliga.

Así como la Naturaleza física estaría regida por leyes naturales, sostiene Gustavo Bueno que los fenómenos antropológicos lo estarían por normas o leyes normativas. En tal sentido, así como las leyes naturales procederían originariamente de la conducta técnico operacional propia de la inteligencia manual, los usos sociales en cuanto normas procederían de una inteligencia emocional también corporal en cuanto, como en el caso analizado por Ortega del saludo, aparece la mano como expresión originaria en su configuración más patente que llega hasta nuestro habitual habito de estrechar las manos al encontrarnos con otras personas. Cambiar un uso social es difícil, aunque puede haber ocasiones que lo aconsejen por razones higiénicas, como, en la actual pandemia del Virus Corona que padecemos, por razón de la cual se evita el saludo manual y se sustituye por otros usos de saludo a distancia, como es más habitual en Japón o China o la India, por razón de la insalubridad o la superpoblación. Lo que podría ocurrir es que triunfase un nuevo modo de saludar, como reconoce el propio Ortega:

"Imaginemos que todas las personas que forman una reunión creen, cada una por sí, que es estúpido darse la mano -por ejemplo, que es antihigiénico-, y, en consecuencia, que los hombres no deben saludarse en esa forma. Pues bien, a pesar de esto, quedaría intacto el uso; a pesar de pensar así, cada cual seguiría practicando el apretón de manos; el uso continuaría ejerciendo su impersonal, su brutal y mecánica presión. Para que esto no ocurriese sería menester que, uno a uno, se fuesen comunicando su opinión los individuos; es decir, que cada uno llegase a saber que los demás eran opuestos a ese saludo. Pero esto, ¿no quiere decir con otras palabras que se había constituido un nuevo uso en sustitución del anterior? En la nueva situación, quien saludase dando la mano faltaría al uso vigente -no dar la mano-, y no habría otra diferencia que ésta: el nuevo uso parecería tener más sentido que el anterior"[92].

Ortega distingue también entre lo que denomina "usos débiles y difusos" y "usos fuertes y rígidos":

"Si ahora dejamos, para comentarla en otra lección, la diferencia respecto al tempo en la instauración de los usos (…) y nos atenemos a todo el resto de lo que acabo de decir, nótese que nos descubre la existencia de dos clases de usos: unos, que llamo «usos débiles y difusos»; otros, que llamo «usos fuertes y rígidos», Ejemplo de los «usos débiles y difusos» son los que vagamente se han llamado siempre «usos y costumbres», en el vestir, en el comer, en el trato social corriente; pero son también ejemplo de ellos los usos en el decir y en el pensar, que constituye el decir de la gente, cuyas dos formas son la lengua misma y los tópicos, que es lo que confusamente se llama «opinión pública». Para que una idea personal auténtica y que fue evidente cuando la pensó un individuo, llegue a ser «opinión pública», tiene antes que sufrir esa dramática operación que consiste en haberse convertido en tópico y haber, por tanto, perdido su evidencia, su autenticidad y hasta su actualidad; todo tópico, como es un uso, es viejo como todos los usos, Ejemplos de los «usos fuertes y rígidos» son -aparte de los usos económicos- el Derecho y el Estado, dentro del cual aparece esa cosa terrible, pero inexorable e inexcusable, que es la política"[93].

Aquí es donde podemos decir que Ortega reduce los decretos o leyes del Estado, por los que se instauran normas sociales obligatorias de saludo, -como el saludo comunista con el puño cerrado o el fascista del brazo extendido, vigentes en algunos países en tiempos de Ortega-, a usos, que derivan de Leyes vigentes. Pero las normas legales no las podemos considerar en el mismo nivel que los normas que regulan los usos y costumbre orteguianos, sino que son normas de 2º grado, son normas que tratan de coordinar a las primeras cuando aparecen contradicciones o incompatibilidades entre ellas. Por ello las normas políticas, jurídicas, económicas de las que habla Ortega como "usos fuertes y rígidos", no son tales usos o costumbres, aunque puedan haber tenido su origen en parte en ellos, como ocurre cuando se hable del derecho consuetudinario como fuente jurídica, pues las cuestiones de génesis no explican la propia estructura normativa del Derecho. Del mismo modo el hecho de que las ciencias procedan de las tecnologías no significa que se puedan reducir a ellas en la explicación de sus complejas estructuras deductivas. No son usos sociales porque no son impuestos desde abajo, desde la Sociedad Civil, sino desde arriba, desde el aparato Estatal. Por ello duran lo que se logra mantener en el poder quien las impone. Las propias normas de tráfico suelen ser cambiadas y revisadas por los Gobiernos en función de las necesidades nuevas que imponen los cambios tecnológicos o de otro tipo. Es mucho más difícil que perduren los intentos de cambiar las costumbres por parte de los Gobiernos si la mayoría de la sociedad no lo acepta. Así, por ejemplo, las costumbres de practicar las ceremonias religiosas de los rusos antes de las Revolución de Octubre, a pesar del intento de cambiarlas o suprimirlas por parte de los Gobiernos soviéticos, volvieron a renacer tras la caída del comunismo soviético. La normativa jurídica es por ello de un orden distinto al de la normative que rige los usos y costumbres. La vigencia de una Ley obedece a causas muy diferentes a la vigencia de los usos y costumbres sociales, pues se sitúa más en el plano de la coordinación de acciones sociales por una instancia jurídica o estatal, que actúa como árbitro para dirimir conflictos, que en el de las propias acciones. Como señala el propio Ortega[94], en la ciudad no hace falta saludar a los desconocidos que nos cruzamos porque el posible conflicto por no hacerlo está regulado por la policía y las leyes que nos permiten tal conducta en tanto que penalizan cualquier agresión por tal hecho. El propio Ortega[95] reconoce que el Estado actúa como el regulador de la pugna entre lo social y lo antisocial que constituye toda sociedad humana. Pues toda Sociedad es algo dinámico que existe en tanto que producto de la oposición de estas fuerzas sociales y antisociales y es resultado de transformaciones del juego de tales fuerzas. Habría que ir, por tanto, a la formación de las primeras sociedades humanas para explicar esta dialéctica social, que no parte del yo individual, como sostenía el idealismo solipsista de la Teoría del Contrato social, sino del Tu y del Ellos, como sostiene Ortega:

"Nos hallamos, pues, en un contorno humano, pero ahora tenemos que habérnoslas un poco más seriamente con el tú, porque necesitamos decir algo, siquiera sea algo de lo que haya que decir, sobre la manera como el Otro se nos va convirtiendo en Tú y qué nos pasa con él cuando lo tenemos ya tuizado delante, lo cual no es flojo pasar, antes bien, lo más dramático que en la vida nos pasa. Pues resulta que hasta ahora sólo nos han aparecido en nuestro mundo el Otro y El, es decir, la llamada -no discuto si bien o si mal- tercera persona y el Tú o segunda persona, pero no nos había aparecido aún la primera persona, el yo, el concreto yo que cada uno de nosotros es. Por lo visto es nuestro yo el último personaje que aparece en la tragicomedia de nuestra vida"[96].

Por ello, es preciso partir de unas formaciones sociales donde todavía no aparece el Yo, sino los Otros como Tus y como Ellos, para ver, no solo como se construye el Yo frente al Tu, sino también, como analiza Gustavo Bueno en su obra *Nosotros y ellos* (1990), como aparece también el Nosotros frente al Ellos.

Génesis de las Normas y Usos sociales

Las primeras formaciones sociales propiamente humanas son las hordas familiares, en tanto que estructuras evolutivas comunes en origen con los simios, aunque producto de ulteriores transformaciones, como veremos. En principio, en un clan familiar, las relaciones parentales alcanzan hasta cuatro generaciones simultáneamente. Por ello sin tener que contemplar el grupo familiar a lo Rousseau, como un estado de acracia igualitaria, sino como sociedades naturales ligadas ya por relaciones de dominación, predominantemente de tipo parental, con relaciones de subordinación de los más débiles, los niños, a los mayores, y de las hembras a los machos, que a la vez no excluyen relaciones de coordinación plenamente aceptadas, pues, según Aristóteles, la familia es una estructura en la que la desigualdad natural (padres/hijos, hombre/mujer) está compensada por el amor (*filia*). Debido a estos lazos fuertemente emocionales, en el clan familiar el individuo es reconocido como individuo único y su pérdida es considerada como irreparable.

Pero, cuando se constituyen grupos como los de jóvenes guerreros de que hablaba Ortega, las relaciones humanas están ya determinadas, no por la acción individual-familiar personalizada, sino por la férrea, disciplinada, e igualitaria acción organizada de los jóvenes guerreros, sobre todo cuando sus grupos organizados alcanzan un tamaño considerable cuyo número sobrepasa abundantemente los 150 individuos. A partir de dicha cifra las relaciones, según prueban investigaciones de R. Dunbar en su libro *Grooming, Gossip and the Evolution of Language* citado más arriba, ya no pueden mantenerse a un nivel individual, sino que adquieren un distanciamiento en el que se necesita una organización burocrática despersonalizada, lo que hace que, por ejemplo, cada guerrero caído en combate puede ser sustituido sin mayor problema sentimental personal, según mecanismo fríos y burocráticos, por otro cualquiera que emule su valor y coraje. En términos militares eso empieza a ocurrir cuando se supera el nivel de una Compañía de Infantería o un Escuadrón de Caballería (de 50 hasta 150 soldados), formándose unidades sucesivamente más amplias en las que se pierden las relaciones personales propias del Pelotón, o la Escuadra. Relaciones que se hacen ya imposibles en unidades como el Batallón, el Regimiento, las Divisiones, los Cuerpos de Ejercito, etc.

En dicha perspectiva la autodeterminación del individuo, ordenada a su conservación como tal individuo, no es indispensable en aquellas circunstancias en que su sacrificio puede redundar en beneficio del grupo de guerreros. Es más, la valentía y el luchar hasta la propia muerte, dando la vida en la defensa del grupo, se considera un honor, incluso la más digna culminación de una carrera militar. Es en este nuevo orden tribal proto-estatal, en el que aparecen y se constituyen las relaciones políticas humanas, como distintas de las puramente familiares, como señaló Ortega al proponer a los guerreros de la casa de los jóvenes como los que, al prohibir la entrada en ella a las mujeres, los viejos y los niños, separan el espacio del poder político del espacio de la familia. como poder matriarcal estrictamente familiar desde entonces, y del poder senatorial de los viejos reducidos a meros consejeros. Las mujeres exogámicas raptadas pueden pasar a ser las favoritas, por depender exclusivamente del marido que las rapta y hace esposa o concubina, mientras que las otras mujeres de su propia horda, clan o tribu, con las que pueden tener relaciones endogámicas, están subordinadas a la casa paterna, por lo que no son de exclusiva propiedad del guerrero. Aparece entonces una separación que puede devenir conflictiva entre la familia y el poder e intereses de estas jefaturas guerreras.

Pero la contradicción entre las normas que rigen las relaciones familiares, y las que rigen las relaciones de estas jefaturas guerreras no desaparece, oscilando en unos casos hacia un lado y en otros hacia otro, en una rica y cada vez más compleja casuística normativa. La búsqueda de una normativa conciliadora es lo que se produce con el nacimiento del Derecho, encarnado por el soberano o jefe de los guerreros, en la figura, primero de las jefaturas personales y posteriormente del Rey, surgida como *primus inter pares* de una aristocracia guerrera exogámica que se va diferenciando del resto de la población todavía endogámica, debido a la mejoras genéticas. Dicha aristocracia, por su mayor poder y salud corporal, detenta el poder último en las decisiones políticas, aunque como la veteranía es fuente de sabiduría más que la juventud, necesitará recurrir a las consultas de los anteriores consejos de los ancianos, no solo para afrontar la política exterior, sino también para mediar en las disputas internas que puedan surgir entre las familias y los jóvenes guerreros. Nace así lo que Platón denomina la clase Gobernante del Estado como una intersección de dirigentes guerreros y consejeros senatoriales, que se diferenciará tanto de la propia clase Guerrera originaria como de la clase Productora localizada en principio en las familias.

Posteriormente, con el fortalecimiento de la figura de los Gobiernos aristocráticos y su eventual transformación en Monarquías, además de su extensión territorialmente creciente como Estado, para controlar la cual se precisa de instrucciones escritas para dirimir los conflictos que se plantean tanto en su interior como en sus fronteras, irán produciéndose las sentencias que se hayan demostrado más acertadas para la supervivencia de la población, las cuales alcanzarán el rango de códigos estables escritos y públicos, como el de Hammurabi. El Estado de Derecho o civilizado no se reduce, por ello, a una mera agrupación de hordas, clanes o tribus regidas por sus propios usos y costumbres, sino que supone la aparición de un nivel de relaciones humanas más general e impersonal, regido por principios nuevos, que tratan de conseguir una unidad más fuerte estableciendo equilibrios entre los valores y costumbres familiares y los valores y costumbres político-tribales.

La aparición del nivel estatal supone un límite al desarrollo natural, espacial o territorial, propio de las biocenosis del reino animal, que todavía continúa en la organización de las hordas y bandas humanas más primitivas pero que, al darles una conexión institucional interna más fuerte y duradera, supone también una mayor duración en el tiempo de dichas sociedades. Para ello aparece como imprescindible la fijación escrita de las normas y leyes, con el fin de que no estén sometidas a las variaciones y azares de la tradición oral, y vayan constituyendo una tradición acumulativa enteramente objetivada de normas encontradas tras largas experiencias judiciales en la solución de conflictos. Dichas normas, cuando expresan soluciones a los conflictos entre la dimensión familiar y la dimensión política (sistematizando las normas de usos y costumbres familiares y políticas en su conflictiva relación, resolviendo contradicciones, llenando lagunas, coordinando dichas normas, intercalando otras específicamente jurídicas), constituirían el origen del Derecho. Este resultaría de una coordinación de los usos y normas sociales en estructuras jurídicas orientadas por medio de unos Principios, que permiten un cierre operatorio por el cual se pueden establecer Leyes generales, como ocurre con el establecimiento de Leyes científicas por Newton a partir de sus Tres Principios de la Dinámica. Pero con la diferencia de que aquí los cierres operatorios jurídicos no pueden ser plenamente objetivos, sino que son cierres postulatorios y sujetos a profundas modificaciones, debido a la imposibilidad de eliminar las operaciones de los sujetos en tales construcciones deductivas a partir de Principios para alcanzar la plena objetividad, la cual solo se consigue cuando se trata con los objetos meramente físicos, los cuales, a diferencia de los sujetos humanos o animales, no pueden reaccionar ante nuestras acciones.

En tal sentido, el Derecho no sería en su origen más que la solución estrictamente normativa a los conflictos entre las normas generadas en las sociedades humanas, dadas en relaciones personales propias de clanes familiares y las normas propias de sociedades políticas más complejas y necesitadas del desarrollo de un tejido conjuntivo de relaciones humanas que rebasan el alcance de las relaciones individuales personales. Tales conflictos entre los principios personalizados, que rigen internamente dichos clanes familiares y los principios impersonales propios de organizaciones políticas, que pueden llegar a ser muy extensas, conducen al establecimiento de nuevos principios orientados a la preservación de la nueva unidad social lograda, más amplia y fuerte, para su supervivencia, a la cual se deben subordinar los valores familiares si es preciso. Seguramente la tendencia límite o última de este nuevo orden político estatal estaría orientada a la eliminación de los derechos familiares y a la constitución de sociedades de moral cerrada, en el sentido de Bergson, o totalitarias, como fueron ejemplos eminentes la sociedad espartana o las llamadas sociedades totalitarias. Pero cuando dichas sociedades tribales encuentran un límite o frontera con otra sociedad equivalente, se ven abocadas a frenar esa tendencia al cierre moral, buscando un compromiso que redistribuya el peso de las normas éticas y morales, para mantener la mayor unidad interna del grupo frente a una amenaza externa considerable, que es lo que se consigue con el establecimiento del Derecho, con el fin de fijar una constitución normativa asumida por ambas partes y que dure en el tiempo.

A su vez las relaciones entre Estados dan por analogía un Derecho internacional, el cual, sin embargo, al no poder constituirse en un ámbito cerrado de soberanía, permanece siempre afectado de una debilidad constitutiva y que, a todo lo más, puede apoyarse en el surgimiento de poderes transnacionales, lo cual solo ha empezado a ocurrir realmente en la época actual, con el surgimiento de sociedades industriales o financieras multinacionales globales, policías y tribunales de justicia internacionales, como estructuras que exigen un orden jurídico superior a los Estados, etc.

Es a partir de dicha dialéctica desde donde, -al constituirse sociedades como la de la antigua Grecia, en las que aparece el conocimiento científico como un conocimiento que ya no se basa solamente en la experiencia técnica del método del ensayo y error, sino que incorpora métodos de construcción hipotético-deductiva, como los de la Geometría de Tales de Mileto o de Pitágoras-, se puede empezar a dar un tratamiento de fundamentación racional, y ya no meramente basado en Principios religiosos o mitológicos, con pretensiones de necesidad y universalidad propias de los conocimientos científicos, a las relaciones políticas, éticas, morales. Aparece así la posibilidad de una fundamentación crítica de los usos y costumbres, tanto individuales como sociales, fijando con claridad aquello que debe regir como valores racionales, de acuerdo con una racionalidad que toma como modelo eminente la racionalidad y el conocimiento científico, después de eliminar y purgar multitud de usos y costumbres que llevaban aparejados prejuicios basados en supersticiones o antiguas creencias mitológicas, producto de la ignorancia o las meras supersticiones que inevitablemente han lastrado a la evolución humana.

Aparecen así, en los griegos, las doctrinas éticas y morales como doctrinas o explicaciones filosóficas sobre las costumbres (*ethos* en griego, *mos* en latín). Y ello es así porque con los griegos aparece también, por primera vez en la historia humana, el conocimiento científico como un tipo de conocimiento racional y enteramente cierto y objetivo (*episteme*) al que se contrapone otro conocimiento subordinado a fines subjetivos, que incluye la prudencia (*phronesis*), tales como la consecución de la salud, la felicidad, el placer o el bien en el curso de la limitada vida humana. La historia de las doctrinas éticas, desde los griegos hasta nosotros, pasa por unos estadios que recuerdan los estadios que Piaget distinguía en el desarrollo del juicio moral en el niño: un primer periodo hasta Kant de éticas heterónomas o materiales. En ellas predominarían los imperativos hipotéticos por los cuales la conducta ética trataría de guiarse y fortalecerse predominantemente por la "acomodación" del sujeto con vistas a la consecución de algo material que se toma como un bien supremo o una meta, sea el placer o la felicidad o la salud.

Un segundo estadio que inaugura el propio Kant al introducir la autonomía del individuo como condición ineludible de la moralidad. Lo que traducido a nuestros términos significa el paso al límite de los procesos de imitación heterónomos cuando el individuo se propone el "sé tu mismo", "sigue tu propia conciencia", etc. En tal sentido, cuando se desarrolla una conducta de ese tipo, los principios morales se convierten en algo propio, en algo que se "asimila" a la esencia de la personalidad más autentica. Se convierten en algo puramente formal, como una pura regla que regula nuestra conducta. Así como los niños, en los juegos de las canicas estudiados por Piaget en su obra *El criterio moral en el niño*, se concentran en las normas de una manera puramente formalista sin tener en cuenta otras circunstancias, la ética formalista que inicia Kant, insiste en que lo prioritario es el cumplimiento del deber, el atenerse a la los mandatos puros o imperativos formales sin más consideraciones acomodaticias.

Por supuesto, la ética kantiana presupone todo el proceso, iniciado por la Reforma protestante y que culmina en la Gran Revolución francesa, en la que se proclaman como supremos los derechos del individuo o derechos humanos. Tales derechos resultan de la nueva Constitución política que triunfa en la Revolución francesa en la que se plasman los resultados de las discusiones de los filósofos modernos, Hobbes, Locke, Rousseau, etc., los cuales, influidos por el racionalismo de la ciencia moderna de la naturaleza que se constituye en el Renacimiento, utilizan dicho racionalismo para criticar el Antiguo régimen político, basado en privilegios y desigualdades, difícilmente justificables en la nueva consideración que de la naturaleza, tanto de la física como de la humana, presenta la ciencia moderna. Pues, de la misma manera que la física moderna, desechando y destruyendo las explicaciones milagrosas irracionales, regresa, en su análisis de la materia, a unas masas atómicas a partir de las cuales trata de explicar cómo se construyó necesariamente la naturaleza, los cuerpos celestes y terrestres, pensando dichos cuerpos como sometidos a la ley de la Gravitación Universal, los filósofos modernos aplican dicho método racionalista de análisis a la justificación del poder político. Critican y destruyen las justificaciones míticas o religiosas que pretendían reservar atributos del poder político, como la soberanía, a determinados estamentos de la sociedad, como los nobles o el clero, considerando, - en un proceso de reducción racional de la sociedad a un todo compuesto de individuos humanos, o átomos racionales, cuya conducta está sometida igualmente a leyes psicológicas muy simples -, que dicha sociedad está sometida a leyes racionales. Tal proceso de racionalización de la sociedad conducía a la trituración de las divisiones sociales en estamentos, razas, lenguas, oficios, etc. hasta alcanzar la idea del individuo como última unidad que ya no se podía dividir más. Como señala Gustavo Bueno,

"...en el proyecto original de la izquierda revolucionaria figuraba la necesidad de detener el proceso de trituración o lisado de las <<partes anatómicas>> del Antiguo régimen, al llegar a los individuos humanos, a los átomos racionales de la sociedad (<<individuo>>, como hemos dicho, es el calco latino del <<átomo>> griego, que siglos atrás había realizado Boecio). Ahí estaba la Declaración de los Derechos del Hombre. Una Declaración, cuyo preámbulo fue obra de Mounier, que también intervino en la redacción de sus diecisiete artículos, junto con Lafayette, Sieyes y Talleyrand; una declaración que fue votada el 27 de agosto de 1789, y en la que se establecía, ante todo, que la Naturaleza ha hecho a los individuos humanos libres e iguales (...). Una declaración en la cual la sociedad humana es analizada en sus átomos. Libre e iguales, del mismo modo que la Teoría cinética de los gases analizaba a éstos como compuestos de <<átomos>>, también libres e iguales. Dicho de otro modo: la trituración holizadora debía detenerse en los individuos humanos; no podía continuarse en una trituración de los propios individuos que llegase hasta sus moléculas químicas, hasta los elementos de los cuales, sin duda, los individuos humanos estaban compuestos"[97].

Las unidades de la sociedad moderna resultado de la Gran Revolución no son ya, pues, ni las familias, ni las tribus, ni el estamento militar organizado como Estado y contrapuesto a las unidades familiares, como vimos. El nuevo poder soberano de las sociedades democráticas modernas son los individuos libres. Pero, así como la aparición del proto-estado de guerreros por la exogamia provocó el nuevo papel de la institución familiar como algo que se le oponía y limitaba su poder, la proclamación de los derechos individuales, como derechos éticos, en tanto que universales, provocó la aparición de una nueva institución, la nación política como limitadora de la extensión, de hecho, de dichos derechos a todo el género humano:

"...el proceso de holización que, partiendo de la sociedad política francesa del Antiguo régimen nos conduce a una sociedad que se nos presenta como constituida a partir de individuos o átomos racionales, iguales entre sí, y libres, tendría como consecuencia la <<anegación>> de los ciudadanos franceses en el océano de una Humanidad en la cual, las paredes de los recintos holizados (los estados), que separan a los hombres alojados en ellos, habrían también quedado disueltas. Pero esto es tanto como decir que a partir de los individuos o átomos racionales no podríamos reconstruir la Francia de la que habíamos partido; es tanto como decir que si la reconstruimos, de hecho, es porque la hemos mantenido presupuesta, de acuerdo con el dialelo, porque únicamente en virtud de un dialelo es posible la reconstrucción (...). Será preciso, por tanto, crear un concepto, en realidad una categoría política nueva, mediante la cual podamos definir esa realidad a la cual pretendemos alcanzar, partiendo de un estado previo plenamente constituido, en el interior de sus fronteras, mediante la resolución de sus miembros en sus átomos racionales, pero de tal suerte que la sociedad política reconstruida, lejos de quedar anegada <<en la humanidad que la envuelve>>, pueda mantenerse en los límites de su <<ámbito natural>> (en rigor: de su ámbito histórico). La categoría política que exige esa racionalización, por holización, es precisamente la categoría que creó la Gran Revolución, la categoría que conocemos hoy como *Nación política*"[98].

En tal sentido Gustavo Bueno distingue aquí la Totalización atómica (el individuo) y la Totalización Anatómica (la Nación), pero dedicará un artículo posterior[99] a precisar y analizar con más detalle esta distinción en relación con diversos criterios de holización (totalidades simples/complejas, adiatéticas/diatéticas, sistáticas/joreomáticas, etc.), utilizando una terminología propia y agrupándolas en una tabla clasificatoria muy compleja, por medio de la que se lleva a cabo un análisis muy fino de diversos tipos de totalizaciones con los ilustradores ejemplos pertinentes y especialmente con su aplicación a una clasificación de los diversos tipos de democracia política en la parte final del artículo. Pero a nosotros nos vasta centrarnos aquí en la naturaleza de la oposición entre totalizaciones atómicas y anatómicas como dos tipos de racionalidad que tienen una importancia esencial para distinguir la contraposición entre el Antiguo y el Nuevo Régimen, y por tanto la posibilidad de la superación de la Modernidad.

Con ello la oposición sociopolítica del mundo antiguo, entre dos tipos de institución social, la Familia y el Estado, se transforma, como consecuencia de las revoluciones modernas, en una oposición más básica de tipo político-moral, la que media entre el Individuo y la Nación o el Estado-nación. La oposición entre los valores de la *filía* o fraternidad familiar y los valores de la *isonomía* o igualdad de la *polis* es sustituida ahora por la oposición entre los valores de la libertad individual, propios de todo ser humano, enfrentados o limitados por los valores del grupo nacional (francés, inglés, español, etc.). Dicha contradicción, cuando es irresoluble dentro del marco nacional, pide la constitución de un derecho internacional sostenido por una Sociedad de Naciones que previamente hayan sido modernizadas. Es claro por ello que la ONU actual, en tanto que en ella conviven naciones pre-modernas que no respetan los derechos humanos ni los incluyen en sus Constituciones, no puede ser el sostén más efectivo de tal Derecho Internacional. La unidad más amplia que hoy puede funcionar en tal dirección es la unidad de una Civilización moderna, como la Occidental, en tanto que a través de poderes ejecutivos comunes, como la OTAN, puede poner en manos de tribunales internacionales modernos a los criminales tanto por delitos de genocidio como de crímenes contra la humanidad.

Ya Kant señalaba en *La paz perpetua* que la Organización de Naciones debía estar formada por naciones democráticas (Kant decía "republicanas" en el sentido de considerar "republicana" también a la Monarquía democrática surgida de la Revolución inglesa). Pero, entonces, esa Organización de Naciones sería la formada por EE. UU., las Naciones Europeas, Australia, Japón, etc., aunque el liderazgo corresponda a los norteamericanos debido a su incomparable poder económico y militar. Estados nacionales como el francés y el alemán han intentado en las últimas décadas escapar a dicho liderazgo con la construcción de la Unión Europea, pero el

Brexit inglés y la rebelión de países del Este como Polonia y Hungría, la Guerra de Ucrania, están llevando a una crisis letal al Proyecto de una Unión Europea separada de la poderosa conexión atlántica. Pero con la vuelta al atlantismo vuelve también la antigua fuerza de los Estados nacionales a los que se pretendía disolver en el seno de un Federalismo europeo, similar al Norteamericano. Con ello se constata la imposibilidad de reducir la racionalidad anatómica de las naciones a una racionalidad atómica de la Europa de los derechos humanos abiertos a la entera Humanidad. Ahí se muestran los límites de la utopía racional moderna de la Ilustración. Pues este fracaso deriva del maniqueísmo moderno que entiende la oposición entre ambos tipos de racionalidad de un modo dualista metafísico y no dialéctico. La entiende como una oposición simple que podíamos formular en términos lógicos como (At V An).

Pero si consideramos la oposición Atómico/Anatómico como una oposición dialéctica, entonces tal oposición no puede ser pensada como una oposición simple entre dos términos enterizos cualesquiera entre los que se puede elegir o una o la otra, lo que representa el funtor disyunción V, sino entre un término y su negación, ya que las Totalizaciones Atómicas y Anatómicas no son separables, aunque si disociables. Por ello la fórmula sería más compleja: $(At \land \neg An) \lor (An \land \neg At)$.

Con ello queda plasmado el carácter crítico y dialéctico de tal distinción, de tal modo que, aunque la racionalidad política es una, se dice o manifiesta principalmente en estas dos maneras opuestas, no solo en su estructura actual, sino también en su génesis histórica. En tal sentido, cuando se contrapone el Estado del llamado Antiguo Régimen con el Estado Democrático moderno como asociados respectivamente a una estructuración anatómica del cuerpo social jerárquica con base en la desigualdad de sus estamentos de reyes y súbditos, nobles y siervos, clérigos y laicos, etc., o a una estructura atómica de individuos iguales en tanto que ciudadanos con iguales derechos, etc., se está incurriendo en un análisis maniqueo y engañador por su dualismo simple y tajante, ya que no tiene en cuenta que el Antiguo Régimen, tal como se desarrolló en la Europa cristiana, incluía de forma esencial la igualdad de todos los individuos que lo componían en tanto que Hijos de Dios, aunque para ello tuviese que trasladar la justicia que garantizase tal igualdad a la otra vida o a instancias celestiales en cuya existencia había que creer, pero a la vez tratar de demostrar racionalmente, como hacía la llamada Teología Racional. Por ello ambos tipos de Régimen, el Antiguo y el Moderno no se distinguen por dos tipos de normativas enteramente excluyentes, como se excluyen las normas basadas en la superstición o la fe irracional de las normas racionales basadas en evidencias empíricas y racionales, tal como se hace en la Constitución Norteamericana. No hay tal dualismo excluyente, aunque si hay una inversión o cambio de perspectiva. La inversión reside en que la modernidad no excluye enteramente las desigualdades anatómicas de sabios/ignorantes, ricos/pobres, etc., sino que las considera déficits contra los que hay que luchar aplicando un racionalismo igualador que acabará eliminando el fracaso escolar, la corrupción económica, etc. Mientras que en el Antiguo Régimen las desigualdades son constitutivas y por ello no es deseable que desaparezcan. No son meros hechos empíricos que se resisten a la racionalización, sino que son también algo positivo, hechos, pero entendidos como un *factum*, como algo que no es resultado fantasmal y engañoso de una mera percepción sensorial que la racionalidad acabará disipando como meras apariencias, sino que son producto de una voluntad real y positiva de poder, resultado valioso en sí mismo de una voluntad de vivir en su lucha contra la naturaleza, que acaba imponiendo costumbres y usos normativos como una especie de "rutinas victoriosas" bien probadas en su eficacia real y positiva. A su vez, el Antiguo Régimen no excluye como complemento necesario a este tipo de racionalidad anatómica o vital una racionalidad que se oriente a la universalidad atómica en la consideración de los individuos en tanto que tales individuos sujetos de derechos universales. En tal sentido se decía en la sociedad medieval europea que la Razón complementa y perfecciona a la Fe, pero no la sustituye. Pues la Fe sin la Razón, aunque no es enteramente ciega, si puede conducir al oscurantismo, mientras que la razón separada de unas premisas positivas obtenidas por experiencia directa a por testimonios fiables, puede conducir al escepticismo y la duda paralizante, como ocurrió en el Renacimiento.

Por tanto, el análisis de la Historia de las Sociedades políticas, sobre todo a partir de la aparición del Estado democrático en Grecia, nos permite observar como siempre ha habido la dualidad y oposición de los dos tipos de racionalidad política anatómica y atómica. Pero incluso se puede detectar esta dialéctica en el propio origen del Estado.

DIMENSIÓN SEMÁNTICA

Por dimensión semántica del espacio o universo político entendemos los contenidos ordenados en una dirección objetual. Tales contenidos se pueden clasificar en fiscalistas, fenoménicos y esenciales, según la teoría del Espacio Gnoseológico de Gustavo Bueno, desarrollada en su *Teoría del Cierre Categorial*. A su vez, en su incursión posterior en el estudio del campo propio de la racionalidad política realizado en su *Primer ensayo sobre las categorías de las "ciencias políticas"* (1991), distingue tres aspectos en el estudio de poder político: su origen (Núcleo), su cristalización en instituciones corporativas (Cuerpo) y su desarrollo histórico (Curso). En dicha obra hace corresponder la Dimensión semántica de la política con lo que denomina el Cuerpo político por excelencia, el Estado. Así, en su análisis de lo que denomina el Cuerpo político estatal, para distinguirlo del Núcleo originario y del Curso o Desarrollo evolutivo de la racionalidad política, hace una aplicación de lo que denominamos una metodología operatiológica a lo que llama Teoría de las Tres Capas del Estado[100]. De ello resulta un cuadro de doble entrada en el que cruza la distinción entre Tres Ramas del Poder (Operativa, Estructurativa y Determinativa) con Tres Capas del Poder político (Conjuntiva, Basal, Cortical). Es una adaptación de la distinción gnoseológica entre operaciones, relaciones y términos en el caso de las Ramas y la distinción antropológica entre relaciones circulares (Capa Conjuntiva), radiales (Capa Basal) y angulares (Capa Cortical).

El Estado, como un organismo vivo, necesita de un medio del que tomar la energía, adaptándose a él a la vez que lo somete. En este caso el medio son los gobernados que deben ser el suelo del que las fuerzas gobernantes toman su poder y energía para gobernar y mantenerse en el poder. Por ello el Estado, como cualquier organismo celular vivo, no es una sustancia estática separada, sino que su sustancialidad es dinámica y cambiante y está dada en función de su habilidad para contrarrestar el poder o fuerza que los gobernados le pueden oponer. De ahí su carácter siempre dialéctico, con dos direcciones de fuerzas opuestas ascendentes y descendentes[101], en tanto que necesita vencer continuamente la resistencia que puede ofrecerle la población ante sus medidas y decisiones políticas. Como sostenía Michel Foucault, siempre hay una resistencia de los sometidos que hace que haya un poder reticular que se extiende por diferentes vías y obliga al poder político a diseñar múltiples y sofisticados dispositivos de poder como escuelas, cuarteles, establecimientos médicos y psiquiátricos, para tratar de vigilar y dominar tales fuerzas, reprimiéndolas y castigandolas cuando es preciso con tal de mantenerse en el poder.

Por ello el Estado, considerado como un organismo que está siempre en conflicto dialéctico de asimilación del "alimento" que toma del medio poblacional, a través de sus intervenciones descendentes, y de "acomodación" de sus estructuras de poder a las fuerzas ascendentes que proceden de la resistencia de ese medio poblacional del que se alimenta por los impuestos o las levas en caso de guerra, debe ser entendido como dotado de un cuerpo ovoide de tres dimensiones. La consideración, entonces, del Estado como un cuerpo orgánico multidimensional resulta, no solo de las dimensiones del Espacio Antropológico o entorno en el que se sitúan los sujetos operatorios humanos, como hace Bueno, sino de una metáfora biológica por comparación con la anatomía y la fisiología del propio organismo humano. Creemos que es preciso abandonar aquí el Materialismo buenista, basado todavía en un hilemorfismo aristotélico, por una concepción biológico estructural del hombre en consonancia con el análisis de su actividad en términos, operaciones y relaciones, que el propio Bueno ejercita abundantemente en sus análisis filosóficos. Como ya señalamos esto en otro lugar:

"Tampoco, frente a lo que supone Gustavo Bueno, es necesario recurrir a una fundamentación materialista, la cual necesitaría en este caso del hilemorfismo, puesto que el propio Bueno admite que el sujeto operatorio es condición material, en tanto que sujeto corpóreo, material, y condición formal en tanto que dador o constructor de formas o estructuras. Basta con adoptar la posición evolutiva genética de Piaget, la cual evita tales compromisos idealistas o materialistas al remitirse en su *regressus* al supuesto último, en el sentido de suficiente y dado *in medias res*, de los organismos vivos, cuyo análisis último no puede hacerse en términos dualistas de una metafísica hilemorfista, sino en función de un análisis estructural operatorio en el que los elementos últimos resultantes son de hecho términos, operadores y relatores. El propio Bueno sigue preso de la metafísica hilemorfista al proponer la individualidad corpórea como fundamento material-formal:

<<En el momento en que reconozcamos que las formas no pueden separarse de la materia, puesto que ellas mismas son materia, y en el momento en que concedamos el carácter trascendental que ha de acompañar al fundamento de la moralidad, nos veremos obligados a postular un *contenido material trascendental* que desempeñe una función fundamentadora, similar a la que Kant asignó a la *forma* de la ley moral. ¿Cabe determinar una *materia formal* –*materia*, por su contenido corpóreo, *formal* por su capacidad conformadora de otras materias- susceptible de desempeñar el papel específico de fundamento trascendental de la moralidad, y que sea también capaz de conducirnos a la diversificación de sus especificaciones? Suponemos que esta pregunta tiene una respuesta afirmativa, refiriéndonos a la misma *individualidad corpórea* constitutiva de las subjetividades operatorias (los individuos humanos) que, en cualquier caso, se nos dan, desde luego, como los agentes propios de las conductas éticas y de las conductas morales>> (Gustavo Bueno, *El sentido de la vida*, Oviedo, Pentalfa, 1996, pp. 52-53).

Desde nuestro punto de vista, el organismo humano debe ser analizado ahora, no como un compuesto de materia (cuerpo) y forma (alma), sino como una estructura integrada por sistemas terminales o básicos (células o conjuntos de células)), operacionales o corticales (extremidades, glotis) y relacionales o conjuntivos (cerebro alojado en la cabeza, medula espinal, nervios). Y en vez de decir con Fichte que el Yo es en tanto que se pone y se pone en tanto que es, decimos que el sujeto humano sobrevive en tanto que autorregula su conducta y puede volver a autorregularse en tanto que consigue adaptarse y sobrevivir"[102].

En tal sentido también se puede aplicar la metáfora biológica al cuerpo estatal, como hace precisamente Gustavo Bueno, para distinguir de un modo interno, esto es, partiendo de las propias estructuras estatales consideradas en sí mismas y haciendo abstracción del entorno del Espacio Antropológico en que están dadas, la Capa Básica o energético celular, la Capa Conjuntiva de coordinación predominantemente cerebral, y la Capa Cortical o del sistema operacional prensor o sensorio motriz que interactúa con el exterior.

Por nuestra parte, tomamos como base en lo que sigue dicha teoría de la Capas del Estado de Gustavo Bueno, aunque, no obstante, añadiremos una nueva Capa Cultural a las tres introducidas por Bueno, debido a la reformulación que hicimos ya desde artículos como "Los cuatro ámbitos de la filosofía"[103] hasta mi último libro, *Filosofía de las manos*[104], del propio Espacio Antropológico de Bueno en cuatro ámbitos: político (eje circular), religioso (eje angular), cósmico (eje radial transcendente) y cultural (eje radial inmanente). Por ello nos resultan 4 Capas. Una capa fisicalista, que es la Capa Basal Económica, que podremos denominar más precisamente como Capa Basal Vital. Otras dos fenomenológicas: la capa Conjuntiva (fenómenos políticos) y la Capa Fronteriza o Cortical (fenómenos religiosos). Y una Capa cuyo contenido son esencias o estructuras ideológicas y que denominamos Capa Cultural o superestructural. Trataremos, en lo que sigue, de analizar tales Capas.

La clase de los gobernantes de la que habla Platón en el Libro III de *La República*, como sostiene Gustavo Bueno, puede ponerse en conexión con la capa conjuntiva del cuerpo estatal, la clase de los guardianes con la capa cortical y la clase de los productores con la capa basal:

"En el Libro III de *La República*, Platón utiliza el célebre mito combinatorio de los metales para exponer su doctrina de las tres clases correspondiente a las tres almas de un organismo viviente: <<Quienes formáis parte del Estado sois todos hermanos; pero en aquellos de vosotros que sois capaces de mandar (ἄρχοντες) el dios que os ha formado echó oro; en la composición de los guardianes (φύλακες) mezcló el oro con la plata, poniendo bronce y hierro en los campesinos y artesanos (δημιουργόι). Descontando todas las obvias adherencias ideológicas de este mito con la estructura social antigua y ateniéndonos únicamente a las funciones atribuidas a estas clases, parece indudable que la clase de los gobernantes ha de ponerse en conexión con la capa conjuntiva; la clase de los guardianes se orienta desde luego hacia la capa cortical -pues los guardianes constituyen ante todo el ejército destinado a defender la

república de sus virtuales vecinos enemigos- y la clase de los artesanos y agricultores es la que constituye, en una sociedad antigua, la capa basal"[105].

Habría que recordar aquí que los gobernantes son los filósofos, como es conocido. Con ello da pie Platón para las críticas conocidas de utopismo y falta de sentido común, pues los filósofos suelen ser gente de poco sentido práctico y que viven muy alejados de los problemas cotidianos prácticos con los que se tiene que enfrentar todo gobernante. Es clásico el libro de Renán, *Marco Aurelio y el fin del mundo antiguo*, (1882), en el que mantiene, sin embargo, que no hay tal utopismo, pues el consejo de Platón se llevó a cabo en Roma cuando, desde los tiempos de Cicerón, la filosofía griega impregnaba a la alta sociedad romana con sus consejeros filósofos, que debían llevar el manto con dignidad, etc., como en el caso del filósofo estoico Séneca, consejero y primer ministro de Nerón, o del propio emperador-filósofo Marco Aurelio. Pero, aunque ello es muy cierto, el poder de influencia de la filosofía en el gobierno político no se hará institucional y constante hasta el comienzo de la llamada Edad Media, tras las reformas profundas introducidas por el emperador Constantino, las cuales confieren por primera vez a una institución como la Iglesia Católica Romana el monopolio del "poder espiritual" como un poder separado del poder político terrenal. Tras la asimilación de la filosofía griega por los cristianos de Alejandría, como Orígenes o Clemente, y su mezcla con la religión en la Teología agustiniana y de los Padres Capadocios, la Iglesia se convertirá en una institución en la que la última palabra sobre el saber supremo la tendrán figuras como San Agustín o Santo Tomás, representantes máximos del pensamiento filosófico durante siglos en Europa. Por ello Augusto Comte veía en la sociedad medieval una sociedad en la que el gobierno "espiritual" era un poder real (con monasterios, bancos, incluso ejércitos) contrapuesto al poder político terrenal, por lo que aquí los filósofos ejercían una especie de poder e influencia ideológico sin que tuviesen que ocupar el cargo político de los Reyes o señores feudales. En tal sentido hay aquí una corrección del platonismo que todavía contenía rasgos utópicos al creer que los filósofos, por serlo, serían hábiles también en el gobierno político, rasgos que hoy llamaríamos totalitarios al fusionar el poder político con el filosófico, como ocurrió en el sistema soviético donde Stalin se arrogaba, no solo el poder político, sino el de máximo intérprete del saber filosófico. Por ello, es necesario, para garantizar la libertad de pensamiento científico y filosófico, el mantenimiento de la separación de ambos poderes como mantenía Augusto Comte, aunque no por ello habría que seguir su manía "paranoica" de organizar de nuevo el poder cultural de la nueva filosofía positiva al modo del catolicismo medieval. Es claro, según esto, la necesidad de diferenciar una Capa Cultural de la Capa Conjuntiva, para tratar precisamente de cómo se organiza y se trata este poder separado del propiamente político.

CAPA CONJUNTIVA

Poder Ejecutivo, Legislativo y Judicial.

Gustavo Bueno relaciona de una forma más precisa y ajustada la Capa Conjuntiva con la Teoría de los Tres Poderes de Montesquieu:

"Hablando en un sentido global habrá que decir que el poder político, interpretado en la capa conjuntiva, da lugar a un concepto próximo al concepto de poder a secas, tal como aparece en la doctrina de Montesquieu. En efecto, el poder político, al modo como ha sido formulado en la construcción sintáctica e interpretado en el teclado de lo que hemos llamado capa conjuntiva, se superpone bastante bien a lo que en terminología común llamamos <<régimen o gobierno>>. Sobre todo cuando gobierno se toma en sentido amplio que, sin perjuicio de la separación de poderes, aparece cuando el ejecutivo se entreteje en las mismas sociedades democrático parlamentarias, con el poder legislativo (por ejemplo a través de la común adscripción de miembros del gabinete o ejecutivo y parlamentarios de la mayoría al mismo partido victorioso) y con el poder judicial (aunque sólo sea a través de las normas legales que el gobierno -que tiene la iniciativa de los proyectos de ley- y el parlamento ofrecen al poder judicial para su ejercicio)"[106].

151

Tratando de analizar la Capa Conjuntiva como una estructura sintáctica de términos, operaciones y relaciones, Bueno distingue los tres poderes de Montesquieu redefiniéndolos como poder determinativo (terminal), poder operativo (operacional) y poder estructurativo (relacional). Al primero lo relaciona con el poder judicial, al segundo con el poder ejecutivo y al tercero con el poder legislativo. Así señala que:

"El concepto de poder operativo, en cuanto capacidad de actuar en la capa conjuntiva, se identifica prácticamente con el concepto de poder ejecutivo; incluso puede valer como una buena definición de este concepto pragmático (de la praxis política). Pues operar, en el ámbito de la capa conjuntiva, es también tanto poder aproximar a sujetos o bienes (reunirlos en asamblea, convocar a los ciudadanos, retribuirlos) como separar a los ciudadanos entre sí (disolver asambleas, disociar, por exacciones, ciudadanos y bienes, etc., etc.): <<Todo el poder humano -decía el canciller Bacon- consiste en aproximar y separar cuerpos>>. Operar es, según ello, también poder de obligar (poder coercitivo) a los ciudadanos según unas rutas y no otras; incluso <<cancelar>> a un ciudadano ejecutando una sentencia de muerte"[107].

En tal sentido queda definido el poder ejecutivo como un poder de operar, de ejecutar acciones políticas, acciones manuales, y no meramente ideológicas o "mentales", con el cuerpo de los ciudadanos. Se incluyen en tales operaciones también la ejecución de las sentencias del poder judicial, las cuales sin la actuación operativa del poder ejecutivo serían papel mojado. Lo que indica que no deben sustancializarse los poderes como si estuviesen desconectados. Lo que no quiere decir, como veremos, contra lo que tiende a pensar Gustavo Bueno cuando supone que la justicia está subordinada al poder ejecutivo, que no haya un "cierre" interno de las operaciones jurídicas, que deben seguir inexorablemente su propia lógica, basada en principios y axiomas estrictamente jurídicos, aunque "cierre" no signifique aquí "clausura", impermeabilidad ante las influencias y presiones externas. Pues el propio poder judicial está el mismo dado en un medio estatal del que se alimenta, recibiendo sus dotaciones presupuestarias, por ejemplo, del ejecutivo, o las leyes provenientes del legislativo, a las que debe ajustarse en sus pronunciamientos jurídicos.

Gustavo Bueno asocia el poder que denomina "estructurativo", en tanto que un poder relacional, con el poder legislativo de Montesquieu:

"El poder estructurativo, dentro de la capa conjuntiva, es la capacidad de establecer relaciones normales estables, regulares, en la perspectiva de la eutaxia entre los términos (individuos o grupos). Son las leyes. Pero las leyes a las que nos referimos aquí son las leyes pensadas desde la perspectiva política, fundamentalmente las leyes constitucionales"[108].

Finalmente, el poder que llama "determinativo" lo asocia con el poder judicial:

"Por último, se admitirá que el poder determinativo aplicado al tejido conjuntivo de la sociedad política viene a superponerse con el poder judicial, en cuanto poder clasificador de términos (sujetos operatorios) dados en el marco de las clases asociadas a las relaciones. La *censura*, que la república romana instituyó en el año 416 a. C., podría ser un ejemplo clásico del poder determinativo: el censor no tiene *imperium* (poder ejecutivo) pero tiene que clasificar a los individuos en ciudadanos y no ciudadanos; a los ciudadanos en categorías fiscales o militares. Las relaciones que rigen la compraventa llevan asociadas dos clases, el dominio y el codominio de la relación; la relación se rige por normas y si el vendedor las incumple el juicio del juez puede hacerse consistir en una reclasificación del sujeto vendedor adscribiéndole a la clase de los <<estafadores>>"[109].

Pero el poder judicial, entendido en el sentido de un poder determinativo, no se reduce al poder del llamado aparato judicial, sino que también puede ser ejercido en ciertos casos que llamaríamos límite por otras instancias, como la de las propias mayorías electorales u otras minorías poderosas:

"Un corolario importante de la concepción anterior: la capacidad que las mayorías tienen en las democracias parlamentarias para derribar gobiernos o elegirlos (capacidad que también podría estar detentada por minorías, por el mecanismo del <<golpe de estado>>) podría considerarse conceptualmente como un ejercicio del poder judicial: el pueblo actúa aquí no como legislador ni como ejecutor sino como jurado"[110].

Este corolario es clave para entender el funcionamiento del llamado Estado de Derecho que se caracteriza precisamente por la distinción y separación de los tres poderes de Montesquieu, los cuales, a su vez, suponen, una unidad o interconexión entre ellos que es la unidad del Estado que los engloba y que está caracterizado por la unidad e indivisibilidad de su soberanía o fuente de donde brotan y en la que se sustentan tales poderes. Es precisamente esta unidad previa, que hace que cada uno de los tres poderes tengan realidad y no se reduzcan unos a otros, la que parece que no fue percibida con claridad por el propio Montesquieu, que tendía a ver al poder judicial como un poder nulo, en cuanto a su comparación con las otras dos potestades del ejecutivo y del legislativo[111], pues su función es meramente regulativa de los conflictos entre los otros dos. Montesquieu, en cuanto filósofo de la Ilustración, todavía se apoyaba en una metodología más empírico-psicológica que lógico-filosófica. Será posteriormente Hegel en su *Filosofía del Derecho* (& 272) quien reconozca de una forma filosófico-dialéctica, más profunda, que en cada uno de los poderes está todo el poder, siendo de algún modo en sí mismo la totalidad del poder, aunque todos conforman una estructura unitaria, una identidad de opuestos. Por tanto, no hay separación, sino interdependencia, pero a su vez las partes del todo son una especie de oposición de identidades, pues son las tres igualmente poderes.

El problema de esta concepción dialéctica de Hegel está en su monismo apriorístico, que deriva del kantismo, en tanto que Hegel presupone la Idea Lógica como algo previo que se realiza en sus determinaciones, en este caso la Idea del Poder político en los tres Poderes. Hegel fue muy criticado por este apriorismo por el viejo Schelling, cuando le sucedió en la cátedra que quedó vacante a su muerte en Berlín. Schelling acusó a este procedimiento hegeliano de ser una filosofía negativa, puramente formal o abstracta, que no podría nunca alcanzar a explicar la realidad existente, sino solamente la mera posibilidad. Por ello, Hegel explicaría en este caso el Estado Ideal, pero no el funcionamiento y la lógica positiva implícita en su funcionamiento real y existencial. Schelling, tal como expusimos en el Prólogo a *Introducción al Pensamiento Hábil*, propone entonces una dialéctica positiva (la denominó *Potenzenlehre*) contrapuesta a la dialéctica puramente lógico-abstracta (lisológica en terminología buenista) o negativa de Hegel basada en la negación contradictoria y en la síntesis entendida a su vez como "negación de la negación" (es la dialéctica negativa de la que habló Adorno que pasa a Marx). Dicha dialéctica positiva (morfológica), no parte de la Idea hegeliana como motor dotado de "auto-movimiento", como reprochará Schelling al analizar la Lógica de Hegel en el momento que la Idea debe "dejarse caer" en la Naturaleza, sino que arranca de una dualidad originaria, de una polaridad de fuerzas contrapuestas e irreductibles. Una dualidad que no puede desaparecer o ser negada por superación hegeliana nunca, sino que solo puede ser neutralizada en tanto que se encuentre el modo de que los opuestos coexistan en un tercero, manteniéndose una suerte de equilibrio dinámico, siempre susceptible de romperse. Pues siempre puede haber refluencias del fondo bárbaro y oscuro, del fondo dionisiaco refrenado por la contención apolínea, para decirlo en términos de Nietzsche. Esta dialéctica se ajusta muy bien a una explicación no-monista de la constitución de los tres Poderes de la capa conjuntiva del Estado, como la que ofrece Gustavo Bueno:

"La doctrina de la separación o independencia de los poderes políticos no puede derivarse (…) de la idea de una sociedad política previamente propuesta en su homogeneidad como fuente de esos poderes políticos, concebidos como <<ramas>> que brotan de un tronco ya viviente, o como momentos o partes totales en las que se determina el todo <<según su universalidad, particularidad o individualidad>>. El planteamiento ha de ser diametralmente opuesto. No se trata de <<derivar>> los tres poderes (con el problema implícito de su separación) de la unidad previa de la sociedad política -como pretendían hegelianos, fascistas y estalinistas- sino que se tratará de derivar la unidad de la sociedad política partiendo de la independencia o separación de los tres poderes, lo que conlleva el problema originario de su conexión"[112].

En tal sentido, Gustavo Bueno supone una dualidad originaria del Poder en tanto que, aunque el poder ejecutivo está en el origen del poder legislativo, no lo está totalmente porque este no nace automáticamente de él por un desarrollo interno o una especie de "auto-movimiento" en el sentido hegeliano, sino que precisa de una oposición externa, de una resistencia que le obligue a ello, por lo que las leyes serían:

"el resultado de la resistencia que los más débiles ofrecen a la acción despótica de los más fuertes (lo que de algún modo implica reconocer que los más débiles, los oprimidos, por el mero hecho de haber conquistado unas leyes, han demostrado ser más fuertes)"[113].

Se parte entonces de una pluralidad de poderes que se oponen de forma irreductible e insuperable, por la imposibilidad para el poder ejecutivo de laminar toda resistencia, viéndose obligado a crear un poder legislativo que regula tal fuente de conflicto. En tal regulación tendría sentido hablar de un pacto o contrato, asumido de modo explícito o tácito entre poder y oposición, pero no antes. Pues el origen del poder ejecutivo está en la mera fuerza. Solo que esta fuerza no basta, porque al encontrar resistencias irreductibles, si se quiere mantener una duración ordenada del Estado, una *eutaxia*, como dice Bueno, entonces es preciso el pacto que ponga límites a ese poder de la fuerza por medio de leyes. Mandar no es empujar, como decía Ortega. De ahí el origen del poder estructurativo de las Leyes en toda sociedad organizada como Estado.

El tercer poder, el poder judicial, se explica clásicamente por Montesquieu como un poder que debe dirimir los conflictos que puedan surgir entre el ejecutivo y el legislativo en la aplicación de las Leyes que configuran el Estado. Pero, debido a su dependencia del legislativo que le proporciona las Leyes y del ejecutivo, sin el cual no se podrían ejecutar las sentencias, hace que Montesquieu a veces lo considere un poder nulo en relación con los otros dos. Tal parece ser la opinión de Gustavo Bueno al considerarlo un mero "poder mixto de los otros dos"[114]. No obstante, como afirman algunos estudiosos de su obra,

"lo que Montesquieu quiso decir con ese <<nulidad>>no era precisamente la posible negación de su existencia ni de su fuerza"[115].

La prueba de su fuerza estaría en que se puede oponer a un poder ejecutivo que se negase a acatar sus sentencias cuando lo perjudican. En tal caso el poder de los jueces, en tanto que forman parte interna de la administración del Estado, podría ser anulado, como se puede observar en nuestro país cuando el Poder ejecutivo central se niega a ejecutar las sentencias que condenan a un Gobierno regional, como ocurre en Cataluña, a cumplir las sentencias del Constitucional sobre la enseñanza lingüística. Pero si consideramos, como hace el propio Gustavo Bueno, que el poder determinativo de juzgar no lo tienen solo los jueces, sino que lo tienen los electores cuando emiten su voto, actuando entonces no como legisladores, sino como jueces, estos pueden derribar al Gobierno que se niega a ejecutar tales sentencias, sustituyéndolo por otro que las haga cumplir. De esta forma el poder determinativo se impondría por la fuerza de los votos en una democracia (también podría imponerse el derribo de tal Gobierno por las fuerzas "fácticas", económicas o militares de una minoría golpista). Con ello se restauraría el equilibrio dinámico entre los tres poderes y se garantizaría el flujo circular del poder, única garantía contra cualquier estrangulamiento que impidiese combatir la corrupción o el despotismo. Otra cosa es que, así como puede haber jueces torpes o corruptos en la aplicación del derecho, causando grandes males sociales, podría haber malos electores que se dejen engañar por demagogos o corromper por compra de votos. Pero eso sería ya un Régimen de democracia fallida o degenerada, la cual no podría mantener la *eutaxia* del sistema social, sumiéndolo en profundas luchas y divisiones que llevarían más o menos tarde a la crisis o caída de tal Régimen, de la misma manera que toda tiranía, como decía Spinoza, tiene los días contados.

En tal sentido parece que se habla de un Estado de Derecho, no ya de un Estado meramente dotado de Leyes, sino de un Estado en que prevalece el Derecho, encarnación de las normas consideradas justas, debido a que "el poder controla al poder", como decía Montesquieu, de una forma fluida y funcional. Dicho Estado de Derecho supone entonces un Régimen de sufragio universal, el cual a su vez exige, en las democracias parlamentarias modernas, un sistema de representación política indirecta. Es, por tanto, un modelo abstracto que configura una estructura cerrada, aunque no clausurada puesto que necesita de otras dimensiones como la alimentación económica propia de la Capa Basal o de la contención de sus límites fronterizos en la Capa Cortical, como señala Gustavo

157

Bueno. Además, añadimos por nuestra cuenta, está limitado por la Ideología propia de la Capa Cultural, que puede condicionar el sentido que se dé a los individuos como sujetos libres, dotados de ciertos derechos naturales o históricos.

Tales Capas, a diferencia de la Capa Conjuntiva propiamente política, no permiten la extensión a ellas de los supuestos de igualdad propios de la política (ciudadanos sin diferencias de color, sexo, dotes intelectuales para ser elector, etc.), porque de hacerse así se incurriría en lo que Ortega llamaba una "democracia morbosa", en tanto que pretende democratizar igualitariamente la cultura o la ciencia, sometiendo sus contenidos a una especie de votación por consenso mayoritario, o decretar el igualitarismo económico en las doctrinas de la democracia socialistas o comunistas, o perseguir el internacionalismo igualitario al que aspira el anarquismo o el proyecto de un Estado Mundial único.

Como tal Modelo cerrado, la Teoría de los Tres Poderes de Montesquieu, pude comparase, como hace Gustavo Bueno, con la Teoría de los Tres Principios de la Mecánica de Newton, en tanto que es una estructura operatoria cerrada que solo tiene sentido haciendo abstracción, como en los experimentos ideales de Galileo, de los rozamientos, y manteniéndose dentro de unos límites de velocidades de los cuerpos muy lejos de la velocidad de la luz. Por ello los ciudadanos son considerados como electores iguales, al margen de otras características que los diferencian, del mismo modo que los cuerpos físicos, incluidos los animales y los hombres, son en la Mecánica meras masas inerciales. Por ello, aunque haya aquí cierta idealización, no consiste ella en mera fantasía o ficción, o mero reflejo de otros intereses extrapolíticos, de clase o dominación, como creía el marxismo, pues conducidos por tales principios, somos capaces de controlar en cierta medida los procesos físicos o los políticos evitando catástrofes y poniendo tales realidades a nuestro servicio, defendiéndonos hábilmente de los peligros naturales o políticos que amenacen con destruirnos.

Otro aspecto de dicha Teoría de los Tres Poderes de Montesquieu es el reproche que se le hace de ser una idealización del poder político, en tanto que reduce la política a representación parlamentaria, creando una especie de "clase política" que, una vez elegida, puede decidir en nombre de los electores sin consultarlos. Una clase política que es vista como una clase profesional, como una clase de políticos vistos como "vividores" que, sin oficio o profesión alguna en la mayoría de los casos, trata de vivir y alimentarse de su función, delegada o adjetiva en su origen electivo, transformándola en algo sustantivo y permanente. Es la figura de los políticos profesionales tales como lo hemos visto aparecer en la reciente democracia española. Pero también en la política norteamericana con las críticas de un Donald Trump a los "políticos de Washington". Desde una perspectiva marxista no habría tal "clase política", pues los políticos son siempre representantes de la única clase real, la clase económica a la que pertenecen o representan. El propio Estado tiene su origen, según el marxismo, en la aparición de la división de clases económicas entre explotadores y explotados. Anteriormente lo que existiría sería una sociedad igualitaria, sin clases sociales en el llamado Comunismo primitivo. Pero desde otras perspectivas histórico-antropológicas se habla de la existencia previa, ya en las sociedades naturales, de clases por edad (viejos/jóvenes) en las que surgen ya las primeras funciones políticas por transformación evolutiva de pautas o funciones animales, como la transformación del llamado "macho alfa" en un conductor político que tiene el carácter de un "jefe carismático", al que espontáneamente sigue el grupo, por lo que no es propiamente un representante conscientemente elegido por este, sino seguido de modo cuasi-instintivo.

Cuando tales jefaturas naturales van generando propiamente dinastías monárquicas, se precisa entonces de la introducción de una legitimación del poder político por una suerte de mitificación mediante la cual, perdidas las características carismáticas en los sucesores del político "genial", en tanto que legislador absoluto y no delegado, los sucesores necesitan adscribirse a una mitificación de la familia de sangre "azul" como elegida por un poder sobrenatural teológico. En tal sentido serán aceptados, en tanto que "representantes" de la divinidad, como reyes por la Gracia de Dios, tal como todavía se justificaba el poder del dictador Franco en la España de décadas pasadas en la efigie del Caudillo en las monedas. Veremos más abajo como se podría encontrar un fulcro de verdad en dicha divinización de los reyes, sin el cual no hubiesen persistido durante tantos siglos tales creencias que hoy, tras las críticas de los

Ilustrados modernos, ya no pueden sostenerse. Pue es en Inglaterra donde cristalizan y se hacen fuertes estas críticas con las teorías sobre el origen y justificación racional del poder político en Hobbes y Locke. Se trata ahora de la llamada Teoría del Contrato Social que, posteriormente, popularizará en Francia Rousseau como guía y justificación de la Gran Revolución. La cuestión está en que, aunque Hobbes dio una explicación, no ya mitológica, sino racional del origen del poder político, lo encarnó únicamente en un soberano absoluto, -que podía ser el dictador Cromwell al que legitimó con su *Leviathan*, o el Rey Carlos II, del que fue preceptor y con el que se congració en sus últimos años-, y no en una clase política, aunque en su teoría estaba abierta la posibilidad de que el Soberano fuese también una Asamblea. A esta posibilidad es a la que se acogió John Locke al establecer una división entre el Poder Ejecutivo y el Poder Legislativo o asambleario, que sería la verdadera fuente de la Soberanía, en tanto esta descansaba en el pueblo que elegía a sus representantes en el Parlamento. Con ello se trataba de romper con el Absolutismo monárquico que todavía subsistía en Hobbes, autor cuyo Absolutismo político todavía sería reivindicado en el siglo XX por totalitarismos como el nazismo. Locke seguía el dicho de "divide y vencerás", por lo que consiguió influir en los *whigs*, el partido de los liberales opuesto a los conservadores *tories* en Inglaterra, en la llamada Revolución Gloriosa de 1688, para que introdujesen la división de poderes entre el legislativo y el ejecutivo. Posteriormente Montesquieu añadiría un tercer poder, el judicial, para dirimir las querellas entre los otros dos. Locke pensaba que dicha división de poderes, lejos de debilitar o dividir al país, lo haría más fuerte y unido que antes, lo cual se confirmó con el ascenso de la Inglaterra conformada por esta monarquía democrática a gran potencia europea y, posteriormente, mundial.

La representación parlamentaria de la voluntad popular se vio como necesaria debido a que, a diferencia de lo que ocurría con la democracia de las ciudades-estado griegas, cuyos ciudadanos libres para votar podían reunirse en asamblea en una plaza, en los grandes Estados nacionales modernos eso sería imposible, por lo que se recurre a la representación política indirecta, ya en las cortes o parlamentos medievales. Pero dicha solución tiene el inconveniente del alejamiento espacial y temporal de dichos representantes de los

160

electores a quienes representan, los cuales pueden acabar configurando lo que se llama una "clase política", la cual por los privilegios que otorga el poder y la influencia en la Corte o en las altas esferas del poder, es susceptible de corrupción y desnaturalización de los intereses electorales que debe representar y defender. Ello dio lugar a las conocidas críticas de Rousseau en su obra *Del Contrato Social*:

"La soberanía no puede ser representada, por la misma razón que no puede ser enajenada; consiste esencialmente en la voluntad general, y la voluntad no se representa; o es ella misma, o es otra: no hay término medio. Los diputados del pueblo no son, por tanto, ni pueden ser, sus representantes, no son más que sus delegados; no pueden concluir nada definitivamente. Toda ley que el pueblo en persona no haya ratificado es nula; no es una ley. El pueblo inglés se piensa libre; se equivoca mucho; sólo lo es durante la elección de los miembros del Parlamento; en cuanto han sido elegidos, es esclavo, no es nada. En los breves momentos de su libertad, el uso que hace de ella bien merece que la pierda"[116].

No obstante, Rousseau se da cuenta de que la democracia directa, tal como se practicaba en las pequeñas ciudades-estado griegas y se continua de modo similar en los pequeños cantones suizos, que el conocía por su origen, sería irrealizable en los Estados-nación modernos por la imposibilidad de reunir en una plaza pública a todos los electores ingleses o franceses para tomar decisiones políticas.

Lo que realmente planteó Rousseau, como una fuerte crítica a la legitimación en la concepción de la Democracia moderna que llega hasta nosotros. fue el establecimiento de una diferencia entre la Voluntad General y la Voluntad de Todos. Parece ser que el filósofo Malebranche tuvo influencia, a través del oratoriano P. Lamy, en esta concepción rousseauniana de entender la voluntad del pueblo legislador como una Voluntad General, que no sería la simple suma de las voluntades particulares. Pues Malebranche entendía, siguiendo al cartesianismo, que Dios crea el mundo físico según Leyes matemáticas muy simples que no pretenden recoger los intereses particulares de los hombres, pues si fuese así, al crear las Leyes meteorológicas, lo mejor sería que lloviese sólo en los campos de las tierras de los campesinos y no en el mar, donde se pierde esta agua tan necesaria para la agricultura. Pero Dios actúa, sin embargo, según Malebranche, siguiendo principios muy generales y simples que no contemplan tales intereses particulares. Por eso, como se dice, nunca llueve a gusto de todos. De un modo similar Rousseau sostiene que la Voluntad general del pueblo no puede ser idéntica a la suma de los intereses particulares, a la Voluntad de Todos o de la Mayoría, que es la que legisla en los Parlamentos. Por eso el suizo percibe aquí un desajuste causante de deslegitimación que procura corregir con sus propuestas de reintroducción de la participación directa del pueblo, a través de mecanismos de descentralización del poder que permitan recoger mejor dicha Voluntad General. Pero un efecto indirecto fue la consecuencia de que, a veces, una minoría política podría creerse que representa mejor la Voluntad General que las mayorías parlamentarias, por lo que se podía imponer por la fuerza dicha voluntad persiguiendo a quien se opusiese a ella. Fue Robespierre el primer discípulo de Rousseau en esta dirección imponiendo el Terror en la Revolución Francesa. Derivados posteriores suyos suelen considerarse los totalitarismos nazis y comunistas del siglo XX. No obstante, tras su derrota y la persistencia del parlamentarismo se ve como necesario tratar de entender mejor el sentido de la política como representación y no mera delegación del poder como pensaba Rousseau, el cual tenía muy presente la democracia directa de los cantones suizos.

Pero aunque el mismo reconoce que el modelo cantonal suizo, que recuerda al de las pequeñas ciudades-estado de la democracia griega, no se puede aplicar a los grandes Estados-nación modernos, si puede tener algún sentido una renaturalización del poder político a través de estructuras descentralizadoras de los poderes políticos, diferenciando los poderes nacionales de los poderes locales más cercanos a una democracia directa de un modo similar al de los estados de su patria, la Confederación Helvética. Rousseau hace una distinción entre la política como encarnación de la voluntad popular y como mera representación de los Parlamentos burgueses como el inglés, con su famosa distinción entre la Voluntad General y la Voluntad de Todos o de la mayoría que actúa por la suma de intereses particulares. La Voluntad General se rige, como el Dios de Malebranche, por principios muy simples y generales, por principios universales. En tal sentido recuerda el título famoso del libro de Schopenhauer *El mundo como voluntad y representación*. De la misma manera que este pone el fundamento del conocimiento entendido como Voluntad o Vida, como después dirá Nietzsche, Rousseau, pone el fundamento de todo régimen político, lo que él llama república en el sentido de Platón, en la Voluntad popular. Y así como Schopenhauer califica como filosofía idealista aquella que solo se centra en el mundo de la conciencia como principio y sede de las representaciones cognitivas, contraponiendo su filosofía vitalista como la que parte de los conocimientos inconscientes de la Voluntad, el suizo considera como mera política de la clase dominante burguesa la que hace descansar la soberanía en las mayorías parlamentarias que acaban deslegitimando así la voluntad popular.

Un vitalismo posterior de otro suizo, como Jean Piaget, daría en parte la razón a Schopenhauer al mantener que las estructuras cognoscitivas no brotan originariamente en el niño de la conciencia, puesto que se forman en el periodo sensorio-motriz, a partir de estructuras biológicas como los instintos, antes de que el niño adquiera la capacidad simbólica y el lenguaje con el que puede crear representaciones mentales de las cosas. Pero Piaget, en su giro anti-idealista, no reduce las estructuras simbólicas creadas por los lenguajes lógicos o matemáticos, a un mero reflejo del fondo biológico, sino que las interpreta como construcciones que tienen sus propias leyes y que a su vez revierten sobre la propia adaptación biológica de los procesos de adaptación evolutiva del individuo al medio, posibilitando una poderosa adaptación recíproca del medio al individuo, por medio de la cultura y la ciencia. Como señalamos otras veces, Piaget mejora y rectifica el llamado giro copernicano de Kant en la concepción del conocimiento introduciendo lo que podemos denominar como una "rectificación kepleriana", en el sentido de que para entender el conocimiento no basta con partir del foco de la conciencia, sino que es necesario tener dos focos, como una elipse, uno de los cuales es el de las acciones biológico-corporales y el otro el de las acciones simbólico- lingüísticas o "mentales".

Por ello podemos ver hoy el error de Rousseau en su concepción irracional de la Voluntad General y su desprecio por la sustantividad de los Parlamentos y de la llamada "clase política".

Pues no habría que incurrir en un reduccionismo de toda la acción política legítima a la Voluntad General, sino que habría que considerar el otro foco de la "representación" política como dotado de una capacidad constructiva de acciones, dotadas de una lógica más compleja, incluso artificiosa, como la que exige la actividad parlamentaria basada en principios como la cortesía o la búsqueda de alianzas que exigen cierta habilidad de maniobra y conocimientos para resolver problemas complejos de economía o de hacienda, o de otros tipos, de los que el pueblo en general no entiende, ni puede entender como tal pueblo. De la misma manera que el conocimiento común, aunque entienda de algunas cuestiones matemáticas elementales, como saber contar o las cuatro reglas, no tiene por qué ser experto en ecuaciones diferenciales, sin las cuales no se pueden construir aviones, coches, etc. El pueblo respeta a los científicos y matemáticos, no tanto porque los entienda, sino porque considera bueno y útil el resultado de su ciencia. Del mismo modo es difícil a veces entender la política parlamentaria y determinadas acciones de gobierno que parecen conculcar los programas políticos de las elecciones gracias a los cuales fueron votados los representantes. Pero serían aceptados si tales acciones, como no cumplir a veces lo prometido a los electores, contribuyen a mantener el orden y los intereses generales mejor que si solo se actuase como una política meramente administrativa o gerencial, como Rousseau reducía la labor de los políticos y gobernantes a meros delegados del elector, los cuales estarían tan atados en la toma de decisiones políticas que debían someterlas continuamente a referéndum, como suelen hacer los cantones suizos. Pero la consulta directa al pueblo solo tiene sentido para preguntas sobre decisiones muy simples y claras que la mayoría pueda entender. Otras cuestiones más complejas, las cuales precisan de asesoramiento técnico o científico para decidir con conocimiento de causa, es temerario y demagógico someterlas a una voluntad popular que no las pueden entender. Aquí es donde es precisa la existencia del político "profesional", que pueda comprender la complejidad de los problemas planteados por los expertos y sepa además tomar la decisión adecuada en cada caso, decisión que no puede plantearse al conjunto de los electores, pues no tendrían nivel cultural o de experiencia en tales asuntos para resolverlos adecuadamente. Pero ello implica también cierta calidad del político profesional, cierta visión de "hombre de Estado" como se suele decir, cierta astucia y sentido de los "tiempos" y "ritmos" de la política, de las alianzas necesarias, etc. Por ello el Conde de Saint-Simón propuso reformar los Parlamentos añadiéndoles una cámara de técnicos o científicos para crear las Leyes. Hoy esto se ha asumido con la creación de Comisiones parlamentarias de expertos para hacer, por ejemplo, una Ley de Montes que proteja de los incendios. Desde luego, el acierto o el error en tales decisiones expertas y autónomas de la "clase política" solo se sabe después, viendo las consecuencias eutáxicas o no de tal política, como dice Gustavo Bueno. Lo mismo que se aprecia a un científico popularmente por sus resultados y no tanto por el valor teórico de su obra, la cual puede ser valiosa para los entendidos, quienes pueden ser capaces de valorarla cómo científicos incluso en el caso de que, aunque no haya obtenido buenos resultados experimentales, pueda haber sido un precursor sin el cual otros no lo habrían conseguido.

De ahí que se pueda mantener la sustantividad de una "clase política" en relación con la Capa Conjuntiva, constituida por el poder ejecutivo y partes del legislativo, de la misma manera que en el marxismo se habla de una "clase económica" determinante en última instancia. Gustavo Bueno señala una especie de "conjunto borroso" que la constituiría:

"Supondré, para abreviar, que <<clase política>> es un conjunto borroso, cuyo analogado principal podría redefinirse en el ámbito de lo que veníamos llamando capa conjuntiva del cuerpo de la sociedad política, de la siguiente manera: la clase política es, inicialmente, según su primer estrato, el conjunto de individuos que detentan el poder legislativo y ejecutivo de la capa conjuntiva de un cuerpo político (se excluyen de ella, por tanto, los magistrados del poder judicial, los funcionarios y también los miembros del ejército, en tanto no pertenecen a la capa conjuntiva). Por analogía de atribución ampliaremos el concepto de clase política incluyendo en él, como un segundo estrato aún formal, a los individuos dirigentes de partidos de oposición porque, aunque aún no tengan el poder político, giran en torno a él (*contraria sunt circa eadem*). Y, como tercer estrato (pero tanto a través de sus relaciones directas con el primero como con el segundo, es decir, sin necesidad de suponer un orden en el momento de transmitir la ampliación del concepto) también cabrá adscribir a la clase política, ahora de un modo más bien material, a todo aquel conjunto de individuos o grupos que desempeñen funciones <<instrumentales>> en todo cuanto concierne al ejercicio del poder ejecutivo o legislativo del primer estrato (incluyendo aquí a todos los que intervienen en lo que Lenin llamó <<aparatos del Estado>>) y de las actividades del segundo estrato"[117].

Con la admisión de la sustantividad dinámica de una clase política (no estática, porque no es una casta como ahora la llaman algunos, al margen de que pueda ser más o menos corrupta), aparece la consecuencia de extender el concepto de clase de un modo similar a las otras Capas del Cuerpo político como veremos con la clase económica, cultural y militar, propias de lo que consideramos las restantes Capas Basal Vital, Cultural y Fronteriza o Cortical del Estado.

CAPA BASAL VITAL Y CAPA CULTURAL

Como señalamos más arriba, después de la analítica de la Capa Conjuntiva, debemos pasar al análisis de la Capa Basal, siguiendo las distinciones introducidas por Gustavo Bueno en su Teoría del Estado. Para introducir la distinción de una Capa Basal, Gustavo Bueno se remite a la conocida distinción establecida por Marx en su concepción de la Sociedad entre la Base y la Superestructura. Pero, aunque hace una re-exposición, como veremos a continuación, de dicha famosa división, acaba centrándose en el análisis de la base económica de la sociedad en cuanto constituye una Capa Basal del Estado. Por nuestra parte, al introducir la Cultura objetiva humana, como dada en una dirección inmanente del eje radial antropológico de Gustavo Bueno, en contraposición con la dirección trascendente de dicho eje, como señalamos más arriba, debemos considerar a la propia Cultura como una Capa Cultural o "Superestructural", para decirlo en términos de Marx, pero diferenciada de la Capa Basal económica-natural propiamente dicha. Para ello, es necesario primero llevar a cabo una reinterpretación de la famosa distinción clave del Materialismo Histórico marxista.

Base/Superestructura

Marx habría recurrido en el *Prefacio* a la *Contribución a la crítica de la Economía Política* (1859) a la metáfora arquitectónica de la base (*Aufbau*) de un edificio como contradistinta de su estructura constructiva superior (*Überbau*), la cual descansa y se apoya en la base cimentadora. Con ella se refería, por analogía, a la base sustentadora de toda sociedad humana (alimentos necesarios para el sustento y la procreación de la especie) que proporciona la explotación económica de producción y distribución de los bienes obtenidos de la naturaleza y a la superestructura cultural e histórica de entidades culturales (jurídicas, políticas, artísticas, científicas, religiosas, filosóficas) que satisfacen las necesidades "espirituales". Marx incurriría aquí en un dualismo heredero del dualismo hegeliano que separa la Naturaleza del Espíritu. Aunque tanto Marx como Engels consideraron la relación dialéctica entre la Base y la Superestructura de una sociedad, en el sentido de buscar una relación recíproca que podía corregir la apariencia dualista de la distinción, de hecho, en el marxismo posterior acabó imponiéndose la tendencia, sobre todo en el Diamat, hacia un materialismo economicista que pondría siempre por delante la primacía del determinismo económico, aunque fuese en "última instancia", como sostenía también la influyente escuela del marxismo estructuralista althusseriano. Las Ideologías culturales quedaban finalmente reducidas a una especie de floración de la base económica, una especie de reflejo deformado en la conciencia humana de las condiciones económicas básicas. La prueba de ello sería el desmoronamiento y caída de un régimen político-social cuando la base económica cambia al variar el denominado Modo de Producción de una sociedad.

Gustavo Bueno hizo una esclarecedora crítica a la distinción marxista Base/Superestructura al considerarla como análoga a la distinción fijista y extática de Aristóteles entre Substancia y Accidente:

"Ocurre como si la distinción base/superestructura hubiera sido moldeada continuamente por la distinción escolástica entre sustancia y accidente. Pues la base dice algo que debe ser previo y anterior a la superestructura, y aun cuando esta pueda repercutir por su propio peso, sobre la base, más bien prevaleció la idea de una relación estática en la cual la base viene a ser como el soporte o sustancia que sostiene al accidente, y éste se desploma cuando aquella cambia o desaparece (lo que no excluye que el accidente pueda ejercer alguna reacción sobre la sustancia). En este esquema estático, procedente de una metáfora arquitectónica desafortunada, base y superestructura son pensados como componentes yuxtapuestos (…) Lo decisivo es, por un lado, no hipostasiar o sustancializar la base tratándola como si tuviese autonomía política y, por otro, no reducir la superestructura a la condición de un epifenómeno que marcha arrastrado, como una espuma flotante, por el oleaje de fondo (…) La conexión es diamérica (base y superestructura se comportan como conceptos conjugados)"[118].

Gustavo Bueno propone como aclaración un ejemplo de la Termodinámica para explicar esta interrelación conjugada entre Base y Superestructura:

"Una imagen más adecuada de la conexión nos la proporciona la relación entre el calor que fluye de la caldera de una máquina de vapor y la superestructura de pistones, bielas, ruedas y contactos con el refrigerante y el combustible, a través de los cuales se desarrolla el fluido en expansión. Sin la superestructura el calor se derramaría directamente en el entorno; aplicado a esa superestructura. La máquina se mueve por el calor y se realimenta con combustible procedente desde luego del exterior del sistema, pues no estamos ante un *perpetuum mobile*, pero sí ante un móvil recurrente. En la sociedad política, al calor corresponde la energía básica del sistema, alojada en la energía de los sujetos operatorios, que deben tomarla del medio físico, y a la superestructura el ámbito fenoménico en el que se dibujan planes y programas y a través de cuyas retículas o canales la energía se difunde y permite que el sistema se realimente. Las superestructuras fenoménicas no tendrán, por tanto, una función motora, pero sí una función conformadora tal que constituya la posibilidad de su realimentación. Por tanto, tampoco es legítimo considerar como función absoluta este papel de la energía, pues la realimentación del impulso sólo tiene sentido en el nivel de la superestructura que lo canaliza (no es lo mismo la realimentación del impulso de una banda de cazadores que la de un Estado compuesto por decenas de millones de ciudadanos)"[119].

Este carácter de funcionalidad que Gustavo Bueno reconoce a las superestructuras[120], frente a la sustancialización economicista del marxismo, habría ya sido reconocido por la Sociología positivista, que arranca del Conde de Saint-Simón o de Augusto Comte, con su distinción en todas las sociedades de un "poder terrenal" y un "poder espiritual". Pues en el origen del Positivismo es donde se alumbra el nacimiento de la Física Social de Saint-Simón y de la Sociología de Augusto Comte. El propio Marx fue un lector y admirador del Conde de Saint-Simón, al que consideraba como un socialista utópico. De él tomó muchas ideas, aunque difería en lo que consideraba la creencia en el pensador francés, mantenida por su discípulo más famoso, Augusto Comte, en una posibilidad de conciliar la contradicción entre obreros y empresarios por medio del aumento de producción que resultaría del progresivo desarrollo científico. Durante el siglo XX, tras la triunfante Revolución soviética, pareció imponerse la tesis de Marx de la necesidad de destruir la dominación empresarial capitalista. Pero tras la caída del Muro de Berlín, debida en parte ciertamente a la aparición de una nueva revolución científico-tecnológica, se puede considerar, con la irrupción de las llamadas Sociedades del Conocimiento, que se ha impuesto ideológicamente más bien la filosofía positivista del progreso social que la marxista.

Incluso, la propia concepción marxista de la Sociedad como dividida en dos partes, Base y Superestructura pudo haber estado inspirada en la concepción saint-simoniana de los dos poderes que funcionalmente se conjugan en toda sociedad humana, la constituyen y explican los grandes cambios sociales, como el tránsito de la sociedad medieval de guerreros y sacerdotes a una sociedad moderna de empresarios industriales y científicos. Pues Saint-Simón consideraba, de forma novedosa, que el estallido de la Gran Revolución Francesa, que supuso en todo el continente europeo un cambio profundo de usos políticos y sociales, no era algo producto del azar de un motín, sino el resultado final del desarrollo secular de la sustitución y renovación profunda de los dos poderes constitutivos de toda sociedad, el terrenal y el espiritual, que se habría iniciado ya en la alta Edad Media, cuando resurgen las ciudades en las que domina la clase de los productores, comerciantes e industriales, y se fundan las Universidades, donde se va a producir la irrupción de las ciencias positivas modernas. La nueva ciencia, que aparece en el Renacimiento con Copérnico y Galileo, y que se unificará con la Mecánica de Newton, junto con la filosofía moderna que le abre el camino combatiendo el aristotelismo, no será considerada por el Positivismo como una mera superestructura ideológica que refleja los intereses económicos de la burguesía ciudadana ascendente, sino que se le concederá incluso el rango de palanca o motor cognitivo que provoca los cambios de épocas o estadios históricos de la Humanidad, como se formula en la conocida Teoría de los Estadios Teológico, Metafísico y Positivo de Augusto Comte.

Por ello, en la Filosofía de la Historia de los Tres Estadios de Augusto Comte, en contraste con la división marxista de la Historia en Modos de Producción económicos, se pretende conjugar funcionalmente los avances cognitivos con los cambios económicos progresivos en el desarrollo de las sociedades humanas que mejoran nuestro dominio y explotación de la Naturaleza. Sociólogos posteriores, como Max Weber, han tratado de explicar, en polémica con el marxismo, como el surgimiento de capitalismo en Europa no se entiende sin el efecto de formas ideológico-religiosas como las propias de la llamada ética protestante, en su famosa obra *La ética protestante y el espíritu del capitalismo* (1905). La tesis de Weber ha sido y continúa siendo muy discutida, debido a que el capitalismo también ha triunfado en regiones de mayoría católica, como Baviera, uno de las actuales Estados alemanes más industrializados de Europa.

Desde la posición que mantenemos aquí, la religión tiene su lugar, como veremos, más en la Capa Cortical que en la Capa Cultural, que se opone a la Capa Basal o Económica, en tanto que ambas se sitúan en el eje antropológico que Gustavo Bueno denomina radial. Ya el propio Comte había señalado que el mayor progreso científico de los países protestantes tenía que ver con un efecto no buscado por el propio Protestantismo, que al no conseguir unir todas las sectas en una Iglesia global y unificada como era y siguió siendo la Iglesia Católica, el poder político tuvo que introducir la tolerancia religiosa entre las diferentes sectas proclamando la libertad de culto. Ello abrió la posibilidad de respeto y no persecución a las nuevas ideas filosóficas y científicas modernas, siempre que no cayesen en el ateísmo o la irreligiosidad. Por ello Locke excluía de la tolerancia solo a los ateos y a los católicos. A los primeros por irreligiosos, y a los segundos por no aceptar la tolerancia, por lo que los católicos configuraban, a su juicio, un Estado dentro del Estado, lo cual afectaba a la independencia política y a la soberanía del Estado. Según Augusto Comte, dicha intolerancia con la nueva ciencia y la filosofía era tan propia del Protestantismo como del Catolicismo, en tanto que los dos rechazaron y condenaron el Copernicanismo. Otra cosa es que el poder político en países como Inglaterra impusiese la tolerancia que permitió el denominado "libre pensamiento" en materias científicas o filosóficas, mientras que en España se mantuvo la intolerancia estatal inquisitorial. No es que las iglesias protestantes no fuesen tan inquisitoriales o más que la católica, sino que fueron obligadas a la tolerancia por el poder político.

Pero tampoco cuenta tanto, en relación con la tolerancia de las

171

nuevas ideas científicas o filosóficas, el número de ejecuciones o Autos de Fe. Pues, aunque la Inquisición católica en España no fue ni de lejos tan sangrienta como pretende la Leyenda Negra, no se puede negar que tuvo un efecto de freno en el desarrollo de las ideas modernas mayor que las inquisiciones protestantes. Lo cual tuvo su influjo en el denominado "retraso" en la modernización técnica y científica española. El propio Charles Darwin señala en *El origen del hombre* como la existencia de la intolerancia inquisitorial en España hizo el daño mayor en lo que denomina Ortega el "apartamiento de los mejores", de las personas más inteligentes que destacaban en la introducción de innovaciones y nuevas ideas, las cuales eran vistas con recelo por las autoridades religiosas y por ello, aunque no se las persiguiese físicamente, quedaban relegadas a una especie de "muerte civil" sin posibilidad de influir decisivamente en la vida política y social. Charles Darwin compara esta eliminación sistemática de los mejores, de los más innovadores y críticos, con la degeneración de una especie biológica cuando se eliminan a los individuos que mejor se adaptan a los cambios. Esa sería la causa que habría llevado a la degeneración de los españoles, y que habría influido muy principalmente en la denominada decadencia española tal como la percibió el científico inglés en su época. No es casualidad por ello que a finales del siglo surge precisamente en España un movimiento político y cultural denominado Regeneracionismo fomentado por intelectuales y científicos como Joaquín Costa, Ramón y Cajal, Unamuno, etc.

Pero el evolucionismo darwiniano abrirá también el camino a la formulación de nuevas metáforas sociales de estirpe biológica que nos permitirá sustituir la metáfora arquitectónica de Base/Superestructura marxista por otra que refleje más adecuadamente el carácter funcional, no-estático y conjugado del todo social. Ello comienza a formularse con otro partidario del Evolucionismo, como fue el filósofo inglés Herbert Spencer, creador de una Sociología positivista (H. Spencer, *Principles of Sociology*, 3 vols., Londres 1876-1896) que, a diferencia de la de Comte, se rige por la Evolución orgánica en su comprensión del cambio y progreso de las sociedades humanas, consideradas en continuación evolutiva de las precedentes sociedades animales. Spencer es famoso por haber considerado la Sociedad metafóricamente como un organismo animal con su cerebro, sistema nervioso y sus diversos y especialilizados órganos de adaptación al medio natural. Con el comienza una conexión del mundo humano con el mundo animal que provocará el desarrollo de una Sociología cargada de metáforas vitalistas en Henry Bergson, el cual estuvo muy influido en su juventud por el inglés, al que reprochaba, sin embargo, el haber entendido el evolucionismo de una forma simple y mecanicista.

Una crítica similar al mecanicismo del evolucionismo histórico marxista, buscando una interpretación basada en ejemplos orgánicos, es la que lleva a cabo Gustavo Bueno al proponer sustituir la metáfora mecanicista marxista de Base/Superestructura por la metáfora biológica de Huesos/Tejidos tomada de los organismos vertebrados bipedestados:

"¿Acaso la distinción de Marx debe considerarse hoy inútil y aun peligrosa? No necesariamente, pues en ella se hace presente una distinción fundamental pero que necesita ser <<vuelta del revés>>, como tantas otras distinciones de Marx. La *base* soporta, sin duda, a la *superestructura*, pero no como los cimientos soportan los muros del edificio, sino como el tronco de un árbol soporta las hojas o como, mejor aún, los huesos del organismo soportan los demás tejidos del vertebrado: las hojas no son meras secreciones del tronco, sino superficies a través de las cuales se canaliza y se recoge la energía exterior que hace que el tronco mismo pueda crecer; los tejidos del vertebrado no brotan de los huesos, sino ambos del cigoto. Por consiguiente, las superestructuras desempeñan el papel de filtros, canales, etc., de la energía exterior que sostiene a la base del organismo; por lo que el <<desplome>> del organismo tendrá lugar internamente (sin perjuicio de que pueda agotarse la energía exterior que lo alimenta) cuando las superestructuras comiencen a ser incapaces de captar la energía o de mantener el tejido intercalar que la canaliza dentro de su morfología característica. Esta es la razón por la cual solamente cuando haya habido un cambio efectivo la realidad de las superestructuras se manifestará como tal, por su incapacidad para <<re-alimentar>> a la base, sin la cual el sistema no se sostiene. Pero cuando el *sistema morfodinámico* funcione, las estructuras que forman parte de su fisiología no podrán considerarse propiamente como superestructuras: una catedral, en la sociedad medieval, no es una superestructura de la <<base feudal>>, sino que es un contenido a través del cual la producción se desarrolla según formas económicas, políticas, de contacto social, de conformación de jerarquías, con funciones de banco, de fuente de trabajo, etc. Según esto, mientras no faltasen los recursos energéticos del entorno feudal (incluyendo aquí a las otras sociedades) las catedrales no podrían considerarse como <<sobreañadidas>>, sino como partes internas de la anatomía de esa <<cultura feudal>>; cuando los recursos se agotan, porque se han desarrollado nuevas formas de producción, las catedrales podrán impedir que el sistema subsista y determinarán la base de su base, que se desplomará sustituida por otra"[121].

En otro artículo posterior señala Gustavo Bueno que la metá fora Huesos/Tejidos la aplica "desde una perspectiva materialista, pero no ya organicista, sino sencillamente histórica"[122]. Entendemos, por ello, que, si se toma en sentido estricto la metáfora biológica, más que de un materialismo habría que hablar de un biologismo o vitalismo antrópico (en la línea del racio-vitalismo orteguiano expresado en su conocido artículo "Ni vitalismo, ni racionalismo"), y en tal sentido histórico, frente a un vitalismo anantrópico, para usar la propia terminología que Bueno utiliza para diferenciar el organicismo propio de los ecologistas actuales, a los que califica de vitalistas anantrópicos en tanto que reducen al hombre a una mera especie animal más. En el fondo vuelve a brotar aquí la famosa distinción que Kant introdujo en su *Crítica del Juicio* entre totalidades mecánicas (un reloj) frente a totalidades orgánicas (un árbol). Distinción que habría una brecha irreductible entre la naturaleza inorgánica y la orgánica por lo que la perspectiva de un materialismo mecanicista era incapaz de explicar el funcionamiento de los organismos biológicos. El propio marxismo creyó poder superar la antinomia recurriendo a un materialismo dialéctico, diferente del mecanicista. Pero, aunque la visión dialéctica se mantenga como ineludible, no parece suficiente dicha explicación marxista de la estructura social.

Solo desde metáforas biológicas, como la de Hueso/Tejidos de Bueno, puede encontrarse una explicación más satisfactoria, aunque a costa de tener que redefinir el Materialismo, como hace el propio Bueno, de un modo que la palabra materia, como dijimos más arriba, toma un sentido demasiado genérico (equivalente a "asunto" cuando se habla, por ejemplo, de la "materia" de un poema o de un drama teatral, que sería de un género de materialidad (M₂), diferente del meramente físico (M₁). No obstante, esta forma de entender el Materialismo no ha encontrado ningún interés, aunque fuese polémico, en su momento por el propio DIAMAT, en relación con el cual Gustavo Bueno presenta su obra primera más influyente, los *Ensayos materialistas* (1972), ni por el materialismo marxista europeo y español posterior, hasta el punto de que se podría decir que los materialista marxistas no se reconocieron en él, del mismo modo que Juan Valera decía del Dios krausista que ni María Santísima, con ser su propia madre, lo reconocería. A pesar de ello podría el Materialismo Filosófico jugar un papel educativo escolástico en el área de la filosofía española a través de su influjo en la enseñanza. Pero en la Universidad ha tenido escasos seguidores, y aunque en la Enseñanza Media y en su difusión por Internet ha tenido mayor éxito, sin embargo, la caída del Muro de Berlín ha desincentivado el interés por una escolástica materialista como alternativa a otras corrientes filosóficas, por lo que se ha entrado más bien en una época de escepticismo que rechaza planteamientos tan escolásticos. Precisamente el éxito alcanzado en la adquisición de una cierta fama mediática por Internet en los últimos años de Gustavo Bueno es debido a la sustitución del interés inicial por la Revolución socialista por el interés por el tema de España y su papel en la Historia, lo que lo pone en debate polémico con la tradición filosófica iniciada por Unamuno y Ortega y Gasset. Pero con ello se ve con más claridad la incompatibilidad del materialismo con las posiciones existencialistas o racio-vitalistas de aquellos pensadores e incluso con las posiciones del pensamiento españolista conservador de escolástica teológica.

En tal sentido creemos que deberíamos volver a tomar contacto con la preocupación por el tema de España como un tema de profundo calado filosófico, y no solo político o social, como el propio Gustavo Bueno reconoce[123], pero no ya desde una escolástica materialista, sino desde una filosofía que no se ponga ya delante una venda (Marx, el DIAMAT, el Materialismo, etc.) en la búsqueda de la verdad, sino que parta de nuevos avances en el conocimiento que ponen en crisis los fundamentos filosóficos anteriores para buscar unos nuevos. Creemos, por ello que el descubrimiento en el siglo XX de una nueva racionalidad, como la racionalidad manual, que el propio Bueno asume, sería el canon o punto de apoyo que nos permita dar un nuevo sentido filosófico a nuestra época. A partir de este nuevo canon, pero no antes, es cuando podemos valorar como más apropiado a él y su forma de afrontar los difíciles problemas filosóficos que de nuevo se nos plantean, la conexión con las nuevas propuestas de fundamentación de unas filosofías, -que superan tanto al Idealismo moderno que va desde Descartes a Husserl, o del Materialismo marxista-, empezadas a hacer por filósofos como Ortega con su Racio-vitalismo o Heidegger con su Antropología Filosófica, la cual parte, no ya de la Conciencia sino de lo dado "a mano".

Por ello, podemos recoger la metáfora Huesos/Tejidos de tal forma que nos permita distinguir con claridad dos Capas del Estado dadas en el eje antropológico radial: una propiamente Basal Vital y trascendente, porque proviene de la naturaleza exterior que nos envuelve, que comprende las estructuras económicas y biológicas entendidas como una suerte de huesos que mantienen en pie el organismo social, y otra Capa Cultural, asimismo radial, pero inmanente, que comprende las estructuras educativas, ideológicas, científicas, filosóficas, etc. Pasaremos, por ello, a tratar de forma separada de ambas Capas que llamaremos Capa Basal Vital y Capa Cultural respectivamente.

Capa Basal Vital

La distinción de la Capa Basal Vital, viene de la propia distinción introducida por Marx en el famoso Prólogo de la *Contribución a la Crítica de la Economía Política* :

"… en la producción social de su existencia, los hombres entran en relaciones determinadas, necesarias, independientes de su voluntad; estas relaciones de producción corresponden a un grado determinado de desarrollo de sus fuerzas productivas materiales. El conjunto de estas relaciones de producción constituye la estructura económica de la sociedad, la base real, sobre la cual se eleva una superestructura jurídica y política y a la que corresponden formas sociales determinadas de conciencia El modo de producción de la vida material condiciona el proceso de vida social, política e intelectual en general. No es la conciencia de los hombres la que determina la realidad; por el contrario, la realidad social es la que determina su conciencia"[124].

En dicho texto, Marx se refiere a lo que denominamos Capa Basal Vital con diferentes denominaciones, como la "estructura económica", la "base real", la "vida material", como conjunto de relaciones de producción de las fuerzas productivas de una sociedad humana. A dichas "fuerzas productivas económicas" se añaden, posteriormente en la obra de Engels *El origen de la familia, la propiedad privada y el Estado*, las fuerzas biológico-reproductivas y se analizan las diferentes estructuras familiares en una especie de estudio histórico de los "modos de reproducción" biológica de las sociedades humanas. Por tanto, podríamos decir que la Capa Basal no es solo puramente económica, sino que incluye estructuras de reproducción biológica, como la familia. Además, Marx mismo se refiere a las relaciones económicas como "vida material", por lo que las está incluyendo en la denominación más general de Vida humana, en la que distingue una "vida material" infra-estructural y una "vida espiritual" o superestructural. Por ello el "materialismo histórico" de Marx no se puede entender en un sentido reductivo fisicalista, sino que incluye referencias biológicas que ya desde Kant se considera que son irreductibles al mero mecanicismo fisicalista, propio de una realidad físico-química.

Las dos grandes áreas del Estado que tratan entonces de la Capa Basal Vital son el Área de Economía y el Área de la Sanidad. La primera considera a los sujetos humanos en tanto que trabajadores o productores en su relación radial con la obtención de recursos naturales; la segunda considera a los sujetos humanos considerados sujetos naturales, como organismos biológicos, sometidos a las leyes de la reproducción y de la conservación o mantenimiento de su salud. Debemos entonces aplicar la distinción de los tres poderes, operativo, estructurativo y determinativo también a dichas Áreas de la Capa Basal Vital del Estado.

Área Basal Vital Económica

Gustavo Bueno distingue en el Área económica como poder operativo:

"… una capacidad gestora, movilizadora y canalizadora de las fuerzas del trabajo, capacidad que el poder político ha de tener de algún modo si efectivamente tiene una responsabilidad en la eutaxia. No hace falta que el poder operativo sea violento (como poder de reclutar y hacer trabajar mediante capataces interpuestos a los esclavos que cultivan los grandes regadíos); el poder coactivo de obligar a la fuerza del trabajo en una dirección más que en otra suele ir confundido con el poder ejecutivo de la capa conjuntiva (los trabajadores serán considerados como súbditos a quienes se les impone una obligación formal). Pero a veces resulta más eficaz el poder estimulativo, es decir, la capacidad del poder político para disponer de estímulos suficientes, estadísticamente hablando, para disuadir a una gran porción de las fuerzas del trabajo de rutas no deseadas y atraerles a rutas preestablecidas (así explican los historiadores la progresiva transformación del sistema esclavista de la antigüedad en el sistema del colonato). El poder estimulativo tiene como instrumento principal la política de salarios o primas a la producción, promesas de ventajas futuras, la mejora de las condiciones relativas de viviendas para los trabajadores y de perspectivas para sus hijos"[125].

En tal sentido, hoy se sabe que la construcción de las grandes pirámides y templos egipcios no fueron tanto obra de esclavos como de trabajadores pagados y que disponían de poblados y ciertas condiciones favorables que estimulaban su dedicación a realizar tales duros trabajos. Por otra parte, el poder estimulativo también precisa de ciertos valores, que suelen introducir las religiónes, de vida austera, sacrificada, ahorro, etc., que hacen que se cree una ética del trabajo que permita obras de larga duración sin que los trabajadores, tras cobrar la paga semanal, no vuelvan a comparecer y se dediquen a malgastar su salario, como ocurría con los indígenas americanos cuando los europeos pretendían integrarlos en sus trabajos. Pues en las relaciones con la producción no funciona el despotismo ya que el trabajador desmotivado prefiere huir, si puede, de tales esfuerzos.

Se dice que en el capitalismo se ve mejor esto porque, como señala el propio Marx, en el modo de producción capitalista el trabajador es libre de aceptar o no un contrato de trabajo. En situaciones límites de miseria, que eran las del originario capitalismo manchesteriano, dicha libertad era, para Marx, ficticia o estaba muy limitada, aunque siempre había el tope de una "ley de hierro" para los salarios. Pero, aun así, en la abundancia de ofertas de trabajo siempre le quedaba un margen de libertad para elegir un trabajo u otro más estimulativo. No digamos ya en el llamado Estado del Bienestar, donde, debido a la existencia de fuerzas de trabajadores organizadas en poderosas corporaciones sindicales, se tiene una protección para situaciones de paro, de enfermedad, etc., mucho mayor que nunca anteriormente. Además, como sostiene la denominada Escuela Austriaca de Economía frente al Marxismo, tanto el poder empresarial como el obrero están limitados por las leyes del mercado, el cual inexorablemente fija los precios según la Teoría Marginalista del Valor, la cual le dio la vuelta completa a la Teoría del Valor Trabajo de Smith y Ricardo, en la que se basaba Marx para hablar de explotación y de plusvalía. Pues los precios no se fijan por los costes de producción, como ocurría con la chaqueta del peón de Adam Smith, sino. según el marginalismo, por la utilidad que los compradores en el mercado otorgan a los productos, al margen de los costes exigidos en su origen y composición. Por ello algunos seguidores de esta Escuela Austriaca como Böhm-Bawerk y Mises, los llamados "anarco-capitalistas" hablan de la "anarquía del mercado", imposible de regular por intervenciones político estatales. Una anarquía que se da en esta Capa Basal económica y que ellos comparan con la anarquía que reina en las relaciones exteriores entre los propios Estados políticos, propia de lo que llamamos la Capa Fronteriza o Cortical, debido a la cual sería imposible la eliminación completa de los Estados para la creación, como hoy proponen muchos Globalistas, de un único Estado Mundial.

El poder estructurativo de la capa basal económica, según Gustavo Bueno,

"… parece que ha de consistir en algo así como una capacidad de *planificación* y *programación* de la producción global, sea sancionando proyectos y planes ofrecidos, sea bloqueando otros, sea elaborando los propios programas y planes. Ejemplo típico de este poder político, los <<planes quinquenales>> de la Unión Soviética en los años 20 y 30"[126].

De la misma manera que el "poder gestor" operativo, este "poder estructurativo" no puede ser reducido a un mero poder político despótico, pues no va dirigido tanto hacia el dominio como hacia el desarrollo y subsistencia económica de la sociedad política en cuestión. En un Estado como el soviético tal poder es exclusivo del Estado al estar nacionalizadas las grandes industrias, pero en una economía capitalista dicho poder es compartido por las grandes corporaciones privadas, limitándose el Estado a intervenir en la programación y planificación de grandes infraestructuras como ferrocarril, carreteras, puertos, etc.

Puede hablarse aquí de una clase de representantes del mundo económico, los llamados "gestores," que ocupan los cargos de dirección en las instituciones económicas del Estado y que, a diferencia de la clase política, no son representantes por elección popular, sino que son funcionarios cooptados por el propio poder político por sus conocimientos en el área de la gestión y administración económica. Sociológicamente se ha tratado de dicha figura en relación con los *managers* o altos ejecutivos que. sin ser grandes inversores, se han vuelto imprescindibles en la gestión económica de las grandes empresas debido a la complejidad técnica de su funcionamiento.

El poder determinativo de la capa basal, según Gustavo Bueno,

"se identifica fundamentalmente con el poder redistribuidor, con el poder fiscal, es decir, con la capacidad del poder político para fijar impuestos y exacciones a los sujetos e instituciones y *redistribuir* lo recaudado a fin de proporcionar principalmente, la base <<energética>>, ante todo para la replicación de los agentes, pero también para la producción en general"[127].

Es un poder, según Bueno, de funciones análogas en la capa basal a las del poder judicial en la capa conjuntiva, pues, en tanto que juzgar es clasificar, clasifica también a los individuos en sujetos fiscales o no y, después. clasifica o canaliza la redistribución de la carga o de los beneficios fiscales.

De la misma manera que hablamos en la capa conjuntiva de una clase política, se puede hablar aquí de la clase económica de los llamados "gestores". Pues los que ocupan el poder operativo en cuestiones económicas en el Estado, proceden por cooptación, no por elección popular como la clase política. Sociológicamente es la figura del "manager" propio de las sociedades del capitalismo avanzado, figura que se hace necesaria por la complejidad de los procesos económicos que requieren de especialistas para controlarlos. Dichos especialistas en la gestión económica no son los propietarios de la mayoría de las acciones de las empresas, pero cada vez adquieren un poder mayor por sus habilidades gestoras. Es de este nuevo tipo de individuo de donde se configura una clase económica de managers o gestores entre los que se cooptan los gestores del área económica estatal.

Área Basal Vital Sanitaria

Gustavo Bueno incluye en la capa basal, no sólo a los individuos en tanto que productores, sino también en cuanto entidades personales que deben ser tratadas como si fuesen seres biológicos naturales por la medicina[128]. Sin embargo, no desarrolla un análisis de los individuos en cuanto organismos reproductores. Reproducción y mantenimiento biológico es condición necesaria para el mantenimiento de la producción económica. Pero, acontecimientos como el actual virus Corona han puesto de manifiesto como los fenómenos de las epidemias o pandemias pueden llegar a afectar seriamente a las estructuras económicas, provocando grandes crisis mundiales como la que afrentamos actualmente. De ahí que se necesite un análisis del área de la Sanidad, que ha crecido de forma gigantesca en los Estados altamente tecnificados actuales, equivalente al que Gustavo Bueno hizo en el área económica distinguiendo, si es posible, los tres componentes propios de esta área por analogía con el área económica.

Por ello vamos a desarrollar aquí el análisis operatiológico de los tres poderes (operativo, estructurativo y determinativo) de la llamado Área sanitaria. En tal sentido, el poder operativo, se corresponde con el amplio entramado de las instituciones hospitalarias y de la sanidad pública, dependientes habitualmente de un Ministerio de Sanidad, que son las que ejecutan el poder de intervenir en los tratamientos sanitarios, operaciones, trasplantes de órganos, nacimientos, etc., que se llevan a cabo en la población. El poder estructurativo tiene que ver con los planes de prevención sanitaria (realización de controles para detectar enfermedades, de tumores cancerígenos para intervenirlos antes de que se desarrollen, preparación de vacunas, etc.). También entran aquí en consideración programas de estimulación de la natalidad o de su control. Por último, el poder determinativo sanitario tiene que ver con aquellos organismos que deciden sobre cuestiones como que operaciones quirúrgicas se hacen en función de la esperanza de vida de los pacientes o en cuestiones hoy de plena y polémica actualidad como la eutanasia para los enfermos terminales. Aquí se ve como este poder sanitario determina la clasificación de los pacientes, pero sin imponerse por medio de un despotismo político del Estado, pues se cuenta con la libertad del paciente o de su familia para decidir en cuestiones de vida o muerte como la eutanasia o en optar por la Sanidad privada ante la negativa de la Sanidad pública por llevar a cabo determinados tratamientos excesivamente costosos. Ello implica entonces ciertos límites a la intervención estatal que solo son posibles en Estados no totalitarios, donde queda un amplio margen de libertad económica para el desarrollo de la medicina privada.

Se puede hablar aquí igualmente de una "clase médica" que configura el poder hospitalario y de la salud en general. Dicha clase tiene más que ver con el poder operativo hospitalario que con el poder estructurativo en el que predominan los investigadores científico-biológicos, como virólogos, epidemiólogos, etc., o con el poder determinativo en el que suelen intervenir, además de los médicos, sociólogos, filósofos, etc., como ocurre en los denominados Comités de Ética de los hospitales. Pues lo que diferencia a un médico de un biólogo es que el médico, desde la antigua Grecia, se preocupa de la salud del cuerpo humano, mientras que un biólogo que estudia, por ejemplo, un tumor cancerígeno, está más interesado en observar su desarrollo para conocerlo y dominarlo que en la salud del paciente investigado al que se sacrifica, si no hay más remedio, en beneficio de pacientes futuros. Por ello, normalmente los investigadores biológicos trabajan con el estudio de tales procesos en animales. Pero se pueden dar casos, como durante el nazismo, en que los médicos, saltándose el juramento hipocrático que vela ante todo por la salud del paciente, se pongan la bata del científico y sometan a los propios pacientes a experimentos de investigación sin considerar su salud, como ocurrió en los campos de exterminio nazis.

Foucault y el biopoder

El estudio de estos temas ha irrumpido con fuerza en las discusiones filosóficas del siglo XX en la obra de influyentes filósofos franceses del llamado post-estructuralismo, como Michel Foucault y su escuela de investigaciones histórico-filosóficas sobre temas como la historia de la sexualidad, en *La volonté de savoir* (1976), o temas como la locura y su tratamiento novedoso por los Estados modernos a partir del Renacimiento, como el llamado Gran Encierro tratado en *Folie et Déraison* (1961), con la creación del Hospital General, de los Manicomios estatales, como Charenton, la Salpêtrière, Bicêtre, dirigidos por el nuevo poder de la medicina moderna que se presenta como orientada por una mentalidad científica. En *Naissance de la Clinique* (1963) estos análisis arqueológicos, como los denomina, se extienden a las enfermedades en general. Para Foucault este nuevo biopoder estatal es un poder que encubre un despotismo político alienante, etc., que trata de presentar en muchos casos decisiones sobre la locura, la sexualidad, etc., como decisiones basadas en principios científico-naturales que sin embargo encubren prejuicios culturales, etc. Ello ha dado lugar a movimientos de protesta sociales de minorías sexuales, culturales, que se consideran sometidas a decisiones despóticas en la consideración de lo que se tiene por normal en las actuales sociedades occidentales, las cuales estarían cargadas de prejuicios como el machismo, el patriarcalismo, el hetero-sexualismo, etc., que habría que desenmascarar con la denominada "filosofía de la sospecha" foucaultiana. Al margen de la justeza o no de estas críticas, - las cuales suponen a su vez nuevas Ideologías en el sentido de "falsas consciencias", como diría el propio Marx, que encubren a su vez intereses de poder de grupos sociales minoritarios en la actual sociedad de masas de las democracias absolutas o fundamentalistas del último tercio del pasado siglo -, no deja de ser importante el poner en primer plano la existencia de estos nuevos poderes estatales que son precisos para intervenir en tales asuntos, al margen de su tratamiento poco cuidadoso y engendrador de nuevos fanatismo y radicalismos que amenazan el futuro de las sociedad occidental misma. Queda, sin embargo, el reconocimiento de la existencia del llamado bio-poder. Y esto es, a nuestro juicio, lo que está detrás de la fama e influencia de Michel Foucault, que tiene el mérito de anticiparse a estos temas en un tiempo en que la ideología marxista soviética bloqueaba la posibilidad de abordar tales asuntos en el campo de la filosofía política dominante.

Capa Cultural

Los novedosos análisis foucaultianos no se quedaron en el tema de la enfermedad y de la salud, sino que se extendieron al análisis arqueológico de los saberes, o de su transmisión en instituciones estatales como la escuela, los cuarteles y presidios. Así, todo lo que tiene que ver con las instituciones investigadoras relacionadas con la producción de los saberes, se muestra en la obra más famosa de Foucault, *Les mots et les choses* (1968) o en *L`archeologie du savoir* (1969) y su transmisión en obras como *Surveiller et punir* (1975), cuestiones que afectan directamente a lo que denominamos la Capa Cultural del Estado.

En ella el poder sintáctico de operaciones, relaciones y términos, se desenvuelve en tres direcciones o poderes que, aunque forman parte de una unidad interconectada de poder cultural, sin embargo, mantienen una cierta separación e independencia relativa.

En primer lugar, el poder operacional cultural del Estado se desarrolla y ejerce a través de las instituciones educativas públicas, desde la Escuela, pasando por los Institutos de Enseñanza Media, hasta las Universidades y Escuelas técnicas. El Estado, a través del

Ministerio de Educación, gobierna tales instituciones, de forma directa o indirecta, por medio de la provisión de las cátedras de los sistemas de oposiciones al funcionariado educativo, la supervisión de los programas y contenidos educativos por medio de leyes y decretos, etc. La educación la entendemos entonces como un sistema operativo de instrucción educativa de ciudadanos según unos sistemas de normas que introducen los valores propios de dicho Estado. En tal sentido el análisis foucaultiano de la educación resalta esta función primordial en los procedimientos de troquelamiento autoritario de los individuos a través de la vigilancia (exámenes) y del castigo (el rigor de las disciplinas), en la educación de las escuelas y cuarteles, aunque estas operaciones no deben considerarse en sí mismas, sino que deben ser vistas como estructuras funcionales que solo pueden valorarse positiva o negativamente en relación con los diferentes parámetros o contenidos educativos que se consideren.

En segundo lugar, el poder cultural estructurativo o relacional tiene que ver principalmente con las instituciones Investigadoras del Estado en el área de los distintos saberes, tales como el CNRS francés, el CSIC español o la NASA en USA. En tales instituciones se llevan a cabo los Planes y Programas de Investigación científica y tecnológica financiados y promovidos por el propio Estado principalmente, que tienen cada vez más una gran influencia en el avance de los saberes que van desde la conocida investigación aeroespacial o la propiamente militar promovida por el Pentágono en USA, hasta la cuantiosa inversión del propio Gobierno de Washington, por ejemplo, en el desarrollo de la Neurología en la llamada década de los grandes avances en el estudio del cerebro en los años 80 del pasado siglo. Los resultados de dichas investigaciones son los que marcan la orientación de la propia enseñanza de Escuelas y Universidades. En estas últimas también se lleva a cabo investigación en las diversas cátedras o departamentos. Pero en la época de la denominada *Big Science*, en la que se requieren grandes presupuestos para la Investigación técnica y científica que rebasan ya las posibilidades financieras de las propias Universidades, dicha investigación suele incorporarse a Programas de Investigación estatales o de grandes empresas multinacionales que dispones de financiación mucho más grande. Este poder es el poder cognoscitivo que configura y establece las leyes y principios que regulan los diferentes saberes humanos, y en tal sentido, son una especie de "poder legislativo" en el ámbito del saber y de la cultura.

Finalmente, el poder determinativo en la capa cultural podría ponerse en conexión con la acción propagandística cultural de los Estados que establece unas preferencias fomentando, relegando o censurando unas concepciones filosóficas, científicas o religiosas frente a otras con el fin de crear o al menos influir en la constitución de una opinión pública favorable a sus fines e interés en mantener el orden social y la eutaxia. Este poder se desarrolla de modos tales que pueden ir desde la intervención en el mundo cultural por medio de la difusión a través de los medios de comunicación o por medio de la subvención a la edición para la imprenta de unas producciones culturales frente a otras. No se trata solo de propaganda ideológica, que se pueda considerar como "mentira política" en el sentido platónico, que el Estado necesita para gobernar, sino que se puede hablar de una concepción del mundo, de una metafísica o filosofía que no puede reducirse a una "falsa conciencia" ideológica, como creía Marx al considerarla un mero reflejo para ocultar intereses económico de dominación clasista, sino como lo que Gustavo Bueno llama una "nematología", una nebulosa de ideas, que puede ser en parte verdadera y que no es un mero reflejo de otras cosas, sino un mapa ideológico. Un mapa que es resultado de una construcción intelectual indispensable para orientarse en la realidad mundana a la que el Estado, como el propio individuo o la Sociedad en que vive, tiene que adaptarse en la lucha con otros Estados, individuos o sociedades no estatales. Todo Estado, por muy liberal que sea, no puede prescindir de la toma de partido por unas concepciones culturales u otras, que normalmente vienen englobadas en lo que se denomina los valores civilizatorios que defiende y hace suyos. De ahí que el criterio ultimo para determinar el progreso de un Estado sobre otro no sea solo el de su poder político-militar, tecnológico o económico, sino el poder civilizatorio o cultural en el que se establecen los valores últimos de las sociedades humanas.

De la misma manera que hablábamos en la capa conjuntiva de una clase política ligada principalmente al poder ejecutivo y legislativo, se puede hablar aquí de una clase intelectual, ligada a los poderes de Enseñanza e Investigación y conformada por profesores y sabios investigadores. En tal sentido es interesante la obra del sociólogo francés Pierre Bourdieu, posterior a Foucault e influido indirectamente por este, en su búsqueda de los dispositivos operatorios de dominación, no tanto en el campo sanitario del biopoder, cuanto en el campo cultural de la llamada Sociología del Conocimiento o Sociología Cognitiva. Pierre Bourdieu, es considerado el último gran sociólogo francés, digno continuador, crítico y heterodoxo, de una tradición que se remonta al propio Augusto Comte, fundador de la Sociología como ciencia, y aún más, continuador de insignes representantes como Durkheim Marcel Mauss o Raymond Aron, pasando por el propio Marx o Max Weber, entre otros.

Pierre Bourdieu, influido en su juventud por la lectura de la obra de Merleau-Ponty, había visto en el proyecto filosófico de este, que trataba de abrir el camino a una posición filosófica nueva que fuese capaz de superar el dualismo sartreano del "en sí" y del "para sí" dominante,por entonces, en la filosofía francesa, una ayuda decisiva para superar el dualismo sociológico que contraponía también al materialismo reduccionista marxiano y al reduccionismo individualista de la sociología positivista norteamericana del denominado *rational agent*. Pierre Bourdieu hablaba de dirigir la mirada sociológica, e incluso etnológica, hacia las habilidades (*Habitus*) corporales como hilo conductor que nos permitirían descubrir la clave inconsciente de muchas conductas humanas. Reivindicando una concepción del sujeto humano como un sujeto corpóreo operatorio que, aunque solo tiene sentido si es entendido en el marco de unas estructuras o leyes dadas por encima de su voluntad, como las estructuras económicas de Marx o las estructuras culturales del parentesco de un Levi-Strauss, no se reduce a ellas en tanto que no solo las padece sino que es el mismo el que las genera, no ya de una forma puramente mental o consciente como el sujeto racional de la sociología norteamericana, sino de una forma corporal, no menos racional, pero inconsciente.

Este carácter generativo-estructural del sujeto social dotado de unos "esquemas corporales de acción" que actuaban como unas disposiciones o capacidades (*habitus*) que permiten reconstruir a partir de ellas las estructuras sociales más básicas que explican la conducta racional de los individuos, lleva inmediatamente a relacionarlo con Epistemología Genética de Piaget. La sorpresa surge al indagar sobre el concepto de *Habitus* en Bourdieu y constatar que algunos intérpretes reivindican como esencial para comprender este aspecto tan esencial de la obra del sociólogo francés la influencia de Piaget. Es el caso, por ejemplo, del sociólogo norteamericano Omar Lizardo[129] quien pone de relieve como tal concepto tiene que ver con la versión genético-cognitiva piagetiana del Estructuralismo francés. Especialmente con los esquemas de acción y las operaciones corpóreas que Piaget utiliza para explicar el conocimiento en el niño. Y esto no de un modo lateral, como si fuese una influencia más en Bourdieu, similar a las habitualmente citadas, en relación con este aspecto, de Durkheim, Husserl, Merleau-Ponty[130], sino como una influencia básica, como una especie de primitivos ladrillos fundacionales en la construcción de los *Habitus*.

En tal sentido, parece que la obra del psicólogo suizo debe ser considerada, por su trascendencia para la ahora denominada Sociología Cognitiva, -que continúa la denominada anteriormente como Sociología del Conocimiento o Sociología de la Cultura-, una obra epistemológicamente fundacional en tanto que sus procedimientos metodológicos y de enfoque investigador afectan a nuevos campos científicos, como el abierto por Pierre Bourdieu en su influyentes y novedosos análisis de campos sociológicos tales como el de la Educación (*Homo Academicus*) o el del Arte (*La distinción*, *Las reglas del arte*). Pues, tanto Piaget como Bourdieu representan, desde este punto de vista, un ejercicio positivo y brillante de lo que venimos denominando una forma hábil de pensar, un paso decisivo en el avance contemporáneo de la tarea de superar el idealismo de la modernidad sin tener que recaer en una nueva versión del realismo materialista, como le sucedió al denominado marxismo clásico. No en vano Bourdieu se propuso superar la sociología economicista del marxismo sin tener que pagar por ello el alto precio del mentalismo e idealismo del sujeto entendido como individual *rational agent*, utilizado como alternativa al marxismo en el positivismo sociológico americano basado en la Inteligencia Artificial y la Teorías de Juegos. Para tal superación no se podía recurrir a ningún mecanismo de inversión, como hizo Marx con Hegel, transformando su filosofía idealista en una filosofía materialista, sino procediendo por un camino intermedio, tratando de evitar hábilmente ambos extremos, buscando un nuevo principio que estuviese *in medias res*, como son los *Habitus* o habilidades corporales, en tanto que son un "entre dos" como diría Merleau-Ponty, al situarse en un posición irreductible tanto a las explicaciones fisiológico-mecanicistas como a cualquier reduccionismo lógico formalista. Mérito de Bourdieu es haber puesto de manifiesto, para bien o para mal, la existencia de una especie de poder intelectual que denominaba "capital académico" como *pendant* del "capital económico" o del "capital social".

CAPA FRONTERIZA

Trataremos, por último, en este análisis semántico del Estado, de lo que denominamos Capa Fronteriza, que se corresponde con la Capa Cortical de Gustavo Bueno. El mismo la define así:

"la superficie <<interfacial>> a través de la cual una sociedad política se encuentra interaccionando con otras sociedades que no son ella misma, sino un ἕτερον constituido por sujetos muy distintos entre sí (divinos, bestiales, salvajes o bárbaros inicialmente), pero de la misma manera que los objetos de la capa basal son heterogéneos y carecen de unidad sustancial absoluta"[131].

La idea de una Capa Fronteriza del cuerpo estatal deriva, en Gustavo Bueno, de la consideración geométrica de los cuerpos como dotados de un contorno, un dintorno y un entorno. En tal sentido, de la misma manera que un cuerpo orgánico, una célula o un organismo vivo, tiene un contenido interior (núcleo y protoplasma en una célula, tejidos y órganos en un animal) que está separado del medio exterior, de un entorno o medio nutriente del que depende, por una membrana, piel o corteza, la cual configura el contorno del organismo, de la misma forma el Estado en cuanto cuerpo político, tiene también una frontera o contorno que lo separa del medio en que existe, sea este otras tribus o Estados que le rodean y constituyen su entorno político.

Antes que Gustavo Bueno la adoptase, esta disposición geométrico-topológica de dintorno/contorno/entorno había sido ya analizada, aunque de un modo más bien figurativo que lógico- ope-

189

racional, por Eugenio Trías con su propuesta de sus años de madurez de una Filosofía de la Razón Fronteriza, que arrancaba de una reflexión sobre la Idea de Límite o frontera planteada por filósofos como Kant en los límites del conocimiento o de Wittgenstein en los límites del lenguaje. El libro inicial de sus reflexiones sobre lo fronterizo fue *Los límites del mundo* (1985). El propio Eugenio Trías tuvo ocasión en 1989 de exponer su nueva filosofía en una conferencia en la Facultad de Filosofía de la Universidad de Oviedo, por invitación del entonces Departamento de Filosofía y Psicología dirigido por Gustavo Bueno, titulada "La dialéctica del límite". Por ello creemos posible que haya habido una influencia de Trías en Bueno, no solo por esta concepción topológica de entender un cuerpo, ya no de forma dualística, como hacía la filosofía anterior, poniendo el acento en lo exterior (materialismo) o en lo interior (idealismo), sino elevando a la misma consideración a un tercer término, el límite o frontera entre los dos para darle, además, el rasgo de fundamento originario desde el que considerar ahora a los otros dos. El límite del conocimiento entre lo nouménico y lo fenoménico, que en Kant era una mera línea abstracta o barrera fronteriza (*Schranke*), se transforma en Trías en un territorio positivo como era el *limes* o frontera del Imperio romano analizado al comienzo de su *Lógica del límite* (1991). Como vimos más arriba, el propio Bueno pone el origen del Estado, ya no en el Pacto unitivo (dintorno) de Hobbes ni en la explotación económica de las riquezas naturales (entorno) como sostienen Marx, sino en el cierre de las fronteras (contorno) que ocurre con la apropiación de un territorio.

Por ello la capa fronteriza de los Estados no debe seguir siendo considerada como una mera línea abstracta que separa un interior de un exterior, sino que tiene una densidad ontológica propia y positiva que es preciso analizar. Por de pronto Gustavo Bueno encuentra que en la separación con "los otros" que están más allá de la frontera, estos otros o extranjeros no solo son otros hombres considerados bárbaros, como ocurría con las ciudades-estado griegas o el Imperio romano, sino también otros animales o bestias salvajes e incluso los propios dioses de otros pueblos extraños:

"El tratamiento conjunto de los extraños o extranjeros (<<humanos>>, aunque sólo muy tardíamente: recordemos el *Democrates alter* de Sepúlveda) y de los dioses o númenes (o de sus mediadores) está justificado y es de hecho una práctica común, porque los extranjeros y los dioses, aunque aparecen en la vecindad del Estado (o de la sociedad política), no están sometidos a sus poderes internos conjuntivos y basales. Por otra parte, que son entidades de la misma escala, aunque estén enfrentados entre sí, se prueba por la gran frecuencia de ocasiones en las cuales los príncipes detentadores de poderes políticos internos han buscado la alianza de los dioses, o se han divinizado ellos mismos, no solamente para sujetar a los súbditos del propio pueblo, sino precisamente para poner un freno a los extranjeros"[132].

Estos "extraños" o extranjeros, sean dioses imaginarios, númenes realmente existentes, como los animales sagrados de la zoolatría, bestias salvajes o barbaros, escapan a los poderes políticos, culturales o vitales del Estado de una forma o de otra, pues tienen territorios propios, ya fuera de las fronteras o incluso dentro de ellas, como ocurre con los templos religiosos que se sustraen al poder político que no puede penetrar en ellos sin permiso, constituyendo así una especie de "agujeros" dentro del propio Estado[133]. Aunque actualmente, después de milenios de civilización, ya no contemplamos a los extranjeros como bestias animales, sino como seres humanos, -no obstante ello, sin embargo, en momentos de guerra vuelve a resurgir su consideración de bestia infiel a la que es legítimo exterminar-, en los tiempos más primitivos los extranjeros eran contemplados como bestias salvajes a las que se cazaba como al resto de fauna salvaje. Incluso podían ser percibidos como dioses, como centauros, como ocurrió con los aztecas y otros pueblos precolombinos ante los extraños guerreros españoles, montados en un animal desconocido para ellos como el caballo.

Poder militar, federativo y diplomático

Aplicando la distinción sintáctica de los tres poderes a esta capa fronteriza, Gustavo Bueno considera que:

"El poder operativo actuando sobre esta capa cortical consiste fundamentalmente en el poder militar, y en el poder o *ius belli ac pacis*, el poder de cara a la guerra contra los extranjeros o la persecución contra los dioses extraños que comprometen la estabilidad y soberanía del poder político, oponiéndose, como los cristianos en Roma, al culto del emperador; o bien el poder de asociarse o federarse con otros pueblos"[134].

El poder relacional o estructural de esta capa fronteriza lo asocia Bueno con "el llamado <<poder federativo>>, aun cuando suela ser subsumido en el poder ejecutivo:

"Pero el poder federativo es un poder que capacita a la sociedad política a establecer relaciones regulares y normativas con sociedades extrañas -concordatos con la Iglesia, alianzas con los extranjeros- y que, por tanto, sólo podrá estimarse como tal poder cuando él sea compatible con la preservación de la soberanía"[135].

Por último, el poder determinativo o terminal de la capa fronteriza, según Gustavo Bueno,

"... viene a equivaler a la facultad de juzgar, es decir, de determinar quiénes son los miembros de la clase de los extraños que pueden ser considerados como aliados o como enemigos. Este poder intersecta ampliamente con el campo del derecho internacional y con el derecho de gentes. Es un poder diplomático, discrecional"[136].

Origen fronterizo del Estado

Una vez diferenciados estos tres poderes fronterizos quisiéramos añadir algunas consideraciones que pretenden ir más allá de lo expuesto por Gustavo Bueno en relación con esta capa fronteriza del poder político. Pues esta nueva forma de entender la frontera como marcando una separación entre un mundo racional, controlable por el propio Estado, y un mundo que está más allá de dicho control, un mundo nouménico, salvaje o bárbaro, lleno de misterio, como señalaba Eugenio Trías, es importante porque permite descubrir y entender la causa propiamente humana del origen de las jefaturas políticas que están en la base de la creación del Estado. Pues creemos que no basta con suponer, como hace

Gustavo Bueno, que el Estado tiene su origen en la apropiación de un territorio en las primitivas bandas de cazadores-recolectores, ya que la territorialidad aquí puede todavía ser explicada etológicamente a partir del instinto de territorialidad de los animales depredadores. La aparición de jefaturas patriarcales en familias o clanes deriva, como en el resto de los animales, de la preponderancia del macho alfa, que, por razones etológicas, gobierna al rebaño como un pastor. Pero aquí no aparece propiamente el Estado, el cual se suele situar en la aparición de la agricultura. Ello supone, por tanto, el paso de una sociedad nómada a otra sedentaria. La territorialidad sedentaria ya no es instintiva, por decirlo así. Tiene más bien el carácter, como diría Piaget, no ya de un instinto, sino de un hábito o costumbre. Piaget supone, por ejemplo, que el hábito de chupar el dedo de un recién nacido procede de la transformación del instinto de succión. Puede ocurrir por un azar que el niño, cuando mama, roce con su boca el dedo, entre toma y toma, y lo chupe, obteniendo no ya alimento, pero si un placer nuevo que al repetirse se irá consolidando por reacción circular como un hábito. De forma análoga podemos considerar que el instinto de territorialidad ligado a la caza, por el azar de la invención de la agricultura, se traslada de la defensa de un territorio móvil, marcado por los ciclos naturales que marca la movilidad de las presas, a la defensa de un territorio fijo ligado a las cosechas agrícolas. Además, este sedentarismo territorial, que ahora se necesita, se refuerza con la domesticación de los animales, que permite que la actividad cazadora-recolectora anterior, aunque no desaparece, pasa a una posición subordinada. A su vez, con la territorialidad estática del sedentarismo se van fijando las poblaciones con sus aldeas y poblados. En esta nueva situación es donde se pueden producir una serie de cambios que, por anamorfosis, generen la aparición de las sociedades propiamente políticas, con instituciones, como la familia propiamente humana, que ya no se encuentran en el mundo animal. Pero ello supone una consideración evolutiva de la propia familia humana.

Ya en el famoso libro de F. Engels, *El origen de la familia, la propiedad privada y el Estado* (1884), se planteó de entrada la cuestión de como habría surgido la familia monogámica dominante en Occidente a partir de la transformación evolutiva de tipos de familia anteriores, que arrancarían de un comunismo sexual originario promiscuo, próximo a la animalidad. Las investigaciones antropológicas y etológicas posteriores han puesto en cuestión la promiscuidad humana, e incluso la promiscuidad animal, con la constatación del tabú de evitación del incesto, que sería universal en los humanos y alcanzaría incluso a animales superiores como los monos. Tenía más interés el libro de Engels al intentar establecer la evolución de los tipos de matrimonios basándose en los estudios de Lewis H. Morgan que en su obra *Ancient society* (1881), establece una compleja clasificación de los tipos de familia observados en los indios norteamericanos. Así Morgan estableció como primer tipo la familia consanguínea o endogámica, después la punualúa o exogámica, y una sindiásmica de transición a la patriarcal y la monogámica. Como vimos más arriba, Ortega y Gasset en su escrito titulado *El origen deportivo del Estado*, había planteado la tesis de que la exogamia, reflejada, por ejemplo, en el famoso rapto de la Sabinas, estaría en el origen de una transformación de la estructura de las sociedades primitivas a partir de la cual se formaría la institución del Estado de los jóvenes guerreros en contraposición a los ancianos dominantes socialmente hasta entonces, quienes, oponiéndose a los jóvenes guerreros, se repliegan con mujeres, niños y ancianos a integrar la institución familiar propiamente dicha, la llamada familia matrilineal en la que la paternidad se asociaba al padre o al hermano mayor de la madre. La institución en la cual cristaliza el Estado, según Ortega, sería la llamada "casa de los solteros", como vimos, que inician propiamente las prácticas guerreras de ataque a otras tribus para el rapto de las mujeres.

Por ello, si esto es así, el Estado como máquina de guerra, no meramente defensiva, sino conquistadora y depredadora, se inicia propiamente aquí, como explicamos más arriba. Por la exogamia y sus efectos en la mejora biológica de la especie aparece la formación de una aristocracia de sangre, la llamada míticamente nobleza de "sangre azul", que genera una estirpe de individuos más sanos que los generados endogámicamente, una especie de nietzscheana y natural "raza de señores" sin taras biológicas, los más rápidos, altos y fuertes, que se imponen de modo natural a la larga sobre los degenerados biológicamente por la reproducción endogámica. Serán el origen de la división entre los patricios frente a los plebeyos, que en principio no sería una división entre clases económicas, ni tampoco serían las tradicionales clases por edad de las sociedades anteriores, sino entre clases biológicas, no ya de razas diferentes, sino de mejoras genético-biológicas dentro de la misma especie, por la que resulta la clase biológicamente mejorada de estos hijos de la exogamia.

Aparece aquí claramente, asimismo, una paternidad patrilineal que se contrapone a la paternidad matrilineal en la que el padre era el hermano mayor de la madre y esta estaba adscrita a la familia paterna y no a la del marido. Pues estas mujeres raptadas pasan a ser trofeos de conquista del joven guerrero, con lo que son su propiedad exclusiva. Se pasaría aquí, con el tiempo, desde la exoga-mia punualua de la que habla Morgan, al matrimonio sindiásmico, en que hay parejas solas sin cohabitación exclusiva, hasta la familia patriarcal, primero polígama y, finalmente, a la familia monógama de reclusión y cohabitación exclusiva, propia de las civilizaciones occidentales.

Sobre el origen "divino" del poder de los reyes

El desarrollo de este poder político estatal aristocrático-natural así creado con los jóvenes guerreros evolucionaría, asimismo, hacia formas monárquicas, primero electivas y finalmente hereditarias. Aparece con la monarquía la necesidad de basar el dominio, no tanto en la mera fuerza o excelencia de los mejores, como ocurría con el poder político aristocrático, sino que se busca la legitimación mitológica o religiosa del poder del único rey soberano, el cual trata de apoyarse en los propios dominados, ante las rivalidades con los aristócratas que no aceptan el sometimiento al poder real. Dicha legitimación se basará en la creencia del origen divino del poder de los reyes. La crítica más influyente de esta doctrina fue la realizada por John Locke en su *Primer Tratado sobre el Gobierno Civil* (1689), en la que refutaba el opúsculo de Robert Filmer *Patriarca o el poder natural de los Reyes* (1680), el cual trataba de derivar el origen divino de este poder por medio de una genealogía de los patriarcas bíblicos que habrían recibido dicho poder del propio Adán, al que Dios se lo habría concedido al expulsarlo del Paraíso. Locke denuncia la imposibilidad de seguir tal genealogía fantástica y, en el Segundo Tratado, argumenta un origen puramente humano del poder político, reelaborando la Teoría del Pacto Social de Thomas Hobbes.

Hemos considerado esta teoría del Pacto Social de Hobbes y Locke, como una teoría propia de la capa unitiva o conjuntiva, pero que no explica el origen genético-histórico del poder político, sino solo su mecánica estructural, y ello de forma parcial, pues tuvo que ser completada por Montesquieu. Pero su rechazo del origen religioso del poder político de los reyes solo se puede mantener en un estadio muy avanzado de las creencias religiosas como es el de las religiones del Dios monoteísta. Este Dios de la Teología bíblica será declarado por Kant como un mero postulado cuya existencia no se puede demostrar teóricamente. Solo tiene un sentido práctico. Desde luego, la creencia en el origen divino del poder de los reyes, como la propia creencia en la existencia de Dios o de las diferentes divinidades de religiones mitológicas anteriores, es antiquísima y aparece en todos los pueblos, como subrayaba ya Cicerón. Por tanto, tiene sentido preguntarse por las causas reales y no meramente imaginarias que la alimentaron. Es decir, se trata de ver si, al margen de su carácter en gran parte imaginario, no hay en ellas un fulcro de verdad.

Las teorías de la religión hasta el siglo XIX podían clasificarse en teístas o ateístas. Kant con su posición agnóstica habría abierto una tercera posibilidad, pero que solo tenía sentido en relación con el Dios de la llamada Metafísica onto-teológica, al que no podemos conocer por estar situado más allá de los límites de la experiencia humana. Pero el desarrollo a finales del siglo XIX y en el XX del evolucionismo biológico, que hace derivar la especie humana y su cultura de los animales superiores, -a los que la propia Etología evolucionista ya no considera maquinas, como hacía Descartes, sino seres inteligentes dotados de cierta personalidad-, ha permitido desarrollar nuevas interpretaciones de la religión, como la llevada a cabo por Gustavo Bueno en su obra *El animal divino* (1985), que permite encontrar un fulcro de realidad para el origen de las creencias religiosas en una especie antiquísima de religiosidad, la zoolatría, la cual da culto a determinados animales sagrados (los bisontes, osos, tigres, caballos, etc., pintados ya en las cavernas prehistóricas). De dichos númenes sagrados, llenos de misterios para los primitivos y con los que mantenían relaciones reales a través de la caza, derivarían, según Gustavo Bueno, por transformación evolutiva, las creencias ya puramente imaginarias posteriores de los dioses y démones y del propio Dios monoteísta. Por tanto, aunque no se puede sostener la creencia de que el poder de los reyes deriva de seres puramente imaginarios como eran los dioses, si tiene sentido sostener que puede haber alguna base real para dicha creencia al derivarla de seres reales. como la creencia en los animales considerados numénicos o sagrados. Pues dicha creencia tendría entonces su origen en fenómenos producido en la Capa Fronteriza en la que se contempla la relación, no solo con entidades animales numinosas, sino también con otros homínidos considerados como extranjeros y por tanto asimilados a las bestias animales, como señala Gustavo Bueno. En tal sentido se habla de la famosa batalla de Krapina contra los neandertales como de una cacería de otros seres vistos como extraños, más que como una guerra. Podría encontrarse entonces en el fenómeno de la exogamia, por las trascendentales consecuencias que tuvo, el fulcro real que pudo haber generado la creencia en el origen divino de los reyes. Pues con el rapto de las mujeres de otros pueblos extraños se generó, como sabemos hoy por la biología genética, un mejoramiento de la especie en los hijos de aquellos matrimonios, que contrastaba con la menor vitalidad y abundancia de taras genéticas a que conducía la endogamia predominante. Pero como los primitivos no sabían biología moderna no podían atribuir aquellos cambios más que a explicaciones fenoménicas, como que eran hijos de mujeres procedentes de un mundo misterioso situado más allá de sus fronteras, en el que se situaban los seres sagrados a los que se atribuían poderes superiores. En tal sentido podrían atribuir la excelencia de la nueva clase patricia a influencias divinas.

Es un caso similar al que los epidemiólogos detectaron en la creencia de los primitivos africanos de que la quema de una bruja acababa con ciertas enfermedades infecciosas. Los primitivos sabían que debían hacer una gran hoguera en el centro del poblado para la que solían utilizar muebles y enseres viejos de las inmediaciones. Al quemar la bruja, en realidad estaban quemando también al microorganismo causante de las infecciones ubicado en los viejos enseres, como sostienen los científicos. La epidemia remitía entonces, aunque no por lo que creían los primitivos, pues hoy sabemos que la verdadera causa no estaba en la infeliz sacrificada. No obstante dicha ignorancia, el procedimiento era eficaz y por eso se mantenía y alimentaba la creencia en la existencia de brujas. De la misma manera la creencia en el origen divino de los reyes fue eficaz en el mantenimiento y organización de los primeros Estados, aunque la razón real era la creación por la exogamia de una aristocracia natural de individuos, el grupo de los gobernantes, que Platón consideraba, recurriendo todavía a un mito, como conformados en su composición por el predominio de los metales más nobles. El origen de estos guerreros aparece, por ejemplo, como vimos que señalaba Ortega, en el rapto de la Sabinas en el nacimiento de Roma. De ahí se deriva, para algunos, una influencia de las mujeres por su fatal atractivo en el estallido de guerras importantes, como ocurrió con el amor por princesas extranjeras raptadas, tales como Helena de Troya en el origen de dicha famosa guerra, merecedora de ser cantada dramáticamente por el poeta Homero. Otros supondrán, como los historiadores marxistas, que el motor de dicha guerra, como el de la mayoría, fue económico. Desde luego, el enriquecimiento paulatino de esta clase biológica patricia introducirá posteriormente, en la propia existencia del Estado, la división de que habla el marxismo en clase económicas, lo que será motivo de la aparición de guerras civiles, internas al propio Estado, que entonces cierra por así decir su estructura racional circular conjuntiva y basal o vital, pues, como dice Piaget, la racionalidad operatoria solo puede configurar estructuras cerradas, como muestra la racionalidad de un grupo algebraico, cuanto se introduce la operación inversa. Es decir, en este caso, cuando la guerra no es solo para defender la frontera de la apropiación territorial de otros, sino para mantener la unidad y vitalidad del propio Estado mediante la operación inversa de ataque y saqueo de otras tribus o Estados. Desde la concepción de un vitalismo operatiológico como el que mantenemos, las clases de las sociedades primitivas no son propiamente clases económicas, sino clases por edad primero (viejos/jóvenes), y después por selección biológica, determinante de una nueva situación político-institucional con la aparición de aristocracias de sangre. Son estas las que estarían a la base de la fundación del Estado como institución política con la apropiación previa de un territorio y la creación posterior de una clase biológica, resultado de la exogamia, que se impondrá como una aristocracia social y política de la que proviene la aparición de la monarquía política, la cual precisa de un tipo de familia muy diferente de la anterior familia endogámica matriarcal.

Según Ortega, como vimos más arriba, la aparición de la familia exogámica con el robo o rapto de las mujeres de otras tribus está en el origen de la aparición del Estado y su diferenciación o separación clara como nueva institución de la familia. Ello habría sido recogido con claridad por Aristóteles cuando decía que la estructura familiar se oponía a la estructura estatal, pues la familia estaría basada en relaciones de desigualdad (viejos/jóvenes) aunque suavizadas por relaciones de fraternidad, mientras que el Estado estaría presidido por la igualdad (isonomía), pero moderada por la justicia. Pero en Platón, Aristóteles y los estoicos, la sociedad civil todavía no se distingue del Estado. Sólo los epicúreos empiezan a sostener la posibilidad de crear una sociedad humana paralela al Estado, basada en la amistad o fraternidad, donde predomine la libertad al margen del Estado. Por ello se repliegan de la vida política para vivir en una especie de comunas, cuyo modelo era el Jardín de Epicuro en Atenas, granjas comunales en realidad, con su huerto para mantener la autosuficiencia, como señala Benjamín Farrington[137]. Esta concepción de una sociedad paralela al Estado, más auténtica y genuinamente humana, pasará a la Iglesia Católica a partir de su reconocimiento por el emperador Constantino el Grande. Pues la Iglesia, influida por *La ciudad de Dios* de San Agustín, desarrollará la vida cenobítica ordenada según la regla de San Benito, en la que se ofrecía una vida alternativa al mundo, similar a la epicúrea en muchos aspectos, en la que predomina la amistad fraterna entre sus integrantes. Además, se concebía como una estructura que iba más allá de las fronteres estatales adquiriendo un carácter transnacional, con pretensiones de universalidad (catolicidad) que unificaban a toda la humanidad como una sociedad perfecta, el Cuerpo Místico, con la que se alcanzaría el fin de la Historia.

Al margen de la consideración del carácter utópico o irreal de estos fines redentores de la Humanidad, no se puede negar el papel, tan importante y novedoso históricamente en relación con anteriores civilizaciones, que esta separación de Iglesia/Estado, admitida por Constantino -consolidada plenamente en el medievo, al margen de sus dificultades y conflictos como el cesaropapismo-, tuvo en el origen de la civilización moderna europea. Ello hace que no se pueda considerar a la sociedad medieval europea, como habitualmente se hace, como una sociedad totalitaria, pues había un separación efectiva y real de ambos poderes, el espiritual y el terrenal, como lo denominaba Augusto Comte, separación que no existe, por ejemplo, en la sociedad islámica, ni existía en sociedades anteriores como la romana anterior a Constantino o la egipcia. Pues, la sociedad medieval europea permitió un margen de libertad, no solo de pensamiento, sino de acción económica incluso, mayor que en sociedades anteriores, encontrándose en ella el origen del liberalismo político moderno, como sostiene Ortega y Gasset en su "Ideas de los castillos: liberalismo y democracia", en *Notas del vago estio* (1925), o incluso el origen del capitalismo[138].

Pero esta separación medieval de poderes desaparece en la modernidad europea con el triunfo del protestantismo y la nacionalización de sus Iglesias. En Inglaterra, donde se produjo el predominio de la Iglesia Anglicana, aunque existían otras Iglesias protestantes, se introdujo la doctrina de una tolerancia relativa, dentro de la cual, exceptuando a católicos o a ateos, como sostuvo Locke, se permitían unas grandes libertades personales y de pensamiento. Por ese margen de libertad, tras el triunfo de la Revolución Gloriosa, se abre el camino a la doctrina del liberalismo económico que introduce la idea de una sociedad económica o sociedad civil contrapuesta al Estado y verdadero motor del desarrollo económico y social para el que el Estado queda reducido a un mero auxiliar subsidiario.

Es en este mundo moderno anglosajón, en el que, frente al dualismo aristotélico de familia/Estado, aparece un tercer término mediador entre ambos, la llamada por Hegel *bürgerliche Gesellschaft*, que era para él el equivalente de los que los economistas ingleses llamaban la Sociedad Civil o sociedad económica. Su importancia la veremos más adelante con la aparición de lo que hoy se denomina la Sociedad Trans-estatal. De momento podemos resaltar como la estructura estatal actual está amenazada por los "agujeros" que en un principio introdujeron en ella los cuerpos extraños de entidades religiosas, las cuales, al evolucionar y constituirse en grandes organizaciones sociales alternativas, ya sean de tipo religioso, como la Iglesia Católica, o seculares, como la denominada Sociedad Civil, parecen llamadas a decretar la extinción del propio Estado. Pero, como sostiene Gustavo Bueno,

"… <<sociedad civil>> es un concepto negativo y equívoco, carente de unidad global; por tanto, hablar de <<sociedad civil>> es solo una hipóstasis ilegítima que confiere a lo que sólo es una clase complementaria negativa (sociedad no política) el estatuto de una unidad positiva"[139].

Es posible, entonces, que el Estado, lejos de desaparecer completamente en el futuro, solo decline en muchas de sus funciones, que serán asumidas por una Sociedad Civil con vocación transnacional. No obstante, al ser el Estado un mecanismo histórico que, con todos sus defectos, se ha mostrado capaz de impulsar y mantener el progreso civilizatorio por milenios, parece difícil que sucumba retirado de la Historia como algo arcaico, o como algo simplemente antiguo que será sustituido por algo nuevo. Más bien debería ser considerado como una institución básica, como lo es la rueda que, siendo un invento muy antiguo, sigue incorporada en la técnica de la civilización moderna, adquiriendo usos y formas mucho más sofisticados que los que tuvo en la antigüedad, pero manteniendo la simplicidad de su estructura básica. Pues parece difícil pensar que los conflictos y luchas de poder, consecuencia de nuestra genética evolutiva, proveniente de una base instintiva y emocional heredada del mundo animal que nos constituye como seres vivos, vayan a desaparecer en el futuro como suponen tantos utópicos y amantes de lo agreste y salvaje falsamente edulcorado. Spinoza, criticando a tales amantes de lo agreste, sosteniendo que el hombre es más libre en el Estado (*Ética* IV, Prop.LXXIII), añadía también en el Escolio de la Prop. XXXV, que,

"…sucede raramente que los hombres vivan según la guía de la razón, pues sus cosas discurren de manera que la mayoría son envidiosos y se ocasionan daño unos a otros. Y, con todo, difícilmente pueden soportar la vida en soledad, de suerte que la definición según la cual el hombre es un <<animal social>> suele complacer grandemente a la mayoría; y, en realidad, las cosas están hechas de manera que de la sociedad común de los hombres nacen muchos más beneficios que daños"[140].

Finalmente, podemos considerar como la Capa Fronteriza ha

devenido trascendental por sus consecuencias en la fundamentación y cierre operatorio de la estructura estatal. En tal sentido se puede ver aquí la fertilidad del enfoque de esta nueva Teoría del Estado buenista, añadiendo en su consideración una nueva Capa Fronteriza que, aunque levemente tratada ya por Locke cuando además del Poder Legislativo y del Ejecutivo distinguió un Poder Diplomático federativo, sin embargo, no llego a considerar ni de cerca su importancia como origen y primer fundamento del Estado. Pues este, como vimos, empieza a constituirse, no ya por un Pacto ni por la división marxista en clases, sino por la Apropiación de un territorio como sostiene Gustavo Bueno. Además, hemos añadido también, por nuestra parte, la importancia, señalada ya por Ortega, de la exogamia, propiciada por el rapto de las mujeres de otras tribus, en la constitución de las primeras aristocracias gobernantes e incluso en el origen de las justificaciones de las genealogías mitologías del poder monárquico. Pero, además, lo que nos ha sorprendido gratamente ha sido constatar la fecundidad del nuevo enfoque de fundamentación filosófica que prima la consideración de un fundamento dado *in medias res*, como es la Frontera en este caso, que ya empezó a ser pensado de modo central y obsesivo por la Filosofía del Límite de Eugenio Trías para superar el dualismo kantiano de Fenómeno/Cosa en sí. Pues ello coincide con la consideración que hemos hecho al tratar de Fundamentar una Teoría Operatiológica del Conocimiento, en lo que denominamos Pensamiento Hábil, apoyándonos en la Epistemología Genética de Jean Piaget, y que nos ha llevado a considerar las operaciones manuales como posibilitadas por un órgano fronterizo en el propio cuerpo humano, situado en su contorno y a partir de cuyas acciones, y no ya de las acciones del Yo interior de Fichte, podíamos reconstruir enteramente el origen y desarrollo del conocimiento racional humano, desde el conocimiento ontogenético del niño estudiado por Piaget, pasando por el conocimiento filogenético técnico de los primitivos. hasta el elevado y más sofisticado conocimiento científico actual, analizado a partir de la operatoriedad manual por Gustavo Bueno en si *Teoría del Cierre Categorial*.

DIMENSIÓN SINTÁCTICA

Después de analizar el Estado desde una dimensión semántica, debemos pasar al análisis de la actividad política desde su dimensión sintáctica, como dijimos al principio. Partimos entonces del Estado tal como resulta desde la dimensión semántica, como un organismo corpóreo dotado de las cuatro capas que analizamos y dado en interacción con un medio con el que se mantiene en una constante dialéctica circular, tratando de sobrevivir y crecer para lo que precisa mantener un equilibrio y buen orden, una *eutaxia* como señala Gustavo Bueno. Para ello precisa llevar a cabo una sistematización última que coordine los diferentes contenidos semánticos que hemos analizado, despiezándolos en Capas. Esta sistematización última es la que debe analizar y explorar la perspectiva sintáctica, la cual analiza los contenidos semánticos en una especie de reflexión de segundo grado:

"Pues la sintaxis política se nos manifiesta ahora como una sintaxis operatoria (entre términos que mantienen relaciones políticas, dentro de la eutaxia) lo que nos da pie para interpretar las operaciones políticas como operaciones sintácticas entre sujetos (términos) que a su vez son sujetos de operaciones propias de la semántica del campo político. <<Mandar>>, <<encarcelar>>, son operaciones políticas sobre sujetos que, a su vez, son sujetos operatorios en el plano circular, radial o angular. Lo que queremos decir es, por tanto, que las operaciones políticas, en cuanto sintácticas, serán políticas en la medida en que a su vez repercutan sobre las operaciones de los sujetos operatorios, o de otro modo, que son operaciones de segundo grado"[141].

Con ello se trata de alcanzar una perspectiva o dimensión política más abstracta, contemplada desde el punto de vista de los principios que mejor pueden garantizar y entender el mantenimiento del buen orden global del Estado.

Términos, Relaciones y Operaciones políticas

Por ello debemos previamente poner en claro lo que entendemos por perspectiva sintáctica aplicada a los contenidos de la política. Dichos contenidos, considerados desde tal perspectiva, los clasificamos en contenidos terminales, operacionales y relacionales. En relación con los *términos* del campo político, Gustavo Bueno señala que:

"En la medida en que el campo de la política pueda <<despiezarse>> en *términos* (capaces de componerse *operatoriamente* entre sí, para dar lugar a otros términos que mantengan con los primeros *relaciones* de naturaleza política) habrá que decir que tales términos han de referirse inicialmente a sujetos humanos o a conjuntos de sujetos, y no a cosas o conjuntos de cosas (salvo indirectamente); pero también, obviamente, a *configuraciones* constituidas por tales personas y que , paradójicamente, dejan de ser propiamente personales (salvo por ficción jurídica), tales como instituciones, partidos, Gabinetes, parlamentos y también asambleas, comicios o manifestaciones públicas no autorizadas"[142].

Estos términos del campo político, como señala Bueno, pueden ser clasificados como simples/complejos o como primitivos/derivados. Los términos simples serían los individuos, aunque entendiendo aquí simple en un sentido relativo, porque los individuos, en tanto que sujetos vivos corpóreos son a su vez complejos considerados psicológica o fisiológicamente. Los términos complejos serían agrupaciones de tales individuos políticos como partidos políticos, parlamentos, asambleas, manifestaciones, etc.

Como términos primitivos se suelen situar, en tradiciones, como la nominalista inglesa del Contrato Social de Hobbes, a los individuos. Ello se mantiene frente a la tradición opuesta aristotélica para la cual los términos primitivos son los grupos o clases sociales frente a las cuales los individuos son considerados abstracciones no esenciales. Pues, para Aristóteles, el Estado es anterior al individuo, así como el todo es anterior a las partes (*Política*, 1253a). Pero se puede superar esta oposición tradicional entre atomismo/holismo considerando que los propios individuos pueden ser términos no primitivos, sino derivados, aunque sin dudar de su realidad esencial, y no meramente fenoménica o abstracta, como término individual. Serían términos construidos, de la misma manera, como señala Gustavo Bueno, que:

"Los términos 0 ó 1 no tienen por qué ser considerados primitivos en toda axiomática aritmética; si partimos, como términos primitivos, de términos distintos de 0 y 1, tales como a, b, c…, podremos introducir como derivados -una vez definidas las operaciones pertinentes- los términos 1=a/a; 0=a-a. Pero, una vez introducidos, podemos operar con esos términos como si fuesen términos dados <<en el mismo plano>> que sus precursores (a·1=a; a+0=a, etc.)"[143].

Como señala Hegel en su *Fenomenología del Espíritu*, el individuo libre moderno es el resultado de una larga "experiencia de la conciencia" por la que no han pasado todos los pueblos, ni siquiera los griegos y romanos, y que solo se abre camino al final del mundo romano con la filosofía estoica y la religión cristiana. Por ello la personalidad individual es algo derivado que no se puede situar en el origen, como supone ingenuamente el liberalismo clásico inglés o el mismo Rousseau con su "buen salvaje".

En relación con las *operaciones*, los contenidos operacionales del campo político remiten a las propias acciones u operaciones de los políticos, como pactar, conspirar, legislar, ordenar, votar, prohibir o encarcelar, por ejemplo. Dichas operaciones son claramente operaciones "quirúrgicas", esto es operaciones con las manos o con la laringe, esto es acciones policiales, declaraciones y discursos, técnicas de astucia y fuerza en que se resumen las operaciones políticas. Dichas operaciones son siempre prudenciales, pues no existe una ciencia política exenta, como en las matemáticas o en las ciencias naturales, que puede establecer relaciones puras o verdaderas tras eliminar las operaciones de los sujetos. Por ello la política pertenece al género de los saberes tecnológicos (*beta*-operatorios), como señala Gustavo Bueno. En tal sentido se habla tradicionalmente del "arte de la política".

Por último, en relación con las *relaciones*, los contenidos relacionales del campo político remiten a un tipo de relaciones específicas que no son ya meras relaciones biológicas de fuerza animal. Son relaciones que implican instituciones antropológicas, aunque son también diferentes de las meras relaciones de parentesco, pues estas, aunque están a la base de las relaciones políticas, no lo son formalmente. Además, las relaciones políticas surgen en sentido estricto con la segregación de las relaciones de parentesco; pues, aunque puedan utilizarse relaciones de parentesco en la sucesión política, ello no quiere decir que las relaciones políticas puedan reducirse a ellas. Tampoco son relaciones estrictamente políticas las relaciones de poder o dominación en un sentido genérico, que se comparte con las llamadas relaciones etológicas de dominación, propias de otros animales cercanos evolutivamente, como es el caso de los gorilas, o las que están bajo la formación de coaliciones como en el caso del despiojamiento y del cotilleo subsiguiente en los monos señalado por R. Dunbar en su conocido libro *Grooming, Gossip and the evolution of the Language*, (Harvard University Press, 1998). Solo se pueden considerar relaciones políticas aquellas que, como señala Gustavo Bueno[144], están ordenadas en un marco relacional de la *eutaxia* o mantenimiento de un buen orden gubernamental en un plazo medio o largo. En tal sentido son relaciones políticas las relaciones entre instituciones como Gobierno y Parlamento, entre mayorías y minorías políticas o entre los propios Estados, etc.

DINÁMICA DE LA RACIONALIDAD POLÍTICA

Después de llevar a cabo un análisis o despiece atómico y anatómico de las realidades dadas en la dimensión política del hombre debemos pasar, como sostenía Augusto Comte, a considerar la dinámica fisiológica que preside los cambios y la evolución de tales realidades. Dicha dinámica precisa de unos Principios racionales para ser comprendida, de la misma manera que en la Mecánica clásica newtoniana se establecieron los famosos Tres Principios, siguiendo los cuales se consigue entender racionalmente los movimientos y evoluciones de los cuerpos en el universo físico.

PRINCIPIOS DE LA DINÁMICA POLÍTICA

Debemos, por tanto, tratar de buscar cuales serían los Principios más generales que presiden y hacen inteligible la dinámica política, tal como se ha venido desarrollando a lo largo de la Historia de la Humanidad y continúa haciéndolo en la actualidad. Gustavo Bueno ha propuesto que dichos Principios son los contenidos en el famoso lema de la Revolución francesa que se ha formulado popularmente con la frase "Libertad, Igualdad y Fraternidad[145]. Se trataría, a su juicio, de ver en ello, más que un mero lema de propaganda política, algo que tiene una conexión profunda con el propio novedoso y revolucionario ordenamiento jurídico que resultó de aquellos decisivos acontecimientos políticos. En tal sentido compara dichos principios revolucionarios con los Tres Principios de la Mecánica de Newton resultantes de la llamada Revolución Copernicana que se inicia en el Renacimiento:

"Y la cuestión se plantea porque las <<tres palabras>>, no son propiamente <<leyes>>, sino más bien, declaraciones preambulares, principios de leyes. Es esto lo que nos invita a comparar las funciones que pueden corresponder a los principios revolucionarios con las funciones que corresponden a los principios de la otra Gran Revolución de la época moderna, la Revolución científica e industrial, cuya <<toma de la Bastilla>> fue la Revolución copernicana. Una Revolución que, no sólo en el nombre, antecedió a la Revolución política. Tampoco la Revolución copernicana (como solemos llamarla desde Kant) se hizo en unas horas. Comenzó con unas nuevas teóricas *revolutiones orbium*, que eran tan conservadoras como lo fueron las primeras sesiones <<aristocráticas>> de los Estados generales. (...) Las líneas maestras por las que se regía este orden fueron trazadas finalmente, como es bien sabido, por Newton, cuyos *Principia* culminaron la revolución copernicana, la Revolución mecánica efectivamente realizada (no solo de modo intencional, como en el caso de Descartes). Ahora bien, la totalidad de la revolución newtoniana quedaba encerrada en el sistema de los tres principios de la Mecánica, principios que arrumbaron a la Física aristotélica, del mismo modo que los tres principios revolucionarios arrumbaron a la teoría del Antiguo Régimen. Tampoco los tres principios de Newton -el principio de la inercia, el principio de la fuerza y el principio de la acción recíproca- aparecieron de golpe, simultáneamente, como tampoco aparecieron simultáneamente los tres principios revolucionarios -la Libertad, la Igualdad y la Fraternidad-"[146].

En tal sentido, en el ámbito de la Naturaleza física nos salta inmediatamente a la vista la posibilidad de interpretar los famosos Tres Principios de la física de Newton como Principios de una forma hábil de pensar la mecánica de los cuerpos físicos. El Primer Principio, o Principio de Inercia, es el principio que define los *términos* o cuerpos físicos como masas inerciales. El Segundo Principio, o Principio de la Fuerza, trata de establecer las *operaciones* entre los cuerpos inerciales como oposiciones de fuerzas, las cuales son definidas como el producto de la masa por la aceleración. Y el Tercer Principio, o Principio de Acción y Reacción, establece las *relaciones* entre los cuerpos inerciales como regidas por la reciprocidad: a toda acción se opone siempre una reacción igual de sentido contrario. A partir de estos principios se explican los movimientos de los cuerpos terrestres y especialmente los movimientos de los cuerpos en rotación, en los que Newton establece la existencia de las fuerzas centrípeta y centrífuga que explican, por ejemplo, el movimiento de una piedra girando en una onda de un pastor. La proyección de estas experiencias de movimientos terrestres a los giros de la Luna en torno a la Tierra, hecha por Newton, o de la Tierra en torno al Sol, preparada por las Leyes de Kepler, permitirá la elaboración de la Ley de la Gravitación, que Newton demostrará como válida para los cuerpos celestes y terrestres y, por tanto, dotada de alcance universal.

Los Principios de Newton culminaron la llamada Revolución científica moderna en la explicación del mundo físico. Pero la modernidad revolucionaria también afecto al mundo político que culmina en la Revolución francesa. En ella se establecieron también tres Principios, la Libertad, la Igualdad y la Fraternidad, que presiden desde entonces el funcionamiento de una sociedad política moderna. Se pueden establecer analogías muy interesantes entre ambas triadas de Principios. Pero lo que nos importa señalar aquí es la analogía que nos lleva a entender dichos Principios políticos como Principios sintácticos, esto es, como principios de los términos, de las relaciones y de las operaciones.

En tal sentido se puede establecer una coordinación por analogía entre los Tres Principios de la Mecánica newtoniana y los Tres Principios de la Revolución francesa, como hace Gustavo Bueno, considerando la semejanza entre:

"… multiplicidades constituidas por unidades enclasadas y definidas en ciertas condiciones precisas, ya sea en un espacio físico (corpúsculos, manzanas, planetas), ya sea en un espacio social (individuos, familias, ciudades, Estados). Los principios axiomáticos que rigieran estas multiplicidades enclasadas deberían tener la forma lógica de las <<funciones abiertas>>, indeterminadas; unas funciones que sólo alcanzan sus posibilidades operatorias (en los campos de referencia) engranadas a parámetros y a determinaciones de escala de los campos de variabilidad, que deben ser minuciosamente definidos. Para que los principios axiomáticos de este género funcionen como tales, es preciso definir las *unidades* del campo (físico o político), la naturaleza de sus enclasamientos, las relaciones y las operaciones en juego. Desde este punto de vista, cabría comparar el primer axioma de Newton, el principio de *inercia*, con el principio revolucionario de la *libertad*; el segundo axioma, o principio de la *fuerza* (masa por aceleración) correspondería al principio político de la *igualdad*, que define la *masa* de cada unidad por la igualdad de las relaciones entre las fuerzas y las aceleraciones; y el tercer principio, el principio de la *acción recíproca* (que culmina en la ley de la gravitación universal) se correspondería con el principio revolucionario de la *fraternidad*"[147].

Como resultado de tal análisis, la Libertad es el principio que rige a los sujetos o términos políticos de las democracias modernas como equivalente de la definición física de los cuerpos como masas inerciales:

"Conviene subrayar que la libertad así definida, es la *libertad de*, o libertad negativa de los ciudadanos, definida principalmente en la capa conjuntiva del cuerpo político, y que se corresponde con el carácter negativo del primer principio de Newton, que se aplica a una masa que no está impedida, ni obligada ni estorbada por otras masas de su entorno"[148].

La Igualdad rige las operaciones políticas que se establecen entre dichos términos. Gustavo Bueno la relaciona también con el "poder ejecutivo" de Montesquieu, en tanto que se puede considerar que, así como Newton estableció la Ley de la Gravitación de la Mecánica, Montesquieu habría establecido la ley de la gravitación de la mecánica política:

"El segundo principio es el principio del poder ejecutivo, que habría que poner en relación con el segundo principio de Newton, o principio de la Dinámica (fuerza = masa x aceleración). Montesquieu viene a decir, en efecto, (así lo interpretamos), que el poder ejecutivo actúa como el verdadero principio de la fuerza política, capaz de imprimir una aceleración a las masas libres, pero inertes, de los ciudadanos. Si tenemos presente que las masas mecánicas pueden suponerse, en un estado inicial, moviéndose uniformemente, pero a diferentes velocidades y direcciones, y que es en estas condiciones cuando puede decirse que son iguales sus masas en función de las aceleraciones que reciben según las fuerzas impresas en ellas (la igualdad como relación de equivalencia no conexa produce una desigualdad), podríamos poner también en correspondencia el segundo principio de Newton-Montesquieu con el principio revolucionario de la igualdad"[149].

Y la Fraternidad, finalmente, es el principio que regula las relaciones entre los términos, entendida como un principio de reciprocidad, de cooperación o solidaridad filantrópica activa entre los miembros de una sociedad política, similar al principio de acción y reacción newtoniano:

"Por último, el tercer principio de Newton, o principio de la acción recíproca entre la acción y la reacción (que es un principio de asociación, solidaridad o fraternidad, destinado a dar cuenta de la tendencia de las masas a interaccionar, frente a su tendencia a una dispersión absoluta), también parece inspirar a Montesquieu en varias ocasiones. Por ejemplo, cuando dice que el monarca (es decir, el poder ejecutivo <<encarnado>> en el monarca) ha de intervenir con la facultad de impedir al legislativo; o bien que el cuerpo legislativo puede estar compuesto de dos partes [¿partidos?, ¿izquierda y derecha?] <<cada una de las cuales reprimirá a la otra por su mutua facultad de impedir>>"[150].

Así como la Gravitación varía modulándose según se aplique a los cuerpos terrestres, a la Luna respecto de la Tierra o esta misma respecto del Sol, la Fraternidad o reciprocidad política varía en su radio de acción, desde la fraternidad propia de una banda a la fraternidad de una tribu, una nación o la de todo el Género Humano.

Además de buscar la analogía de los Tres Principio Políticos con los Principios de la Mecánica de Newton, se los puede comparar también, a nuestro juicio, con otros Tres Principios igualmente famosos, los Tres Principios de la Teoría del Conocimiento (*Wissenschaftslehre*) de Fichte. En otro lugar hemos señalado que Fichte, aunque en principio tenía una concepción monista de la sistematización filosófica, inspirado en el Cogito cartesiano, sin embargo, al construir la *W.-L.* en los *Grundlage*, parte de Tres Principios, de los cuales el Segundo y el Tercero no se deducen del Primero ("el yo pone al yo"), sino que mantienen cierta independencia del primero y entre ellos mismos, por lo que recuerdan a los Principios de Newton que constituyen un sistema axiomático consistente de principios independientes[151]. Podemos entonces buscar también la analogía entre los Tres Principio Políticos y los Tres Principios de Fichte.

Analizando los Tres Principios de Fichte de modo operatiológico proponíamos que el Primer Principio del "yo pone al yo" era un principio de los términos, por el cual Fichte establece a los yos como sujetos autónomos en el sentido kantiano, de un modo similar a como Newton define a los cuerpos como masas inerciales.

El Segundo Principio lo entendíamos como un principio operacional según el cual la actividad del yo está determinada o movida por la de un no-yo que se le opone, de la misma manera que las masas inerciales cambian su fuerza o cantidad de movimiento al chocar con otras masas inerciales igualmente inertes. Y el Tercer Principio lo establece Fichte después de introducir un postulado de limitación que reduce o circunscribe la oposición, en principio ilimitada o infinita, entre un yo de virtual actividad infinita y un no-yo igualmente infinito en extensión, a la oposición limitada al interior de la conciencia finita humana entre un yo finito y un no-yo igualmente finito. Dicho principio lo formula Fichte diciendo que "solo dentro del yo tiene sentido la oposición yo/no-yo". Pero esa oposición, según Fichte, puede darse en dos direcciones opuestas, como una especie de principio de acción y reacción newtoniano: cuando el no-yo es activo y el yo pasivo se generan las representaciones necesarias de la naturaleza en la conciencia; cuando ocurre lo contrario tenemos las representaciones libres, como las representaciones morales, artísticas, etc. El problema de esta deducción fichteana de las representaciones de la conciencia es que aún mantiene el dualismo kantiano entre Naturaleza y Espíritu, además de ser una concepción todavía "mentalista" del conocimiento.

Apoyándonos en una teoría del conocimiento más actual, como la Epistemología Genética de Jean Piaget, nos propusimos transformar los Tres Principios del idealismo de Fichte en otros Tres Principios análogos, pero de carácter biológico-evolucionista. Así consideramos que:

"La rectificación de estos principios, que exige una concepción del conocimiento como la formulada por Piaget, es factible ya que Fichte comparte con aquel la tesis de que el origen del conocimiento no está tanto en las sensaciones, como se pensó de modo inveterado, sino en las acciones del sujeto. Además, comparte la perspectiva genética de explicación, ausente, sin embargo, en Kant. La diferencia principal respecto a Fichte y Kant está en que ahora, para Piaget, el sujeto epistemológico no es ya originariamente una "mente" o un Yo, sino que es un sujeto corpóreo operatorio dado en un medio del que depende para vivir y sobre el que actúa"[152].

El Primer Principio de Fichte que define a los términos o Yos como autónomos, lo sustituimos entonces por el Principio de un sujeto biológico, no meramente "mental", sino un sujeto corpóreo-operatorio piagetiano, que ya no es un ente nouménico, sino un organismo biológico fenoménico, y que tampoco es enteramente autónomo, sino que depende de un medio externo para su supervivencia. Su característica ya no es entonces la autonomía, como pensaba idealistamente Fichte, sino la capacidad de autorregular su conducta, la autorregulación.

El Segundo Principio que en Fichte entiende el carácter operatorio del Yo en relación con su oposición a un No-Yo, lo interpretamos por analogía con la oposición que plantea Piaget en la necesaria interacción de un organismo con su medio. La diferencia está en que en Fichte el No-Yo es entendido solo de una forma lógico-negativa, mientras que en Piaget la oposición es biológico-positiva, entre un organismo y su medio.

Y el Tercer Principio de Fichte lo comparamos con el Principio de Adaptación evolutiva de Piaget que tiene lugar por medio de las funciones recíprocas de Asimilación y Acomodación:

"El Tercer Principio de Fichte, entendido como un Principio de las Relaciones, es el Principio a partir del cual se deducen el conocimiento Teórico y el Práctico. Es un Principio dualista y rígido pues solo plantea abstractamente la oposición de dos tipos de conocimiento siguiendo la inversión de la actividad/pasividad reciproca del Yo y del No-Yo. Su rectificación es posible evitando tal dualismo si se pone en relación con las operaciones de Asimilación y Acomodación que Piaget asigna a todo proceso de Adaptación biológica (...) Pero, a diferencia de Fichte, Piaget no explica dicha génesis de los conocimientos mediante el dualismo actividad/pasividad del sujeto para generar las representaciones prácticas en un caso y teóricas en el otro. Sino que dichas funciones de Asimilación y Acomodación requieren, ambas, diferentes tipos de acciones, en un caso de asimilación y en el otro de acomodación. La explicación de la producción de diferentes tipos de conocimientos la lleva a cabo Piaget al plantear tres posibilidades de relación entre ambas funciones: que la Asimilación predomine sobre la Acomodación, como ocurre en el caso de los llamados juegos de construcción infantiles, barruntos de la invención técnica del adulto. Que ocurra al revés predominando la Acomodación sobre la Asimilación, como ocurre en los juegos de imitación, en consonancia con la invención artística. Y, por último, que haya un equilibrio entre ambas funciones con lo que se obtiene el conocimiento inteligente propio de la actividad científica o filosófica"[153].

En tal sentido, podemos entender los Principios políticos de forma análoga, entendiendo el Primer Principio político como la Libertad, pero no ya entendida de forma idealmente absoluta, sino dada en relación con un medio o circunstancia política del que se depende relativamente y con el cual se interactúa por la propia capacidad de autorregulación conductual.

El Segundo Principio político es la Igualdad, como ya dijimos, pero esta igualdad solo tiene sentido si existen otros Yos con los que chocamos o entramos necesariamente en contacto, definidos mediante lo que Fichte llama el reconocimiento (*Anerkennung*), sin el cual no hay propiamente libertad humana, de la misma manera, como explica Fichte, que sin otros seres que hablen la misma e igual lengua no tiene sentido la capacidad lingüística individual.

El Tercer Principio político, surge también, como en Fichte, por un postulado de limitación, en el sentido de que una libertad ilimitada chocaría con una tendencia también ilimitada a la igualdad social; por lo que la oposición Libertad/Igualdad, que apuntaría a la oposición entre un Anarquismo, que pone como principio absoluta la libertad individual, y un Estatalismo totalitario, que suprime toda libertad en nombre del colectivismo igualitario, debe ser limitada en el marco de una reciprocidad fraternal y solidaria, por la que se establece el marco o estructura relacional en la que debe mantenerse dicha oposición irreductible entre los dos primeros Principios políticos.

De este modo caben ahora, tres posibilidades deductivas, y no meramente dos, como ocurría en Fichte. Una en la que predomine una igualdad homogénea en perjuicio de la libertad. Se trata de sociedades comunitaristas en las que predominaba la propiedad igualitaria comunal sobre la propiedad individual. Gustavo Bueno, tratando de evitar la visión de dicha igualdad ya como igualitarismo anárquico o como sometidas a una jefatura jerárquica, denomina a dichas sociedades "filarquías", en las que la igualdad convive y converge de forma compatible con la aceptación de relaciones de subordinación:

"Las sociedades naturales no son sociedades <<igualitarias>> en sí mismas, sino sociedades ligadas por relaciones de dominación (asociadas o no a las relaciones parentales). En este sentido no cabe definirlas como sociedades ácratas. No son anarquías ni tampoco son siempre jefaturas. Podrían llamarse filarquías (φυλαρχέω = mando de una tribu), tomando el nombre de un tecnicismo que designa situaciones dadas a un nivel bajo de las sociedades políticas. En todo caso, las sociedades naturales, sin dejar de ser filarquías, implican tanto relaciones de subordinación, como relaciones de coordinación; pero la subordinación de unos grupos a otros en el todo social puede ser tan convergente y aceptada por los subordinados como las relaciones de igualdad (Nietzsche habló de la <<dulzura de obedecer>>"[154].

El ejemplo histórico son las sociedades pre-estatales denominadas por Marx y Engels "comunismo primitivo". Son sociedades homogéneamente igualitarias en tanto que no hay en ellas todavía clases sociales enfrentadas por motivos de desigualdad y explotación económica, aunque existen clases por edad. También se pueden incluir aquí el llamado "comunismo final" propuesto por Marx como una sociedad igualitaria y justa en la que desaparecería el Estado. Aunque esto se mantiene solo en el terreno de las utopías pues, como se ha visto con el experimento soviético, el Estado, lejos de desaparecer, creció de modo gigantesco, cumpliéndose la profecía de Herbert Spencer según la cual el triunfo del socialismo, que el veía como imparable ya a finales del siglo XIX, lejos de conducir a una sociedad industrial moderna más libre e igualitaria, conduciría a una sociedad militar-policial del tipo de las sociedades antiguas.

Otra posibilidad es que predomine la libertad individual sobre la igualdad colectiva, fomentándose la divergencia, el disenso, la competencia y la lucha individual heterogénea frente al igualitarismo homogeneizador comunitarista de las sociedades pre-estatales. En las sociedades naturales existe un control muy fuerte, salvaje, sobre la libertad de los individuos que pretendan no someterse a la norma social, mientras que con la aparición del Estado dicho control empieza a pasar a órganos especializados y separados del resto de la sociedad, como son los jueces, que deben dirimir en los conflictos entre individuo y normas sociales. Tal tipo de situación aparece, pues, con la creación del Estado. Hegel sostenía que, con la aparición del Estado, incluso en la forma primera de un "despotismo oriental", ya aparece la figura del individuo libre, el propio déspota frente al resto de la población reducida a siervos suyos. Se daría después, según Hegel, una evolución del propio Estado en el que se formarían oligarquías, como en la democracia esclavista griega, donde solo "algunos son libres", para culminar en el mundo moderno, con la democracia surgida de la Revolución francesa, en la que se proclama la libertad de todos los ciudadanos.

Pero la propia Revolución francesa se adelantó frente a la Revolución inglesa o Norteamericana en la introducción de la propuesta de una Fraternidad o Solidaridad que complementase a la Libertad y la Igualdad. Aquí aparece entonces una tercera situación en la que se introduce una limitación de la libertad con el fin de conjugarla con la igualdad, de manera que se creasen sociedades más estables y duraderas en su *eutaxia* u orden interno, ya que si el igualitarismo comunitarista producía estancamiento y retardo en el progreso de las sociedades primitivas, el individualismo libertario, aunque más capaz de producir avances y progresos en la mejora y civilización de las sociedades humanas, sin embargo, debido a la competencia sin control de los individuos en el desarrollo y apro-piación de la riqueza, conducía a sociedades de grandes desigual-dades que amenazaban la estabilidad y el orden social con el esta-llido de guerras civiles y conflictos catastróficos muchas veces para el progreso de dichas sociedades.

Esta tercera posibilidad es la que parece abrirse en el horizonte futuro con el desarrollo de las llamadas sociedades transnacionales que están poniendo límites al poder de los Estados, abriendo una sociedad en globalización creciente que se está configurando ya ante nuestros ojos. El filósofo que anticipo este nuevo tipo de situación fue el inglés Herbert Spencer, propulsor de una reforma del liberalismo político que buscase, no tanto poner límites al Estado monárquico como en tiempos de Locke, sino poner límites al Estado democrático parlamentario mismo, considerado la culminación más perfecta del Estado por el llamado fundamentalismo o absolutismo democrático actualmente dominante. Dichos límites debían oponer los derechos del propio individuo libre frente al Estado, sea este cual fuere, tal como sostiene en su escrito *The Man Versus the State* (1884) en línea con el liberalismo clásico inglés de Locke. Pero Spencer recogía también la distinción del fundador del positivismo, el Conde de Saint-Simón, entre sociedades militares y sociedades industriales. Las primeras corresponden a las sociedades antiguas, en las que la mayor parte de la riqueza procedía de la explotación del trabajo esclavo como resultado de la dominación militar y guerrera de unos pueblos sobre otros. En las sociedades modernas, debido a la Revolución Industrial, que consiste en la aplicación de los conocimientos científicos a la explotación de las fuerzas naturales, como nunca anteriormente se hizo, la riqueza y el poder consecuente que ella genera no proviene ya principalmente de la guerra, sino de la producción industrial y el comercio, que requieren unas relaciones entre los factores productivos y comerciales sometidas a contratos y condiciones legales libremente establecidas entre las partes. Saint-Simón definió la nueva política necesaria para esta nueva sociedad industrial como una *politique des abilités*.

La reflexión filosófica sobre la habilidad humana, que hemos comenzado a desarrollar sistemáticamente hace ya más de una década, cuando publicamos los artículos "Ser como voluntad y Ser-a-la-mano" (1996) y "Para la fundamentación de un pensamiento hábil" (1998), nos ha llevado desde el planteamiento novedoso de problemas de fundamentación de una nueva filosofía, desde el punto de vista sistemático, histórico y metodológico, hasta la propuesta de una teoría operacional del conocimiento que, partiendo de los planteamientos de Piaget y apoyándose en la Teoría de las Esencias de Gustavo Bueno, nos condujo a poner la habilidad manual como núcleo generador del conocimiento humano, como sostuvimos en "La mano como raíz generadora del conocimiento humano"[155].

Las reflexiones que vamos a desgranar a continuación tratan de ampliar el campo de aplicación del punto de vista de las habilidades al campo de la política. En este caso tenemos como antecedente clásico, hoy prácticamente olvidado, al Conde de Saint-Simón, el padre del movimiento positivista en filosofía. Pues fue él quien en sus obras *L' industrie, Du système industriel* o *Le catéchisme des industriels*, acuñó el término de capacidades o habilidades para referirse a los poderes o fuerzas constitutivas de la moderna Sociedad Industrial, de la que ha quedado como su gran visionario. Una prueba de su influencia a largo plazo es precisamente la denominación tan extendida de la palabra Sistema para referirse en la actualidad a las estructuras políticas dominantes en países altamente industrializados como USA y la aparición de una oposición política anti-sistema de movimientos alternativos en la segunda mitad del siglo XX. Solo por ello, habría que considerar hoy al Conde de Saint-Simón como más profundo en muchos aspectos que sus grandes seguidores, Engels y Marx, los cuales lo consideraban un mero Socialista utópico. Marx y Engels se consideraban Socialistas científicos, aunque el hundimiento del Socialismo soviético, que se inspiró en ellos, ponga en cuestión tal pretendida cientificidad.

Pero, si se lee al Conde de Saint-Simón, -cosa que en español es difícil, pues apenas está traducido-, se comprueba que propiamente no era ni socialista ni utópico. No era socialista, porque hablaba de una emergente sociedad industrial de productores en la que las fuerzas dirigentes debían ser los empresarios y no los obreros; y no era utópico porque su concepción de una sociedad nueva basada en dos nuevos poderes, el terrenal (los productores: empresarios y obreros) y el espiritual (los sabios creadores: científicos, filósofos positivos y artistas), los cuales debían sustituir a los poderes de la sociedades militares antigua y medieval (guerreros y sacerdotes,) se han cumplido en la llamada "sociedad del conocimiento" o sociedad industrial tecnológica analizada hoy en el siglo XX por la Sociología de R. Aron, Daniel Bell, Dahrendorf, etc., que el preconizó. En tal sentido, a modo de reconocimiento de la actualidad de su obra se ha creado en Francia en la década de los 80 del pasado siglo un influyente *think tank* de intelectuales y empresarios, la Fundación Saint-Simón, promovida por F. Furet, Alain Minc, etc., en el que se pretendía llevar a cabo la alianza de productores y sabios, el partido de "los industriales" que Saint-Simón propuso a su época sin conseguirlo.

Saint-Simón pensaba que, en dicha sociedad futura, el "gobierno de las cosas" sustituiría al "gobierno de los hombres", transformando a los políticos, de temidos gobernantes que someten a la sociedad a sus intereses de mera dominación, en serviciales Administradores que velarán por su bienestar. Marx y Engels se apropiaron de tal Idea para definir la sociedad comunista que proponían. Pero en esto tergiversaron a Saint-Simón, quien no creía que pudiese desaparecer la política, ni el Estado, en la sociedad industrial del futuro, sino que esta continuaría, pero no ya como "política del poder", sino como *politique des abilités*. Pues, con la aparición de la sociedad industrial, -en la cual la riqueza social se obtiene fundamentalmente de la explotación de la naturaleza con la guía de la ciencia, a diferencia de lo que ocurría con las sociedades pre-industriales, en las que la riqueza derivaba de la explotación del trabajo humano por medio de la violencia que da la superioridad militar y guerrera-, cambiará necesariamente el modo de organizar la esfera política. Por ello, el poder de organizar la sociedad ya no residirá en la mera fuerza, sino en la habilidad para dirigir y ejecutar las tareas productivas de las que depende el bienestar y progreso de la sociedad humana. Las habilidades o capacidades, tanto manuales como intelectuales, de crear riqueza por la industria y la ciencia, son ahora las actividades que deben presidir la nueva sociedad, que es, por tal razón, de naturaleza pacífica y requiere una gran libertad y descentralización para su correcto desarrollo. Como consecuencia de ello, por la naturaleza universal, global o transnacional de los intereses industriales y científicos, el Estado nacional moderno, aunque no desaparece, debe ser descentralizado en dos direcciones: hacia abajo (nivel regional de Autonomías en España, por ejemplo) y hacia arriba (nivel confederal propio, p.ej., de la Comunidad europea).

Saint-Simón contrapuso su Sistema industrial al Sistema feudal medieval, hoy ya superado en los países más industrializados, pero también advirtió, como su discípulo Augusto Comte, de las formas de transición de gobiernos y parlamentos controlados por "metafísicos" y "legistas". Pues son hoy estas fuerzas de transición las que se están convirtiendo en un freno para el progreso de la sociedad. Dichas fuerzas emergen en las Revoluciones inglesa y francesa con sus "metafísicos" del poder, como Hobbes o Locke, y sus "legistas", que dirigen a través de los nuevos partidos liberales la lucha libertaria e igualitaria para neutralizar los privilegios políticos de la nobleza y del clero. Mientras se debilitaba el Antiguo Régimen, dicha lucha beneficiaba a la nueva sociedad de productores que avanza decisivamente con la Revolución Industrial. Pero es en el jacobinismo de la Revolución francesa donde el propio Saint-Simón, que la vivió como el ciudadano Claude-Henri de Rouvroy, percibe un serio peligro para el progreso de los industriales y científicos, en el sentido de que los Jacobinos abortan la Revolución industrial para sustituirla por una revolución política banal en la que meramente se trata de sustituir unos dirigentes por otros (vuelta de la tortilla) pero manteniendo la misma concepción maquiavélica del poder; concepción en la que el poder político se convierte en un fin en sí mismo y deja de ser un medio para el progreso de la ciencia y la industria. Los Jacobinos no habrían llevado a los industriales y científicos saint-simonianos al poder, sino a una nueva clase, la burguesía, que se interpone en el proceso de producción y lo desvía para su propio y exclusivo beneficio.

El modelo de partido jacobino y centralizado, en el que un pequeño grupo controla las elecciones y los parlamentos, utilizándolos, no como medio al servicio de la sociedad industrial, sino para perpetuarse en el poder, tendrá su máxima expansión y perfección técnica en el siglo XX, en el que sociólogos como R. Michels desvelaron con claridad su carácter oligárquico. Pero ello abrió un conflicto entre los políticos y los representantes económicos, que es recurrente en las sociedades industriales y que se manifiesta en la formación de castas oligárquicas parasitas e ineficientes que tienden a llevar a las economías a la ruina, como ocurrió con la Nomenclatura soviética o con lo que, en la España de Zapatero, Gustavo Bueno denominaba Pensamiento Alicia y otros, como Mario Conde, El Sistema[156]. Saint-Simón proponía, frente a esta nueva versión de la "política del Poder" que se remonta a Maquiavelo, una "política de las Habilidades", una política en la que sean las capacidades industriales y científicas, orientadas al aumento de la riqueza y el bienestar de la población, las que determinen las políticas presupuestarias de los gobiernos que deben aprobar los parlamentos democráticos. Pero para ello habría que crear partidos y fuerzas sociales que presenten como diputados a científicos, industriales, artistas, filósofos no metafísicos, etc. Habría que además convencer al electorado que se deben exigir unos mínimos de experiencia académica o industrial para acceder a los Parlamentos de una sociedad altamente industrializada, en la que sobran leguleyos, gente sin profesión, o "profesionales del poder", demagogos que llenan su boca con metafísicas soberanías o absolutismos populistas, etc. En tal sentido continua vigente, sobre todo tras el fracaso del Comunismo soviético de crear una sociedad futura solidaria en la que se extinga el Estado y la política de la pura dominación, y continua abierta la propuesta saint-simoniana de no intentar nuevas revoluciones como la socialista, sino continuar con nuevos esfuerzos y trabajos para reorganizar la sociedad industrial capitalista como la única realmente existente, de modo que avance en la construcción de una sociedad en la que tiendan a desaparecer las guerras y aumenten las relaciones industriales, comerciales y científicas que permitan la superación de males tradicionales de la humanidad como el hambre, los desastres naturales, las enfermedades, etc.

Una influyente escuela, que ha resurgido tras el fracaso del Socialismo soviético, es la denominada Escuela Austriaca de Economía, derivada de Carl Menger y desarrollada por Böhm-Bawerk, Von Misses, F. Hayek, etc. Aparte de sus críticas y predicciones sobre la ineficiencia e imposibilidad de una economía socialista, destaca en la dirección de su preocupación por la reducción o eliminación del Estado para lograr una futura sociedad industrial más rica y eficiente. Algunas de sus derivaciones, como el llamado anarco-capitalismo del norteamericano Rothbard, retoman el tema de la extinción total de Estado defendida también en el comunismo marxista, pero ahora en el propio capitalismo. En tal sentido parece que se mueven en una posición moralista de la conducta humana que recuerda a Fichte, también promotor de la extinción de toda dominación en una especie de kantiano "reino de los fines", con lo que se vuelve con ello a caer en una nueva forma de idealismo utópico. Otras posiciones denominadas miniarquistas no creen sin embargo posible una entera extinción del Estado. Con ello se está abriendo un interesante debate sobre el modo en que se vaya a realizar la sociedad industrial futura.

CURSO EVOLUTIVO DEL PODER POLÍTICO

Desde la perspectiva de la dinámica social, una vez que hemos analizado sus principios de Igualdad, Libertad y Fraternidad, que generan los diversos tipos de sociedad política, debemos pasar a una exposición de cada uno de estos tipos de sociedad que se van abriendo camino en el curso evolutivo de la Historia humana

Sociedades Preestatales

Consideramos como sociedades pre-estatales, como es habitual, a las sociedades humanas más primitivas anteriores a la aparición del Estado. No todas estas sociedades así designadas son propiamente sociedades políticas. Según el evolucionismo moderno, las sociedades humanas proceden de la transformación evolutiva de sociedades animales previas, aunque dicha evolución no es continua, sino que está fracturada por discontinuidades que la alteran profundamente, dando lugar a las emergencias anamórficas de órganos o funciones nuevas, tal como señala Darwin con los cambios que provocan la bipedestación y el surgimiento de la mano exenta como causa de la aparición de la inteligencia propiamente humana. En la evolución social también ocurren cambios que hacen que se empiece a hablar de sociedades propiamente humanas más complejas, gobernadas por criterios políticos frente a las sociedades previas dominadas por criterios de parentesco, derivados en continuidad con las sociedades animales previas. El cambio que emerge aquí, por una especie de anamorfosis, es la aparición de una función nueva, la función política, en la que se empieza a ocupar con exclusividad una parte de la sociedad. Ello es debido a que el aumento de la eficacia en la caza y recolección alimentaria en la que se ocupaba, como en los animales superiores gragarios, toda la población, con una mínima especialización por razones de sexo y de las necesidades de crianza reproductiva, hace que se requiera una especialización que comporta un desarrollo burocrático de nuevas funciones, con la necesidades de una centralización o jefatura para mejor coordinar operatoriamente las nuevas acciones que se presentan ante la defensa o ataque de unos grupos frente a otros.

La coordinación de tales acciones, por las cuales se pueden producir un aumento de la riqueza por saqueo de otros grupos o por sometimiento como trabajo esclavo de los vencidos, requiere una nueva configuración de las acciones del grupo que empiezan a ser agrupadas en estructuras de acciones más complejas y ordenadas según jerarquías de fines, planes e incluso programas sostenidos de acción, para los que se precisará la creación de una burocracia de recaudadores de tributos, cortesanos, guerreros, etc., que caracterizan ya a una mínima organización social que se selecciona principalmente por su eficacia y ya no tanto por los lazos de parentesco. Dichos lazos de parentesco político hereditario solo podrán subsistir cuando se conectan con mitos y creencias como la del origen divino de los reyes o de ciertas familias consideradas nobles o de "sangre azul", creencia que pudo sostenerse, como dijimos más arriba, por mantener un fulcro de verdad con la aparición de los matrimonios exogámicos que mejoran la especie en los descendientes de los guerreros del famoso rapto de las Sabinas que se sitúa en el origen de Roma. Dicha mejora de la especie es relativa frente a los aumentos de taras genéticas y las degeneraciones propias de la endogamia, que era el tipo de matrimonio dominante en las sociedades más primitivas. La aparición de una aristocracia de sangre, de los más altos, fuertes, etc., no es más que el mejoramiento resultante de forma inconsciente del propio género humano, mejoramiento que dejará de ser exclusivo de una aristocracia para extenderse al resto desde entonces con la paulatina desaparición de los matrimonios endogámicos. Paradójicamente será la propia monarquía hereditaria la que, en algunas dinastías, como las del Antiguo Egipto en el que los faraones se casaban con sus hermanas, o la de los Austrias de la Monarquía española, llevará a la degeneración de los herederos cegados por la ambición de aumentar su poder mediante los matrimonios endogámicos entre miembros genéticamente muy próximos de la nobleza real. La pervivencia del mito del origen divino del poder de los reyes solo comenzará a palidecer de hecho con el surgimiento de la democracia en Grecia, aunque hasta Hobbes y Locke no empezará a ser teórica y definitivamente descartado.

En tal sentido, esta complejidad estructural nueva que provoca la conexión y fusión violenta o pacifica de diferentes grupos, antes relativamente aislados, implica un cambio evolutivo en las formas de organizar la sociedad que puede formularse como la aparición de una sociedad de "segundo orden", como sostiene Gustavo Bueno, es decir como un nuevo tipo de sociedad que es derivado y resulta de la organización coordinada de sociedades anteriores que permanecían en relativo aislamiento:

"Una sociedad política primaria es una sociedad que, en cuanto política, ha de tener siempre algo de <<sociedad de segundo orden>>, es decir de reorganización de otras sociedades previamente dadas. Estas son las sociedades naturales"[157].

De esta forma aparecen la formación de jefaturas ya claramente políticas en las llamadas sociedades primitivas, cuya función principal sería mantener de forma constante este nueva forma de organización social más compleja, de un modo ordenado y duradero (de un modo eutáxico, como dice Bueno) con un poder coactivo necesario para ello, que ya no es de carácter principalmente natural parental, sino que requiere cierta habilidad y visión política de planes y proyectos, a medio y largo plazo, de producción y redistribución social de lo producido, acompañados de las alianzas y coacciones necesarias para llevarlos a cabo con éxito.

La aparición de estas nuevas sociedades ya propiamente dotadas de jefaturas políticas tiene una forma variada, pues puede resultar en la organización de una nueva y única sociedad (Uniarquía la denomina Bueno) dotada con el poder de un jefe guerrero, sea o no reconocido como rey, o de un hábil organizador de la producción e intercambio de bienes.

Una situación nueva a la que se puede llegar a partir de aquí es a la formación de una sociedad más amplia organizada por codeterminación de dos o más sociedades naturales que en principio permanecían independientes entre sí, pero que se fusionan ya sea pacíficamente por expansión comercial o violentamente por conquista. Gustavo Bueno las denomina proto-estados:

"En efecto, estas sociedades primarias se nos presentan, para decirlo esquemáticamente, como <<jefaturas políticas>> establecidas sobre sociedades naturales. En este contexto se nos dan tanto las uniarquías como los protoestados"[158].

Pueden darse formas de transición mixtas entre uniarquias y protoestados cuando, por ejemplo, se cobran tributos de sociedad-des naturales de agricultores, vecinas a la uniarquía, en concepto de ser protegidas por una jefatura de guerreros de pueblos pastores.

Otro mecanismo evolutivo dentro de estas sociedades políticas primitivas seria la confederación o liga de uniarquias, como en el origen de Roma[159]. Pero tales confederaciones no evolucionarían necesariamente hasta constituirse como Estados, como sí ocurrió en el caso de Roma, sino que, sí no hay choque con otros proto-estados, como ocurrió en el Imperio Antiguo de Egipto de origen fluvial por el control de las aguas del Nilo, no evolucionan hacia un Estado y se desintegra en jefaturas de tipo "feudal". Pues para que surja el Estado es necesaria la co-determinación con otro proto-estado. Con ello alcanzamos un tipo de sociedades históricas nue-vas, las sociedades estatales, las cuales marcan un segundo estadio en la evolución de las estructuras políticas.

Sociedades Estatales

El Estado presupone, por tanto, la existencia previa de sociedades de jefatura o proto-estados y surge, no ya por evolución continua de estas debido a su crecimiento numérico o complejidad, sino por co-determinación externa y recíproca, por choque dialéc-tico entre tales estructuras proto-estatales. La mayor complejidad de tales sociedades estatales frente a las pre-estatales resulta enton-ces, no ya de una mera ampliación o crecimiento cuantitativo, sino de esta nueva forma de co-determinación y enfrentamiento dialéc-tico entre los Estados que obliga a una organización nueva y más compleja:

"La novedad consiste en que mientras las configuraciones primarias se desenvuelven en virtud de procesos de integración (eventualmente de desintegración) de suerte que dos o más socie-dades naturales (o una sociedad natural y una primaria) componen una sociedad política que consta de aquellas (con subordinación de unas a otras, etc.) -en el caso de los procesos de desintegración, una sociedad política se descompone en otras sociedades políticas que eventualmente podrían incluso degenerar hasta resolverse en

222

sociedades naturales-, en cambio las sociedades secundarias se constituyen originariamente en virtud de procesos de co-determinación de las sociedades primarias precursoras. Los procesos de co-determinación dialéctica lejos de comportar una <<composición por integración>> de las sociedades primarias generadoras (precursoras) en una sociedad tal que pueda decirse que <<envuelve>> a los componentes, comportan una <<disociación dialéctica>> -no una mera separación o desintegración- por cuanto las sociedades precursoras, al componerse por co-determinación, se constituyen precisamente y recíprocamente como unidades discretas (dadas en un orden más alto, el secundario). Unidades mutuamente enfrentadas, porque la disociación entre ellas no tiene el sentido del alejamiento sino de mutua referencia dialéctica, cuyo nombre político más característico es el de la guerra. Aun cuando, siguiendo la regla de oro de la fase secundaria (*si vis pacem, para bellum*), estas socieddes políticas de la segunda fase no son otra cosa sino los Estados en el sentido histórico tradicional del término"[160].

El origen de esta co-determinación dialéctica entre Estados que lleva a considerar la guerra como la referencia dialéctica clásica de las relaciones últimas entre Estados (la guerra como el "juicio de Dios" de que hablaba Hegel) significa que el Estado no es el producto de una mera evolución interna de las sociedades primitivas, como sostienen antropólogos clásicos como Lewis Morgan, tan utilizado por Engels y Marx, para quienes el Estado surge de luchas económicas por la formación de las clases sociales. El Estado, como sostiene Gustavo Bueno frente al marxismo, es anterior a la aparición de la lucha de clases y no surge, como vimos más arriba, de la dialéctica o enfrentamiento entre las clases, sino de la dialéctica o enfrentamiento entre los proto-estados. Pues es el Estado el que crea la primera forma de propiedad de derecho que ya existía previamente de hecho por la apropiación de un territorio frente a otros Estados o sociedades naturales. Por ello la propiedad no es la que genera el Estado, como sostienen tanto Rousseau como Marx, sino que es el Estado el que genera la propiedad, como sostiene Gustavo Bueno. Aunque, como vimos más arriba, la apropiación originaria de un territorio podía considerarse como una continuación del instinto territorial de caza propio de los animales superiores depredadores, propiamente este instinto se transforma en un hábito o habilidad guerrera más constante y ya no meramente en un instinto defensivo, sino en una habilidad guerrera basada en el constante desarrollo de armas técnicas y por ello buscando constantemente nuevas ofensivas preventivas o de conquista. Ofensivas en las que en el choque con otras poblaciones que ocupan otros territorios, que en su expansión llegan a ser limítrofes o muy cercanos, se hacen prisioneros que se esclavizan, se producen raptos de mujeres, con la trascendencia que ello tuvo, como vimos más arriba, etc. Por ello, dicha co-determinación dialéctica acaba deviniendo en una dialéctica de los Estados ya constituidos por causa de ella, la cual sería el verdadero motor de la Historia a lo largo de toda esta fase secundaria del desarrollo social.

En tal sentido, el Estado surge cuando dos sociedades políticas primarias se encuentran en líneas fronterizas y en lugar de fusionarse en una tercera más amplia, producen una membrana, capa cortical o frontera, que se añade a las capas basal y conjuntivas previas. Entonces ocurre que algunas funciones culturales, religiosas o militares, que ya se daban en las sociedades políticas primarias, se incardinan ahora en esta nueva capa cortical o fronteriza.

Se crea entonces un ejército fronterizo con articulación central y constante. Se globalizan dichas sociedades como esferas cerradas, como círculos político-culturales que estarían en el origen de las grandes culturas o civilizaciones, tal como Ostwald Spengler las entendía como círculos culturales cerrados.

La limitación recíproca de espacios soberanos que la aparición de los Estados supone tiene entonces como consecuencia una limitación de los horizontes territoriales hasta entonces existente, los cuales empiezan a cerrarse, aunque al principio todavía quedasen potencialmente en el globo terráqueo muchas tierras vírgenes o incluso no holladas nunca por el hombre. Pero el crecimiento y expansión sobre todo de los Estados denominados imperiales acabará reduciendo y limitando el espacio virgen a nada, como ocurre en la situación actual en la que todo el territorio terráqueo ha sido ya apropiado y cerrado mediante fronteras por los actuales Estados. La lucha por territorios vírgenes es hoy ya extraterrestre, tras el desarrollo de la carrera espacial por algunas llamadas superpotencias, como USA, China, Rusia, la India o Japón.

Como contrapartida a esta limitación espacial se produce, con la aparición del Estado, una dilatación temporal por la mayor duración y estabilidad de las sociedades estatales más complejas y con una organización más poderosa y efectiva que las sociedades pre-estales, siempre que se acierte en el buen gobierno (eutaxia), con lo que pueden programar un futuro de horizontes más amplios en cuanto a fortaleza y bienestar social. Además, con la introducción de la escritura necesaria para coordinar una naciente burocracia técnico-administrativa -exigida por la mayor complejidad de las operaciones necesarias para coordinar las acciones estatales, tanto militares como de fiscalización económica, mediante ordenes, decretos y leyes escritas-, se va produciendo por acumulación y con el paso de los diferentes gobiernos un depósito de documentos escritos que permiten un contacto directo con noticias y crónicas procedentes del pasado, las cuales van constituyendo una memoria histórica objetivada y de un radio de alcance muy superior a los anteriores relatos orales basados en la memoria individual de los más ancianos, sujeta a deformaciones mistificadoras y dependiente de la interpretación subjetiva de los encargados de transmitirla y conservarla. La escritura, junto con las leyes escritas, que se considera un rasgo definitorio y diferencial de las sociedades estatales frente al agrafismo de las sociedades pre-estatales, significa a la vez el nacimiento de la Historia, como sostiene Hegel, para el cual los pueblos o naciones que no han llegado a constituirse como Estados carecen sencillamente de Historia en sentido estricto, cayendo de lleno en el terreno puramente antropológico. Al margen de que la propia escritura, frente al lenguaje puramente oral, significa un enriquecimiento lógico-operatorio de base manual, importantísimo en el desarrollo de una racionalidad simbólica de carácter matemático, el cual permitirá el desarrollo de una tecnología más precisa además de posibilitar la constitución de la racionalidad científica con la aparición de la numeración escrita y la figuración geométrica. La posibilidad de llevar a cabo operaciones complejas por medio de símbolos que representan términos y relaciones entre ellos en ausencia de objetos, de representar operaciones manuales objetivadas de forma escrita y no basadas ya en la más limitada y subjetiva memoria oral mental, supuso un avance en el desarrollo de la racionalidad humana que tendrá consecuencias trascendentales en el futuro y que no se hubiese producido sin la aparición histórica de las sociedades estatales. La propia Historia y su conocímiento objetivo mediante libros y documentos escritos jugará un papel importante en la formación de una conciencia de grupo persistente y diferenciado en oposición a otros grupos rivales que está en la base del fortalecimiento de la pertenencia a un Estado, a una Nación o una determinada cultura civilizatoria. Todavía hoy la Humanidad se haya dividida en unas pocas grandes civilizaciones, en el sentido de Ostwald Spengler, quien las consideraba los círculos máximos culturales posibles, de la misma manera que los meridianos son los círculos máximos que se pueden trazar en el Globo Terráqueo.

El Estado, como vimos, representa entonces una especie de salto evolutivo que abre el camino a la superación de las sociedades políticas más primitivas. Dicho salto se produce por co-determinación dialéctica al entrar en relación de contigüidad o cercanía dos o más sociedades primitivas. Gustavo Bueno distingue [161]dos modos en que se puede dar dicha co-determinación. Un modo Parcial y otro Total. El modo parcial ocurre cuando un Estado se puede extender por un amplio territorio bárbaro de sociedades pre-estatales con el fin de adquirir mayor poder para enfrentarse a otros Estados. Ello ocurrió en casos como el del Estado romano o el cartaginés. Del choque de ambos sale vencedora y fuertemente empoderada la República de Roma, dispuesta a enfrentarse con posibilidades de derrotar a los otros Imperios helenísticos alejandrinos. Ello ocurrió mediante unas guerras atroces en las que los ejércitos eran ya ejércitos, no de una ciudad-estado como en la Grecia clásica, sino integrados por soldados de procedencia multicultural, movidos por la adquisición de riquezas y la depredación de los pueblos vencidos, que eran sometidos a la esclavitud, con lo que se produce una refluencia de costumbres bárbaras que rigen las relaciones entre Estados, en contraste con la civilizada y sometida a leyes jurídicas ampliamente desarrolladas que regía dentro de territorio en que se lograba imponer la famosa *pax romana*. Dicha anarquía y no sujeción a leyes que se da a pesar de la constitución de avanzados Estados políticos sujetos a estrictas leyes jurídicas garantes de derechos y libertades, como el romano, continuará en el mundo moderno actual, y así ha sido reconocido por filósofos como Hobbes, Spinoza o Hegel, a pesar del tímido surgimiento de un Derecho Internacional, que empezó a nacer en los comienzos del Imperio español propugnado por filósofos españoles como el

Padre Victoria y continuado por el holandés Hugo Grocio.

El modo de total co-determinación entre Estados lo refiere Gustavo Bueno a la propia situación actual en la que todo el Globo terráqueo ha sido ocupado por los cientos de Estados hoy existentes y que tienen sede en la ONU. Ahora ya no hay posibles entornos barbaros o políticamente vírgenes para ser ocupados o explotados de modo colonial. Después de la Segunda Guerra Mundial se han desarrollado poderosos procesos de descolonización que lo impiden. Por ello la única posibilidad que queda abierta para la lucha entre Estados es la creación de bloques de Estados aliados y en pugna constante frente a otros, aunque se busquen medios pacíficos y diplomáticos para regular estas pugnas como ocurre con la creación de instituciones como la propia ONU. Una posibilidad límite dada dentro de la concepción de la política como política de Estado, propia de este periodo secundario del curso histórico-político que estamos analizando, sería la creación de un único Estado mundial, como propusieron filósofos como Bertrand Russell con el buen propósito de acabar con las guerras y resolver problemas globales que amenazan la propia existencia de la Humanidad. Pero la paradoja de esta propuesta es que si solo existe el Estado entre otros Estados, por codeterminación dialéctica, de la misma manera que Fichte decía, al comienzo de su Fundamentos del Derecho Natural, que "el hombre solo es hombre entre los hombres", entonces dicha situación ya no sería una situación propiamente estatal, sino que abriría quizás el camino a una tercera fase del desarrollo de la política que algunos empiezan a llamar Sociedad Transestatal, por el surgimiento dentro de los Estados de nuevos poderes de carácter político-sociales que están empezando a limitar y a amenazar con extinguir los tradicionales poderes de los propios Estados nacionales.

Sociedades Transestatales

Por ello, es preciso considerar la aparición de un tercer estadio del desarrollo de las sociedades políticas, de gran interés actual y futuro, porque se estarían produciendo síntomas, como la actual Globalización, que amenazan con la desaparición de los Estados nacionales tradicionales y el surgimiento de un nuevo tipo de sociedad futura post-estatal muy diferente de las anteriores. El análisis de dicho nuevo estadio terciario lo plantea Gustavo Bueno[162] con la consideración de si este nuevo estadio político, que se inicia con la Globalización, debe ser entendido como un estadio en el que el Estado desaparece de modo absoluto, o como un nuevo estadio en el que no desaparece la forma estatal, aunque si quedan sus funciones limitadas por el surgimiento de nuevos poderes sociales de tipo trans-estatal que actúan de contrapoderes frente al Estado, sin eliminarlo enteramente, sino más bien tratando de subordinarlo a unos fines internacionales o globales de mayor radio de alcance.

La concepción de una sociedad futura en la que desaparecerá el Estado fue ya formulada filosóficamente por Fichte en su Filosofía de la Historia, expuesta en unas conferencias dadas en Berlín en 1804-5 y traducidas al español con el título de *Los Caracteres de la Edad Contemporánea* [163]. En ellas divide la Historia en 5 Edades o fases que resultan de una división más básica en tres tipos de sociedad, la sociedad pre-estatal, la sociedad estatal y la sociedad futura post-estatal. A su vez subdivide la sociedad estatal en tres tipos históricos: la sociedad del Estado autoritario, la moderna del Estado liberal y la futura, que Fichte prevé que va a nacer con la constitución de un Estado enteramente racionalizado, en el que se realiza el denominado por el propio Fichte como Estado Comercial Cerrado, una especie de Estado del bienestar socialista-intervencionista. La fase post-estatal, que nos atañe aquí, sería equivalente a la que Fichte denomina Quinta Edad, la Edad del Arte Racional, que el caracteriza como la del "estado de la acabada justificación y salvación" del género humano. En ella el Estado, aún en su forma racional y más perfecta, se extinguirá (*absterben*) y ya no será necesario porque se entrará en lo que Kant denominaba el "reino de los fines" con el triunfo de la más consumada moralidad.

Dice Fichte:

"Y así, hay que conceder siempre que, con el perfeccionamiento de todas las relaciones de la especie humana, y en particular con el perfeccionamiento del Estado, que abarca todas las relaciones restantes, queda abolido todo sacrificio voluntario, todo heroísmo, toda autonegación, en suma, todo lo que solemos admirar en el hombre, y sólo queda el *amor* del bien como lo único imperecedero. A este amor sólo con libertad puede elevarse el hombre, o mejor, la llama de este amor se enciende espontáneamente en todo espíritu que simplemente extirpe de sí el amor del mal. El Estado puede facilitar simplemente el desarrollo de este amor, haciendo retroceder al opuesto amor del mal hasta el más profundo y secreto interior del pecho, y no permitiéndole conseguir absolutamente ningún provecho, sino infringiéndole meramente daño. Aquel en cuyo espíritu se enciende esta llama del amor celeste, se cierne, por sujeto que parezca exteriormente, íntimamente libre e independiente incluso sobre el Estado. No es éste quien da a su voluntad la ley, sino que la ley concuerda sólo accidentalmente, y por ser la ley perfecta, con su voluntad. Este amor, así como es lo único imperecedero y la única felicidad, es también la única libertad; y sólo por medio de él nos libraremos de las cadenas del Estado y de todas las demás cadenas que nos sujetan y oprimen aquí abajo. ¡Felices los hombres, ya que no han de esperar para este amor a la perfección del Estado, preparada tan lentamente, sino que todo individuo puede elevarse a él en toda edad y en todas las circunstancias"[164].

Fichte, al dividir la Historia en Cinco Edades, no hace más que deducirlas de un sistema de tres principios dialécticos, como había hecho con los Tres Principios de la Teoría del Conocimiento (*Wissenschaftslehre*) que le hicieron famoso. Pues la Edad Primera es donde aparece la sociedad humana en que el Hombre se pone a sí mismo en lucha con su naturaleza animal, levantándose de una vida instintiva, meramente animal, por medio de una racionalidad contingente. Las tres Edades siguientes tienen en común al Estado como introductor de un poder que divide a los humanos en dominadores y dominados, generando una dialéctica que va desde el Estado propio del despotismo asiático (Segunda Edad) al Estado Racional (Cuarta Edad) que Fichte ve surgir en su época con la Revolución francesa, pasando por el Estado del liberalismo individualista inglés (Tercera Edad). La Quinta Edad, finalmente, sería la Edad en que el Estado se hace innecesario, pues la sociedad se aproxima de un modo creciente, aunque sin alcanzar nunca un límite final, a una situación de la más alta racionalidad y moralidad posible.

La división fundamental de tres estadios que hace Fichte recuerda la división que hace Rousseau de la historia humana en una Edad de Oro primitiva que debe ser restaurada tras la superación de las divisiones y abusos sociales que introduce el Estado, surgido de la propiedad privada. Solo que Fichte se opone al ginebrino en algunos pasajes de la obra citada en la explicación del origen del Estado, pues Fichte supone que el Estado es anterior a la propiedad privada y no al revés como pensaba Rousseau[165]. Además, mantiene en sus *Lecciones sobre el destino del sabio*, frente a Rousseau, que la Edad de Oro no estaría en el origen de la Humanidad sino en la Quinta Edad futura:

"Concebido idealmente -y desde este punto de vista es, como todo ideal, inalcanzable-, el estado de naturaleza es aquella edad de oro del placer de los sentidos sin trabajo físico que cantaron los poetas antiguos. Se halla, por tanto, *delante* de nosotros lo que Rousseau y dichos poetas, bajo los nombres de <<estado de naturaleza>> y <<edad de oro>>, situaron *detrás* de nosotros"[166].

Otra influyente teoría histórico-filosófica sobre la constitución de una sociedad futura, en la que desaparecerá el Estado por extinción, es la del Comunismo marxista. Tiene su origen en las utopías anarquistas del llamado socialismo utópico francés, tan influyente en el joven Marx. Pero no se puede olvidar que otra herencia cultural de Marx fue el llamado Idealismo Alemán y también se pueden encontrar semejanzas entre la Doctrina de las Cinco Edades de Fichte y los Modos de Producción marxistas como criterios de periodización histórica, como hemos señalado en otro lugar[167]. Pues Marx suponía que, una vez alcanzado el Socialismo a través de la Dictadura del Proletariado, se entraría en la Sociedad Comunista final en la que el Estado tendería a desaparecer por extinción ya que, utilizando palabras del Conde de Saint-Simón, la "administración de los hombres" sería sustituida por la mera "administración de las cosas". Entonces acabaría, según Marx, la Prehistoria y comenzaría la verdadera Historia de la Humanidad.

El fracaso del Comunismo soviético, sin embargo, ha desprestigiado seriamente las previsiones de Marx. Se ha derrumbado la principal alternativa al Capitalismo. Pero la llegada de la Globalización capitalista ha abierto un nuevo camino a las doctrinas sobre la extinción del Estado de la mano de los denominados anarco-capitalistas, los cuales suponen que el desarrollo del propio capitalismo exigirá la extinción del Estado y el paso a una sociedad que se autorregulará por las leyes del mercado. El Estado habría visto, tras la Revolución liberal inglesa, reducida su función al mínimo imprescindible de policía y jueces, que garantizan la libertad y la propiedad de los ciudadanos, pero en el futuro, tras la llegada de la Globalización capitalista, tendería incluso a perder dichas funciones, incluso las de policía y jueces, que podrían ser asignadas, según algunos teóricos del anarco-capitalismo, a la privacidad de las propias comunidades que entran en el mercado global.

Esa sociedad futura sin Estado sería el triunfo de la llamada Sociedad Económica o Sociedad Civil que surge en Inglaterra en el siglo XVII. Una Sociedad Civil que, como ya vio Hegel, se opone a la antigua sociedad familiar y al propio Estado. Es un tipo nuevo de sociedad que no existió en el mundo antiguo y que surge con el triunfo del modo de producción capitalista industrial que nace en Inglaterra. Dicha Sociedad Civil, al crecer y desarrollarse, exige una abundante descentralización para incrementar y universalizar las actividades industriales y comerciales que emergen de ella, y que ven en el tradicional Estado nacional un corsé que frena su desarrollo y expansión de carácter internacional y universal.

Dicha Globalización, contemplada como un Estado Final en el que los Estados nacionales desaparecen, es concebida en sus formas más radicales y absolutas en dos modos opuestos, según que en ellos triunfe de forma plena dos tipos de rebelión que podemos caracterizar hoy como la Rebelión de las Masas o como la Rebelión de las Minorías.

El primer modo en el que los Estados nacionales desaparecen por la creación de nuevas estructuras políticas que llevarían en su desarrollo a ello, lo asociamos como el propio de la famosa "rebelión de las masas", proféticamente bien diagnosticada por Ortega y Gasset en su mundialmente conocido ensayo *La rebelión de las masas* (1937) y que conduciría a una sociedad igualitariamente homogénea, de atomización y despersonalización individualista y solipsista. Una sociedad de masas feliz en la abundancia que producen los avances tecnológicos y la democracia, aunque al precio del triunfo de una despersonalización y estupidez crecientes, producto de un control demagógico en aumento por la aparición de los poderosos medios de propaganda y comunicación de masas, como la radio o la televisión. Dicha situación fue vuelta a diagnosticar más recientemente por Francis Fukuyama con su visión del aburrido "fin de la historia", en el que nada nuevo ocurre con el triunfo final de la democracia, creándose un vacío existencial que solo llenan la visión de vídeos y la cultura del entretenimiento, el cual exigiría el triunfo final de una forma de Estado liberal-democrático que se iría extendiendo paulatinamente por todo el Globo terráqueo y que podría acabar creando un único Estado Mundial. Sería la plasmación de la antigua Cosmópolis estoica del triunfo de una Humanidad igualitaria y plenamente reconocida en todos sus derechos.

Algunas novelas futuristas habían pintado ya, sin embargo, con carácter sombrío, dicha situación, como fue el caso de Aldoux Huxley en su conocida obra *Un Mundo Feliz* (1932), que pinta una situación futura de la Humanidad donde desaparecen las guerras, la pobreza y las enfermedades debido a un alto grado de avances tecnológicos, donde la gente es plenamente feliz, y desaparecen los tabúes sexuales. Como contrapartida, la soledad o el aislamiento individual que busca diferenciarse de la masa está prohibido y perseguido con el ostracismo. Novela semejante, aunque imaginando el triunfo, no ya de la democracia liberal, sino del comunismo o del fascismo, es la de George Orwell, *1984* (1949), en la que se insiste en el control absoluto del individuo por un futuro Estado totalitario presidido por un Gran Hermano (Stalin o Hitler) que busca también la felicidad de la mayoría al precio de su libertad de pensar y actuar como individuo.

Pero la Idea de un Estado único mundial a la que llevarían el triunfo de este tipo de sociedades totalitarias es irreal pues, según lo que venimos sosteniendo, el Estado es un concepto político dialéctico que exige la co-determinación, la lucha y oposición con otros Estados. No pude hablarse de Estado en singular, puesto que no hay Estado sin fronteras cerradas y determinadas por otro Estado. Por ello la novela de Orwell, quizás por su formación en el marxismo de Trotsky, -el cual era partidario de una Revolución mundial o global frente a un Stalin que buscaba ante todo la Revolución en un solo país, la Rusia soviética-, no contempla un futuro pacífico de la Humanidad englobada en un único Estado, como podía ser el de USA o el de la Rusia soviética, sino la Guerra necesaria entre al menos tres grandes Estados (en la novela son denominados como *Oceanía*, del que forma parte Inglaterra, América, y el Sur de África; *Eurasia* con la Rusia soviética y Europa; y *Asia Oriental*, con China, Japón y Corea). Hay también territorios menores fuera de estos Tres Estados, pero son objeto de disputas y guerras continuas, pasando cíclicamente a ser sometidos por unos u otros.

George Orwell, quizás por su cultura socialista y marxista, es más consciente de la forma de pensar dialéctica que Aldoux Huxley, por lo que dibuja un Estado final no substancializado y definitivo en el que se da "un mundo feliz", sino que ya no se lo representa como una estructura estática o hipostasiada, sino como una situación continuamente cambiante por medio de una guerra constante y externa entre tres grandes Estados: dos de los cuales se aliarían de modo rotatorio frente a un tercero, según pudo percibir ya el propio Orwell en el sorprendente Pacto Germano-Soviético que se dio entonces entre Hitler y Stalin y que se rompió con la Operación Barbarroja de la invasión de la unión soviética por Hitler, formándose a continuación la alianza de Inglaterra y USA con Stalin. Pero Orwell creía que tales pactos estaban condenados a repetirse indefinidamente, con lo que la situación no cambiaría en su estructura de fondo. Aparece aquí la Idea de un Final de la Historia en el que, aunque sigue habiendo acontecimientos como guerras, aliados y enemigos, persecuciones de discrepantes, etc., sin embargo, la situación de la Humanidad no progresa, sino que se estabiliza en una repetición de sucesos, de inversión de papeles, en un nietzscheano "eterno retorno" de lo mismo. Ya Fichte había pensado esta situación final, aunque todavía dentro de la Idea de un Progreso infinitesimal de acercamiento al Ideal de un "reino de los fines":

"¿no habrá una vez conseguido este estado, otro estado superior para la humanidad? La generación que tuviera la dicha de llegar a este punto, ¿no tendría otra cosa que hacer que permanecer siempre igual, morir y dejar por herencia a las generaciones nuevas su propia inmovilidad? Entonces semejante fin no podría considerarse

233

como el último y definitivo del género humano. Porque, por muy alejado que se halle este ideal, estará separado de nosotros por una distancia finita, mesurable. Pues, aunque concibamos cada generación como un medio de llegar a este fin, nunca podremos eludir la respuesta a esta pregunta ¿Para que existirá la última generación?"[168].

Pero en Orwell la repuesta a esta situación final ya no es sublime, como lo fue la de Fichte, sino que tiene un carácter más bien siniestro por deducir las consecuencias totalitarias y deshumanizadoras de las ideologías del Progreso técnico-social, deviniendo tal progreso en un repetición indefinida de una situación hoy denominada precisamente como "orwelliana", presentada demagógicamente bajo el disfraz ideológico de un humanismo benefactor.

En el fondo, los Tres Grandes Estados de la novela de Orwell, -en lo que se pueden ver algunas anticipaciones de los actualmente llamados "Estados Continentales" por su tamaño y poder en armamento nuclear, -los Rusos, Chinos y Norteamericanos de la multipolar situación actual-, los cuales serían más parecidos que diferentes en tanto que tenderían a un control completo de los individuos mediante las técnicas policiales de vigilancia y la utilización del poder de una propaganda mediática aplastante, con su "Ministerio de la Verdad" que difundiría las hoy llamadas *fake news* y la falsificación continua de la "memoria" histórica, como ya hacían los comunistas soviéticos y los nazis. El conocido miembro de la Escuela de Frankfurt, Herbert Marcuse, ante una pregunta que le reprochaba que el Régimen soviético de Partido Único no permitía la pluralidad política como se daba en USA, habría respondido que los norteamericanos también tenían un solo partido, aunque pareciese que tenían dos, el Republicano y el Demócrata, lo cual se acercó a cumplirse en las políticas presidenciales de los últimos presidentes frente a los cuales emergió súbitamente la figura de un *outsider* como Donald Trump. En la misma línea que Marcuse. podría decir Orwell que en *1984* se pinta un único Estado que parecen Tres Estados diferentes, aunque la lógica de funcionamiento es la misma en los tres: Guerra fría o caliente continua, Ministerio de la Verdad, *fake news*, satanización de los críticos como antisistema, etc.

El segundo modo por el que podemos considerar que desaparecerían los Estados Nacionales serán el modo inverso al anterior de la "rebelión de las masas", y que denominamos por ello como el de la "rebelión de las minorías". Dicha rebelión supone como condiciones de posibilidad algunos importantes cambios tecnológicos y políticos ocurridos sobre todo después de la Segunda Guerra Mundial, como fueron los amplios procesos de descolonización, la conversión mediática del mundo de la información en una especie de "aldea global", el comienzo de la revolución informática iniciado en USA, etc.

Todo ello se ha traducido en la práctica en la irrupción de lo local, minoritario y periférico, antes relegado y que ahora prácticamente alcanza un grado de expresión inusitado, desplazando en muchos casos a lo tenido por valores centrales, universales, cosmopolitas, etc. La moda de los espectáculos musicales étnicos, de los problemas de los emigrantes forasteros, de los ecos y cotilleos de la sociedad local, de la cultura como espectáculo y entretenimiento banal, llenan hoy prácticamente los medios audiovisuales, o al menos acompañan continuamente a otros contenidos de tipo cultural más elevado que, si no han desaparecido totalmente, tienden a ser neutralizados progresiva-mente, al ser equiparados, para muchos efectos, con aquellos al considerarlos todos como elementos culturales igualmente valiosos.

Podría pensarse que esto es lo ideal y que, en definitiva, al fin se consigue una liberación largamente ansiada en la que se paga el precio de un cierto caos o desfondamiento de las jerarquías tradicionales de los valores generales o universales, una caída en el localismo, para que se puedan manifestar libremente, y en condiciones de igualdad diferencial, determinados colectivos sociales tradicionalmente minoritarios (gays, feministas, micro-nacionalismos, regionalismos, etc.).

También es un hecho que anteriormente ninguno de estos colectivos, a pesar de que existían múltiples periódicos o incluso diversas cadenas de radio y televisión, tenían una presencia tan importante como la alcanzada en los últimos años. Además, estos grupos no solamente aparecen bajo estas fórmulas, lo que podría entenderse como una política sensata de búsqueda de unidad frente a problemas comunes a las minorías integrantes, sino que curiosamente tratan de ser, no un mero complemento o rectificación de la política de las mayorías, naturalmente dominante en la democracia de masas, sino que tratan, muchas veces, de suplir a la propia mayoría, de convertirse en su alternativa.

Y por ello se hacen ver tratando de ocupar en los medios de comunicación los lugares reservados hasta ahora a las mayorías. Las minorías han dejado por ello ya de ser el coro de la escena democrática para empezar a convertirse en los protagonistas. Si para Ortega el hecho nuevo que rige la primera mitad del siglo XX es "la masa, que, sin dejar de serlo suplanta a las minorías ", para nosotros, por el contrario, y parodiándole, el hecho nuevo de la segunda mitad del siglo XX, se puede formular invirtiendo los términos: las minorías que, sin dejar de serlo, tratan de suplantar a las masas[169].

Es preciso por ello constatar los cambios políticos que ha sufrido la democracia en las últimas décadas, que la están convirtiendo, hasta en su buque insignia como es USA, en una democracia degenerada, fallida, atravesada de escándalos y de corrupciones. La consecuencia necesaria que aparece, no ya como un abuso, sino como el uso debido que se desprende en tal situación, es la existencia de una hipo-democracia en la que, como reacción natural, las minorías actúan ya sin ley, como lobbies o grupos de presión, imponiendo por la fuerza y al margen de la ley, o por impotencia de la ley misma, sus aspiraciones minoritarias.

Es cierto que las minorías, que habían empezado a brotar y organizarse como tales, a principios del pasado siglo, desertaron durante un tiempo de la vida pública o fueron aplastadas o mantenidas a raya por el papel predominante de las masas en la democracia. Eso ocurrió ciertamente en el periodo de dominio del comunismo estalinista y del fordismo americano, es decir durante la Guerra Fría. Y en España durante el franquismo. En aquella época los intelectuales de izquierda todavía estaban subordinados a las masas y lo contrario se veía como una enfermedad infantil izquierdista. Pero, paulatinamente, los intelectuales irán pasando a engrosar las filas de los micro-nacionalismos y los regionalismos localistas, de los diferencialismos sexuales o de *género*, etc.

Lo característico de hoy es que el minoritario fanático tiene ya la fuerza suficiente para afirmar el derecho al fanatismo, al fundamentalismo, y trata de imponerlo por todos los medios. Si en la época de la rebelión de las masas ser diferente era indecente, en la época de la rebelión de las minorías, lo indecente es "estar integrado" en los gustos y costumbres tradicionalmente mayoritarios. Las minorías rebeldes desprecian pues todo lo nivelador, universalista, cosmopolita. Ahora lo que cuenta es sentirse diferente y tratar de vivir al margen de lo tradicional, encarnación de Satán, poco más o menos. Es el triunfo de lo "políticamente correcto" que, como todo exceso, ha provocado ya su primera reacción en la propia USA en la figura de Donald Trump, en una dirección de fuerte crítica y oposición.

De la misma manera que se ha tratado de formular distópicamente el futuro del Estado Final al que apuntaba la "rebelión de las masas", se ha hecho lo mismo en el género de la novela y del ensayo con algunas obras de gran impacto como *Sumisión* de Michel Houellebecq, en la que se contempla el poder determinante de la minoría islámica en Francia capaz de llevar al país a situaciones antes impensables, o el mundialmente famoso ensayo de Alvin Toffler, *La Tercera Ola* (1980), que incluso trata de envolver y dar sentido a tales cambios con una especie de periodización de la Historia de la Humanidad en lo que denomina metafóricamente como Tres grandes Olas: una Primera Ola en que predomina la producción agrícola, desde hace unos 10.000 años hasta el siglo XVII en que comienza una Segunda Ola en la Era llamada Moderna con el predominio de la producción industrial; y una Tercer Ola que se inicia a mediados del siglo XX en la que surge un nuevo tipo de producción basado en las nuevas tecnologías informáticas y que está generando profundas transformaciones sociales. Dichas novedades son analizadas por Toffler de forma precisa en su libro, desde la aparición de un nuevo tipo de fábricas y el trabajo descentralizado y deslocalizado junto con las nuevas formas de familia, las nuevas formas de consumo desmasificado, etc. Las tesis de Toffler, ya fallecido, han vuelto a tener un gran eco con la activación a gran escala, que el previó como la forma del trabajo en el futuro, del llamado trabajo a distancia por medio de la red informática telemática con ocasión de la pandemia del virus Corona. Pero, nos vamos a centrar, por lo que aquí nos compete, en las nuevas formas que, según Toffler, tomará la actividad política en esta Tercera Ola post-moderna ya en marcha y en conflicto con la Segunda Ola de la anterior modernidad industrial. En especial en lo que tiene de previsión del final del gran poder de los Estados nacionales clásicos y su previsible sustitución por una pluralidad de Micro-Estados regionales.

Pues Toffler prevé el fraccionamiento del Estado-nación clásico por la incidencia de dos fuerzas que actúan en sentido contrario: las fuerzas trans-nacionales y los micro-nacionalismos o nacionalismos secesionistas:

"Mientras la tercera ola avanza pujante sobre la Tierra, la nación-Estado -la unidad política fundamental de la Era de la segúnda ola- está siendo estrujada por tremendas presiones procedentes desde arriba y desde abajo.

Una serie de fuerzas tratan de transferir el poder político hacia abajo, desde la nación-Estado a regiones y grupos subnacionales. Las otras tratan de desplazar el poder hacia arriba, desde la nación a agencias y organizaciones transnacionales. Juntas, están condeciendo hacia un fraccionamiento de las naciones de alta tecnología en unidades más pequeñas y menos poderosas, como se ve al instante si se pasea la vista por el mundo"[170].

Las fuerzas que actúan de arriba abajo surgen, según Toffler, porque muchos problemas globales son demasiado grandes para que una nación por si sola pueda encararlos, ni siquiera aun siendo un gran Imperio globalizador, como lo fueron el español o el inglés, en los que, como se decía ya en la Corte de Felipe II, "no se ponía el Sol". La cada vez mayor interdependencia económica hace que sea imposible que un Estado pueda controlar fenómenos como la inflación, el paro, fenómenos ambientales como la contaminación industrial de ríos y océanos, del aíre, fenómenos meteorológicos, la destrucción de los bosques, etc., que tienen efectos secundarios globales. Por otra parte, el desarrollo vertiginoso de las tecnologías de la comunicación a través de Internet hace muy difícil su control total por parte de un Estado e incluso puede llegar a amenazar seriamente su seguridad por los ciberataques. Asimismo, asistimos al nacimiento de las grandes corporaciones transnacionales que diversifican sus actividades de investigación, producción, montaje y ventas, con filiales que operan en docenas de países. Hoy se puede decir aquello, que antes se decía de los imperios español o inglés, de que el Sol no se pone en tales empresas globales. Además, poseen un poder que escapa al control de los Estados en cuanto pueden transferir, según sus propios intereses empresariales, puestos de trabajo con las deslocalizaciones, burlar regulaciones ambientales o de leyes de protección de los trabajadores o reguladoras de la competencia, etc. Incluso disponen de amplios servicios de espionaje y contra-espionaje industrial, paralelos a las agencias internacionales puramente policiacas de los Estados.

Pero, además de las grandes corporaciones económicas, se están desarrollando otras organizaciones de carácter deportivo, religioso, político, cultural o sanitario que rebasan las fronteras nacionales, como Médicos Sin Fronteras, Confederaciones de Iglesias o de entidades deportivas, etc., las cuales se mueven al margen de la propia ONU. Incluso organizaciones políticas como la UE se parecen más a una organización transnacional de este nuevo tipo que a un Estado, porque como tal Estado Federal no ha llegado a cuajar, y se empieza a debilitar con el *brexit* inglés. Además, está sometida seriamente por intereses ideológicos globales que trascienden a la propia Europa, como son el sometimiento a las Convenciones mundiales sobre el llamado Cambio Climático, o las Leyes LGTBI, la apertura total de fronteras exigida por derechos humanos a las más diversas minorías culturales etc. Las propias instituciones financieras avanzan a la creación de monedas transnacionales, como el Bitcoin, favorecidas por la ubicuidad y velocidad electrónica de las operaciones crediticias.

Con ello surge, como sostiene Toffler, una especie de tupida red transnacional en forma de Matrices conectadas en red, "... todas entremezclándose una con otras, entrecruzándose y formando un sistema reticular abierto, en lugar de un sistema cerrado"[171].

En el debilitamiento del Estado también actúan otras fuerzas en dirección contraria que buscan la descentralización regional o autonómica, presionando de abajo hacia arriba y creando en los casos más radiales tensiones secesionistas en los actuales Estados nacionales. Pues si la Modernidad democrática de la Segunda Ola se basaba en el principio legitimador de las mayorías, en la Postmodernidad de la Tercera Ola de Toffler, son las minorías el nuevo principio legitimador, que se está plasmando en lo "políticamente correcto". Por ello cada vez es más difícil articular gobiernos mayoritarios sin recurrir a tales representaciones minoritarias. En los países altamente desarrollados ya no son los pobres la mayoría, por lo que las políticas de trato justo para los pobres son sustituidas por el trato justo para los diferentes, para las minorías raciales, culturales o sexuales tradicionalmente poco o mal representadas en el tablero político. Se puede tratar de resistir este ascenso de las minorías de forma numantina, ante los peligros de balcanización conducentes a guerras civiles, o se puede aceptar el hecho del cambio de sociedad que se avecina por el propio avance tecnológico y civilizatorio, tratando de encontrar una vía que lo pueda integrar sin correr por ello grandes peligros. Pues, como señalaba Toffler hace ya décadas:

"… a los Gobiernos nacionales, les resulta difícil individualizar sus políticas. Encerrados en las estructuras políticas y burocráticas de la segunda ola, encuentran imposible tratar de forma diferente a cada región o ciudad, a cada uno de los grupos raciales, religiosos, sociales, sexuales o étnicos, cuanto más a tratar como individuo a cada ciudadano. Mientras las condiciones se diversifican, los que toman las decisiones a nivel nacional permanecen ignorantes de las cambiantes exigencias locales. Si intentan identificar estas necesidades altamente localizadas o especializadas, acaban sepultados bajo un diluvio de datos excesivamente detallados e indigeribles (…) En consecuencia, los Gobiernos nacionales de Washington, Londres, Paris o Moscú continúan, en general, imponiendo políticas uniformes destinadas a una sociedad de masas sobre públicos cada vez más divergentes y segmentados. Se olvidan o ignoran las necesidades locales e individuales, haciendo que las llamas del resentimiento alcancen la temperatura del rojo blanco. A medida que progresa la desmasificación, podemos esperar que las fuerzas separatistas o centrífugas se intensifiquen dramáticamente y amenacen la unidad de muchas naciones-estados"[172].

Tales previsiones se han cumplido ampliamente como se ve actualmente con la emergencia del poder político de estas minorías en los propios EE. UU., donde han conseguido convertir al Partido Demócrata en un partido que ha puesto las políticas de las minorías en el eje de su política nacional. En la misma Inglaterra y España el peligro secesionista se ha acentuado notablemente amenazando con una ruptura de dichos modernos Estados-nacionales. Pero, como señala Toffler:

"La solución a estos problemas no es sofocar las discrepancias o acusar de egoísmo a las minorías (como si no lo fuesen también las élites y sus expertos). La solución radica en imaginativas y nuevas medidas para acomodar y legitimar la diversidad…, nuevas instituciones que sean sensibles a las rápidamente mudables necesidades de minorías cambiantes y cada vez más numerosas"[173].

En tal sentido ha sido España el primer país que ha pensado, articulado y llevado a cabo, al menos ante el problema de las amenazas secesionistas de vascos y catalanes, una nueva solución imaginativa de descentralización del Estado nacional con la división territorial en Comunidades Autónomas, introducida en la actual Constitución democrática vigente de 1978, ampliamente refrendada en su momento por los españoles mediante Referéndum. Tal organización Autonómica del Estado fue ya propuesta y presentada de diversos modos por el pensamiento moderno español que se remonta al menos, en estos temas, a Jovellanos. Pero quien le dio la forma más ajustada y que se acabó plasmando en la Constitución fue el filósofo José Ortega y Gasset en escritos como *La redención de las provincias* y en famosos discursos en las Cortes de la Segunda República, como "Federalismo y Autonomismo". Desde 1978, fecha de aprobación de la actual Constitución, hasta ahora ha pasado un trecho de tiempo lo suficientemente largo para hacer un balance, por somero que este sea, del significado que ha tenido dicho texto Constitucional y puede seguir teniendo. Porque se empiezan a oír voces muy fuertes entre una parte de los partidos políticos, sobre todo los que representan a las izquierdas y los nacionalismos periféricos, que piden una reforma de la Constitución que la afectaría precisamente en lo que se puede considerar que ha sido su mayor originalidad: la solución Autonómica para vertebrar y organizar la persistente multiplicidad y variedad regional que ha caracterizado a España a lo largo de su extensa historia.

Pocos años tras la aprobación de la actual Constitución, leyendo las obras completas de Ortega y Gasset, me topé con algunos escritos suyos, muy poco citados en los fastos y conmemoraciones que los propios socialistas y el diario *El País*, del cual era fundador un hijo del filósofo, hicieron del centenario del nacimiento de Ortega, en los que pude ver, con gran sorpresa, que la Idea de la Organización Autonómica del Estado, que representa lo más llamativo y original de la actual Constitución, había sido expuesta, defendida y desarrollada por el propio Ortega en artículos en la prensa durante la Dictadura de Primo de Rivera, publicados después en forma de libro con el título de *La redención de las provincias*, y hasta en sus discursos en las Cortes durante la elaboración de la constitución de la II República ("Federalismo y autonomismo"," El Estatuto catalán") En dichas intervenciones defendió el filósofo, como si de un nuevo John Locke o un Montesquieu se tratara, la necesidad de que la nueva organización política que se necesitaba para reformar y regenerar políticamente el país se basara en una división o separación clara de los asuntos nacionales y de los locales o regionales. En esto coincidía entonces Ortega con la izquierda y los nacionalistas periféricos, mientras que la derecha era, y siguió siendo durante la dictadura de Franco, centralista, esto es partidaria de que tanto los asuntos nacionales como los locales se decidiesen en Madrid.

La derecha había sido centralista y partidaria del absolutismo monárquico desde los Reyes Católicos y aún más desde Felipe V. Pero en el siglo XIX tomó conciencia, tras las experiencias revolucionarias de sus vecinos y rivales ingleses y franceses, de la necesidad de modernizarse al modo liberal. El intento se hizo durante la llamada Restauración decimonónica. Para ello se copió el modelo inglés de monarquía democrática centralista y se hizo la Constitución liberal de 1876. Tal régimen político no consiguió, sin embargo, modernizar el país, produciendo las conocidas lacras de la oligarquía, el caciquismo, fraude electoral, etc., denunciadas por Joaquín Costa en su famoso libro *Oligarquía y caciquismo* (1901). Pero en 1923, con el golpe militar de Primo de Rivera, se acabó el experimento democratizador. Ortega dedica durante los años 20-30 una serie de artículos periodísticos (publicados en la II República como libro con el título de *La redención de las provincias*) a analizar minuciosamente las causas de dicho fracaso. En ellos establece que, en España, a diferencia de Francia o Inglaterra, los únicos intereses que mueven a los españoles son los puramente locales y particularistas. Pero el localismo, en política, es un defecto. Una Constitución centralista como la de la Restauración decimonónica no funcionó por no abordar el problema localista. Por ello Ortega propone el Estado Autonómico, como una nueva forma de organización que trata de hacer de tal defecto localista una virtud a través de la separación clara y bien estudiada de las Competencias que deben quedar centralizadas y las que no. Durante la discusión del Estatuto catalán en las Cortes de la IIª República se opuso a la confusión que los partidos de izquierda introducían entre Autonomismo y Federalismo, en tanto que el primero no discute sobre la Soberanía, que se considera indivisible, sino sobre las Competencias o atribuciones de dicha soberanía, mientras que el segundo, el Federalismo, gira principalmente en torno a la Soberanía. Sólo el Autonomismo conlleva siempre descentralización política, mientras que el Federalismo puede resultar fuertemente centralizador, pues esa es su tendencia histórica. Un ejemplo de centralismo federalista, también actual, lo ha puesto el propio Alvin Toffler con el caso de Canadá:

"Pierre Trudeau, atrapado en la lucha contra el secesionismo canadiense, lo expresó claramente ya en 1967 cuando dijo: <<No se puede tener un sistema operativo y operante de Gobierno federal, si una parte de él, provincia o Estado, ostenta un *status* muy especial, si sostiene con el Gobierno central un conjunto de relaciones diferente al de otras provincias"[174].

Es necesario recordar esto hoy cuando una parte importante de la izquierda empieza a hacer demagogia, ignorando a Ortega y diciendo que el Federalismo no es incompatible con el Autonomismo.

La generalización Autonómica, no Federalista, que se hizo en España fue, sin embargo, propuesta por franquistas reformistas, aunque la Idea estaba tomada de Ortega, como saben los estudiosos del tema:

"También (Torcuato) Fernández Miranda, cuando advierte del peligro de plantear el problema autonómico como un problema de soberanía, hace suyo el razonamiento del filósofo madrileño:

243

<<Pero esto, como ya demostró Ortega en las Cortes constitu-yentes de 1932, ¿puede plantearse en términos de soberanía? No es necesario afirmar la soberanía para afirmar que determinadas entidades tienen derechos propios que tienen que ser reconocidos (...) Si se plantea la cuestión en términos de soberanía naturalmente se agrava el problema. Volveremos a no entendernos, como decía Ortega y Gasset hace ya cuarenta y seis años, y agravaremos el problema>>"[175].

Ortega comprendió que Autonomismo y Federalismo no solo son diferentes, sino que, en la cuestión de la descentralización, son opuestos. De ahí que la petición de reformar la actual Constitución en lo que concierne a la Organización Autonómica del Estado para sustituirla por una Organización Federal o Confederal nos parezca muy grave. Pues la mejor honra que pueden hacer los españoles al pensador más importante que ha tenido España en la primera mitad del siglo XX, el siglo en que el país finalmente despega, se industrializa y deja de ser predominantemente agrario, es respetar lo que es la parte más positiva de su gran influencia, la vertebración autonómica de España. Lo que ocurre es que, después de Torcuato Fernández-Miranda, cerebro de la famosa Transición española a la Democracia ejecutada brillantemente por Adolfo Suarez, bajo el impulso del Rey Juan Carlos, las cosas se han ido torciendo y tanto los posteriores Gobiernos de izquierda como de derecha han ido transfiriendo Competencias como la Educación, la Sanidad, en parte la Justicia, etc., que Ortega consideraba exclusivamente nació-nales por su "universalidad", a cambio del apoyo electoral de las minorías radicales de catalanes y vascos, lo cual ha llevado a una crisis política e institucional de imprevisibles consecuencias.

Podríamos preguntarnos entonces si, como algunos creen, la solución Autonómica es ya un experimento fracasado. Pues, la sublevación de la minoría separatista catalana ha marcado el acontecimiento político más importante del año 2017, y quizás de las últimas décadas. Habría que remontarse al golpe de Estado del 23-F para encontrar una situación tan crítica para la Monarquía parlamentaria que rige en España desde la llamada Transición a la Democracia.

De la misma manera que se ha magnificado el intento de golpe de Estado del 23-F -en el que, en realidad, al parecer hubo dos golpes, uno duro, el de Milans y Tejero, y otro blando, el de Armada, que se neutralizaron y fue el Rey, como árbitro, el que inclino la balanza finalmente para restablecer la situación y restaurar la legalidad que se pretendía conculcar-, de igual forma el golpe de Carles Puigdemont, a la sazón Presidente de la Autonomía catalana, se paró por una doble reacción: la de la justicia que actuó a instancia de denuncias del grupo político Vox y de particulares y, finalmente, con la aplicación del artículo 155 que la Constitución preveía la suspensión de la Autonomía por el Gobierno Central en circunstancias de este tipo.

Dicha intervención se hizo por parte de un dubitabundo y tardío Mariano Rajoy, por entonces Presidente del Gobierno central, que no tuvo más remedio que cumplir con sus funciones presidenciales y retirarles las Competencias de Gobierno al Gobierno catalán, en tanto que habían sido prestadas por los únicos propietarios y detentadores de la soberanía nacional, los españoles representados en las Cortes. Rajoy, dubitativo ante la grave situación, jugo a continuación a la ruleta la suerte de los separatistas, convocando unas elecciones precipitadas en las que el separatismo, a pesar del espectacular y esperanzador ascenso de partidos anti-secesionistas como Ciudadanos, se ha tomado una revancha propagandística y un resuello que le da una nueva esperanza de reiniciar el Proceso separatista, aunque a más largo plazo. No se trata de pensar que un problema que se ha gestado durante tres décadas por la alianza entre las oligarquías partitocráticas nacionales y los separatistas catalanes se vaya a resolver ahora con una mera intervención jurídica, aplicando el artículo 155 de la Constitución. Es necesario un giro de 180 grados en la política seguida en las últimas décadas por la mayoría del arco parlamentario, que consiste en seguir "dialogando" y cediendo ante las pretensiones separatistas, como ha continuado haciendo el sucesor socialista de Rajoy, el actual Presidente Pedro Sánchez.

Pues una nueva política debería hacer lo contrario, debería tratar de aislar a los separatistas, que como se ha comprobado, no representan a la mayoría de los catalanes, sino que son un minoría radical y además utópica, muy peligrosa para la actividad industrial en Cataluña, por la huida de empresas que se provocó. Precisamente esta es la política que recomendaba Ortega y Gasset de aislar al separatismo por medio de la descentralización Autonómica, como un medio de quitar argumentos a los separatistas en su queja ante el Estado central, ante asuntos que pueden afectar a la mayoría de los catalanes, para dejarlos con las pretensiones separatistas puras, que solo interesan a una minoría integrada por soñadores, chiflados y algún que otro pillo, como los integrantes de la familia Pujol y adláteres. Pues en el proyecto secesionista catalán parece que la descentralización política autonómica se ha tomado como un paso previo para una nueva recentralización regional, como protección de tiranías caciquiles locales. Ya señalaba Toffler que:

"La descentralización política no es ninguna garantía de democracia…, es perfectamente posible la existencia de tiranías locales. Con frecuencia la política local está más corrompida aún que la política nacional"[176].

Por ello se necesitan nuevos políticos que, si no leen los correspondientes textos de Ortega, en los que defendió su idea de las Autonomías ante las Cortes de la 2ª República, porque como hombres de "acción" no lo suelen ser de lectura y reflexión, tengan al menos asesores adecuados que se los expliquen. Dichos textos por los que podían empezar son los discursos *Federalismo y autonomismo*, *El Estatuto de Cataluña* y el libro *La redención de las provincias*. Léanlos y reléanlos despacio porque, con el tiempo transcurrido, y encontrándonos ante los mismos problemas que los provocaron, adquieren una profundidad y justeza como no se les pudo dar en su tiempo, estando además llenos de gran utilidad hoy. Pues los graves problemas que plantean las Autonomías, como son las tendencias separatistas, el convertirse en reinos de taifas, con unos parlamentos regionales inflados y una tendencia al despilfarro, derivan de esta vieja política equivocada que se ha llevado a cabo en las últimas décadas, que confunde Federalismo con Autonomismo, y no de la idea Autonómica como solución precisamente para frenar el separatismo, tal como la formuló Ortega.

Por otra parte, algunos en España pretenden volver al centralesmo jacobino, como en la época de Felipe V o de Franco. Pero ese centralismo solo funcionó con una monarquía absoluta o con una dictadura, que pudo ser necesaria como solución provisional en circunstancias extremadamente graves, pero no como una solución más estable y duradera. La otra solución, el Federalismo o Confederalismo, que defiende la izquierda, también cae bajo la crítica Ortega, como una solución que vale cuando hay varias soberanías que buscan unirse, pero no cuando ya hay una única soberanía como ocurre en España.

Con ello queremos poner de manifiesto, con el ejemplo de los que está ocurriendo en España, -y que afecta también a países como Inglaterra que, a pesar de haber copiado descaradamente el modelo español de descentralización Autonómica con la creación de los Parlamentos de Escocia, Gales e Irlanda del Norte, tuvo que admitir el arriesgado Referéndum secesionista escoces-. que se puede asumir la situación que Toffler describe proféticamente como la entrada en una Tercera Ola en la que es necesario introducir cambios profundos en los sistemas democráticos de la Segunda Ola, pero tratando de evitar, si ello es posible, la destrucción de los Estados nacionales ya consolidados. Porque, como vemos en Cataluña, lo que pretende el secesionismo más radical es la desaparición, no ya del Estado para que florezca libre de trabas la Sociedad Civil trabajadora e industriosa, sino la desaparición en Cataluña del Estado español y su sustitución por un Estado Catalán, más pequeño en principio, pero con proyectos de crecimiento expansionista por lo que llaman los "países catalanes", como Baleares, Valencia, el Rosellón, etc. Dicho Estado catalán parece descansar en presupuestos más de carácter étnico, como la lengua, las costumbres, etc., que en presupuesto políticos. Por ello pasaría a ser una estructura más de carácter político tribal que estatal. Sería más bien una refluencia del primer estadio que vimos en el análisis de la evolución política de las sociedades humanas. De la misma manera que un único Estado Mundial ya no sería propiamente un Estado, porque no habría co-determinación externa a él, un Estado de escala regional como el catalán, el escoces, el corso, el bretón, en Europa, no sería propiamente un Estado político en sentido estricto, ya que su Identidad se apoyaría en las llamadas "señas de identidad" antropológicas, como la raza, la cultura, la lengua, las costumbres, y no en acontecimientos fundantes de estructuras estatales, como las gestas historias de monarquías o repúblicas que alcanzaron la categoría de grandes hechos históricos, plasmados en batallas victoriosas frente a otros pueblos. Es curioso que, como contrapunto a esto, en el origen del sentimiento del secesionismo catalán esté, no una victoria, sino una derrota histórica que se festeja en la denominada Diada.

No obstante, la "rebelión de las minorías" a la que asistimos, exige una fuerte reestructuración de los actuales Estados nacionales de forma que, sin desaparecer, puedan flexibilizar sus estructuras para contener a estas nuevas fuerzas ascendentes que empujan desde abajo. Una forma será la descentralización político-administrativa, bien pensada y teorizada por Ortega, aunque mal ejecutada por los políticos responsables de su plasmación real, que se inicia con el caso español. Pero Toffler propone también la introducción de cambios en los sistemas electorales y de encuestas políticas teniendo en cuenta los nuevos procedimientos que permite el llamado voto electrónico. Un voto no exento de riesgos de nuevas formas de pucherazo electoral, -como vimos en las recientes elecciones presidenciales norteamericanas- que, con los debidos controles pueden permitir realizar consultas a la población de una forma nueva y extraordinariamente rápidas. Incluso se podrían ahorrar los desplazamientos y las penosas colas de las actuales urnas. Podría incluso flexibilizarse el actual concepto de "representación política" acercándose en muchos casos a formas de democracia directa o semidirecta, utilizando ordenadores, satélites de comunicación, teléfonos móviles, televisión interactiva, etc.

En el horizonte que está abriendo la Sociedad Trans-estatal, tal como la venimos percibiendo, no parece que vaya a desaparecer el Estado, como pretendían las utopías del marxismo o del anarco-capitalismo, como no desapareció tampoco la estructura familiar con el paso a las sociedades estatales, a pesar de que algunos totalitarismos hayan querido liquidarlas y superarlas haciendo que los hijos denuncien a sus padres como contrarrevolucionarios, como ocurrió en la China de Mao o en el régimen de Pol Pot. En el extremo contrario, las familias reales fueron divinizadas en el origen de las Monarquías como formas político-estatales. Pero la familia ha persistido, aunque encorsetada por los poderes del Estado. De forma similar seguramente el Estado, en tanto que instrumento civilizador y no meramente depredador, no desaparecerá en el futuro, aunque será cada vez más limitado y encorsetado en su poder por las nuevas fuerzas de poderes transnacionales y de emergencia de lo minoritario que hemos señalado. Pero no llegará a ser algo arcaico o simplemente antiguo, del que nos podamos deshacer, como una antigualla, sino que, así como la rueda fue inventada ya hace miles de años, no ha dejado por ello de permanecer como un mecanismo operacional que ha sido, y seguramente seguirá siendo, trascendental para el avance y progreso del Género Humano. Lo mismo se puede decir del Estado.

NOTAS

[1] Eugenio Trías, *Lógica del límite*, Destino, Barcelona, 1991, pgs. 15-16.

[2] Ibid., pgs. 21-22.

[3] Ver Manuel F. Lorenzo, *La Razón Manual. Ensayo de una fundamentación operatiológica de la racionalidad humana*, Lulu, 2018, p. 22 s.s.

[4] Ver, por ejemplo, G. Bueno, *El Mito de la Derecha*, Temas de Hoy, Madrid, 2008, p. 140.

[5] Ver Manuel F. Lorenzo, *Filosofía de las manos*, Lulu.com, 2023.

[6] J. Piaget, *Naturaleza y métodos de la epistemología*, Proteo, Buenos Aires, 1970, pgs. 27-28.

[7] G. Bueno, *Primer ensayo sobre las categorías de las "ciencias políticas"*, Biblioteca Riojana, Logroño 1991, p. 351.

[8] B. Farrington, *La rebelión de Epicuro*, Ediciones de Cultura Popular, Barcelona,1968, p. 197. Ver mi artículo "Las Escuelas filosóficas helenísticas y la Filosofía Contemporánea", en Manuel F. Lorenzo, *Pensar con las manos*, Lulu, 2017, pgs. 88-100.

[9] G. Bueno, op. cit., p. 352.

[10] G. Bueno, *Primer ensayo sobre las categorías de las "ciencias políticas"*, Biblioteca Riojana, Logroño, 1991, p. 354.

[11] Guillermo Federico Hegel, *Filosofía del Derecho*, Claridad, Buenos Aires, 1968, p. 205.

[12] Ver Manuel F. Lorenzo, "Periodización de la historia en Fichte y Marx", *El Basilisco* 10, 1980, pp. 22-40.

[13] G. Bueno, *op. cit.*, p. 353.

[14] Ver libro de Robert Lekachman, *La era de Keynes*, Alianza Editorial, Madrid, 1970: "La institucionalización de Keynes es un elemento indiscutible del programa de la <<Gran Sociedad>> y es también uno de los muy afortunados esfuerzos del presidente Johnson para conseguir el consenso nacional sobre un

amplio abanico de cuestiones de interés general. Pero el comienzo del proceso se remonta a 1961 y la breve administración del presidente Kennedy", p. 285.

[15] Gustavo Bueno, "Sobre el significado de los 'Grundrisse' en la interpretación del marxismo", *Sistema*, n° 2 y n° 4, Madrid 1973-74.

[16] Gustavo Bueno, "La vuelta del revés de Marx", *El Catoblepas*, n° 76, 2008.

[17] Ver Manuel F. Lorenzo, *La Razón Manual*, Lulu.com, North Carolina, 2018, pg. 26 s.s.

[18] Ver Manuel F. Lorenzo, *La Razón Manual*, p. 27 s.s.

[19] Hemos tratado en otro lugar de la contradicción que esto plantea con otros aspectos de la filosofía buenista en "De Piaget a Gustavo Bueno", Manuel F. Lorenzo, *Pensar con las manos*, Lulu.com, North Carolina, 2017, p.187-204., y más recientemente en Manuel F. Lorenzo, *Filosofía de las manos*, Lulu, 2022.

[20] G. Bueno, *Ibid.*

[21] G. Bueno, *Ibid.*

[22] G. Bueno, *Primer Ensayo sobre las categorías de la "ciencias políticas*, p. 320.

[23] Gustavo Bueno, *Ibid.*, pgs. 346-7.

[24] Ver libro de Carlos X. Blanco Martín, *Ostwald Spengler y la Europa fáustica*, Fides Ediciones, 2016.

[25] Samuel Huntington, *El choque de civilizaciones y la reconfiguración del orden mundial*, Paidós, Buenos Aires, 1997, p. 35.

[26] *Ibid.* 35-6.

[27] *Ibid.* p 37.

[28] *Goethes Werke*, Hamburger Ausg. I, 245.

[29] G. Bueno, *Primer Ensayo…*, p. 320.

[30] G. Bueno, *España frente a Europa*, Alba Editorial, Barcelona, 1999.

[31] José Ortega y Gasset, *España invertebrada*, Revista de Occidente en Alianza Editorial, Madrid, 1981, p. 32.

[32] Iván Vélez, *Sobre la Leyenda Negra*, Ediciones Encuentro, Madrid, 2014, María Elvira Roca-Barea, *Imperiofobia y Leyenda Negra*, Ediciones Siruela, Madrid, 2016.

[33] Ver Manuel F. Lorenzo, *La Razón Manual*, Lulu, 2018, p. 55 s.s.

[34] Ver "Pierre Bourdieu-Jean Piaget. Habitus, Schemes Et Construction Du Psychologique." (1999) de J.P.Bronckart y Marie-Noëlle Schurmans. Traducido al español en B. Lahire, El trabajo sociológico de Pierre Bourdieu, Siglo XXI, 2005. Asimismo, Omar Lizardo, " The cognitive origins of Bourdieu's Habitus", Journal for the Theory of Social Behaviour, 34, 2004.

[35] J. Piaget, *Psicología de la Inteligencia*, Psique, Buenos Aires, 1960, pp. 30-31.

[36] Ver: *El animal divino*, Pentalfa, Oviedo, 1985, Parte I, 5: "La fase ontológica: Teoría de la Esencia", p. 99 s.s. Asimismo *Primer ensayo sobre las categorías de las "ciencias políticas"*, Biblioteca Riojana, Logroño, 1991, p. 119 s.s.

[37] G. Bueno, "La mesa", *El europeo* (Madrid), n° 47, 1993, p.85.

[38] G. Bueno, *Telebasura y democracia*, Ediciones B, Barcelona, 2002, pp. 25 s.s. Se pueden encontrar otros análisis de este tipo en otras obras suyas como *Zapatero y el Pensamiento Alicia*, Temas de Hoy, Madrid, 2006, cap. 3: "Sobre el diálogo", o en el artículo "¡Dios salve la Razón!", publicado en el libro de Benedicto XVI & al., *Dios salve a la Razón*, Ediciones Encuentro, Madrid 2008, pp. 57-92, donde se define la racionalidad misma como una relación, resultado de una operación entre términos.

[39] Ver *El animal divino*, p. 103 s.s. y G. Bueno, *Primer ensayo...*, p. 131 s.s.

[40] G. Bueno, *El animal divino*, p.105.

[41] J. Piaget, *Sabiduría e ilusiones de la filosofía*, Península, Barcelona, 1970, p.118.

[42] J. Piaget, Ibid., p. 128.

[43] G. Bueno, "La mesa", *El Europeo*, n° 47, Madrid, 1993, p. 85.

[44] Ver G. Bueno, *¿Qué es la ciencia?. La respuesta de la teoría del cierre categorial*, Pentalfa, Oviedo, 1995, p. 56 s.s.

45 Ver Manuel F. Lorenzo *La Razón Manual*, p. 112 s.s.

46 G. Bueno, *¿Qué es la ciencia?*, Pentalfa, Oviedo, 1995, p. 45 s.s.

47 G. Bueno, *El animal divino*, Pentalfa, Oviedo, 1985, p. 105.

48 Jonathan Birch, "Toolmaking and the evolution of normative cognition", *Biology & Philosophy* (2021) 36:4, p.18, https://doi.org/10.1007/s10539-020-09777-9. Agradezco al profesor Javier Suarez el conocimiento de este importante artículo de investigación empírica sobre la importancia de la *skills hypothesis* en el origen de las nomas cognitivas humanas.

49 ver Manuel F. Lorenzo, "Periodización de la Historia en Fichte y Marx", *El Basilisco* nº 10, 1980, 22-40.

50 Colin Mc Ginn, *Prehension. The Hand and the Emergence of Humanity*, The MIT Press, 2015.

51 R. Durban, *Grooming, Gossip and the evolution of the Language*, Harvard University Press,1998, p.71 ss.

52 G. Bueno, *Primer ensayo*, edic. cit., pgs. 314-315.

53 J. Ortega y Gasset, "El origen deportivo del Estado", *Obras Completas*, Taurus, Madrid. 2005, t. II, p. 712.

54 *Ibid.* t. III, p. 782.

55 *Ibid.* t. II, p. 713.

56 *Ibid.* t. II, p. 715.

57 *Ibid.* t. II, p. 719.

58 H. Spencer, "La gran superstición política", *El hombre contra el Estado*, Editorial Innisfree, p. 68.

59 Gooddard, J.-C., *La pholosophie fichtéenne de la vie*, Vrin, Paris, 1999.

60 J. Ortega y Gasset, *El hombre y la gente*, htpp: www.libro dot.com, p. 27.

61 *Ibid.*, pgs. 27-28.

[62] *Ibid.* p. 22.

[63] *Ibid.* p. 23.

[64] *Ibid.* p. 20.

[65] G. Bueno, *Teoría del Cierre Categorial,* vol. 3, p. 88 s.s.

[66] J. Ortega y Gasset, *Ibid.,* p. 29.

[67] *Ibid.* p. 30.

[68] *Ibid.,* p. 35.

[69] Gustavo Bueno, "Algunas precisiones sobre la idea de <<holización>>", *El Basilisco,* nº 42, 2010, pgs. 10-11.

[70] J. Ortega y Gasset, *Ibid.,* p. 36.

[71] *Ibid.,* p. 37.

[72] J. Ortega y Gasset, *Sobre la caza, los toros y el toreo,* Revista de Occidente en Alianza Editorial, Madrid, 1986.

[73] Una consideración crítica asimilativa de las ideas de Ortega sobre la caza y el toreo se encuentra en Alfonso Fdez. Tresguerres, *Caza, toros y filosofía de la religión. Prólogo de Gustavo Bueno,* Pentalfa, Oviedo, 1993.

[74] J. Ortega y Gasset, *El hombre y la* gente, *Ibid.,* p. 47.

[75] *Ibid.,* p. 51.

[76] *Ibid.,* p.52.

[77] *Ibid.,* pgs. 53-54.

[78] *Ibid.,* p. 60.

[79] *Ibid.,* pgs. 60-61.

[80] *Ibid.,* p. 63.

[81] *Ibid.*, p. 67.

[82] *Ibid.*, p. 66.

[83] *Ibid.*, p. 70.

[84] *Ibidem.*

[85] *Ibid.*, p. 73.

[86] *Ibid.*, p. 74.

[87] *Ibid.*, p. 76.

[88] *Ibidem.*

[89] *Ibid.*, p. 85.

[90] Gustavo Bueno, *El sentido de la vida*, Pentalfa, Oviedo, 1996, pgs. 53-54.

[91] J. Ortega y Gasset, *Ibid.* p.78.

[92] *Ibid.*, p. 84.

[93] *Ibid.*, p. 87.

[94] *Ibid.*, p. 89.

[95] *Ibid.*, p. 109.

[96] *Ibid.*, p. 61.

[97] G. Bueno, *El mito de la izquierda*, Ediciones B, Barcelona, 2003, pp. 125-6.

[98] G. Bueno, *Ibid.*, pp. 126-8.

[99] Ver G. Bueno, "Algunas precisiones sobre la idea de <<holización>>", *El Basilisco*, n° 42, 2010, pp. 19-80.

[100] Gustavo Bueno, *Primer ensayo sobre las categorías de las "ciencias políticas"*, Biblioteca Riojana, Logroño, 1991, p. 324.

[101] G. Bueno, *Panfleto contra la democracia realmente existente*, La esfera de los libros, Madrid, 2004, p.123.

[102] Manuel F. Lorenzo, "Principios de la razón manual fundamentados al modo operatorio-algebraico", *Studia Philosophica*, IV, Universidad de Oviedo, 2005, pgs., 150-151. Para un desarrollo más amplio de estas críticas remito a la Introducción de mi libro más reciente, *Filosofía de las manos* (2023).

[103] *El Basilisco*, n° 8, 1991, pgs. 55-59.

[104] Manuel F. Lorenzo, *Filosofía de las* manos, Lulu, 2023, p. 92 s.s.

[105] G. Bueno, *Primer ensayo...*, pgs. 321-322.

[106] G. Bueno, *Primer ensayo*, pgs. 321-322.

[107] G. Bueno, *Ibid.*, p. 325.

[108] G. Bueno, *Ibid.*, p. 326.

[109] G. Bueno, *Ibid.*, p. 326.

[110] G. Bueno, Ibid., p. 327.

[111] Montesquieu, *Del Espíritu de las Leyes*, Tecnos, Madrid, 1972, Libro XI, cap. 6, p. 154.

[112] G. Bueno, *Primer ensayo...*, pgs. 336-337.

[113] *Ibid.*, p. 337.

[114] *Ibidem.*

[115] María del Carmen Iglesias, *El pensamiento de Montesquieu*, Alianza Editorial, Madrid, 1984, p. 389.

[116] Jean-Jacques Rousseau, *Del Contrato Social*, Alianza Editorial, Madrid, 1980, p. 98.

[117] G. Bueno, *Primer ensayo...*, p. 329.

[118] G. Bueno, *Ibid.*, pgs. 82-83.

119 *Ibid.*, p. 83.

120 "… el carácter fenoménico de la superestructura ha de tener un momento de verdad objetiva, que ciframos precisamente en su funcionalidad para captar o canalizar la energía del exterior, de modo en principio indefinido, y poder seguir reproduciéndola", G. Bueno, *Ibid.*, p. 84.

121 Gustavo Bueno, *El mito de la cultura*, Editorial Prensa Ibérica, Barcelona, 1996, pgs. 232-233.

122 G. Bueno, "La vuelta del revés de Marx", *El Catoblepas*, nº 76, 2008, sección 2.

123 G. Bueno, "La idea de España en Ortega" (*El Basilisco*, nº 32, 2002.

124 K. Marx, *Contribución a la Crítica de la Economía Política*, Alberto Corazón, Madrid. 1970, pp. 37.

125 G. Bueno, *Primer ensayo…*, p. 345.

126 G. Bueno, *Ibid.*, p. 345.

127 G. Bueno, *Ibid.*, p. 346.

128 *Ibid.*, p. 345.

129 Omar Lizardo, " The cognitive origins of Bourdieu's Habitus", Journal for the Theory of Social Behaviour, 34, 2004. Omar Lizardo remite al artículo "Pierre Bourdieu-Jean Piaget. Habitus, Schemes et Construction du Psychologique", (1999) de J.P. Bronckart y Marie-Noëlle Schurmans (Traducido al español en B. Lahire, *El trabajo sociológico de Pierre Bourdieu*, Siglo XXI, 2005) quienes originalmente plantearon esta conexión entre el *Habitus* de Bourdieu y las habilidades cognoscitivas operacionales de Piaget.

130 Véase una buena exposición de ello en español en Francisco Vázquez García, *Pierre Bourdieu: la sociología como crítica de la razón*, 2002, p. cap. II.

131 G. Bueno, *Primer ensayo…*, p. 346.

132 G. Bueno, *Ibid.*, p. 346.

133 G. Bueno, *Ibid.*, p. 347.

134 G. Bueno, *Ibid.*, p. 347.

[135] G. Bueno, *Ibid.*, pgs. 347-348.

[136] G. Bueno, *Ibid.*, p. 348.

[137] "El papel que ejercía el Jardín no está explicado con suficiente claridad. De hecho, adquirió tal importancia que pronto se designó con su nombre a toda la escuela. Conforme el movimiento se iba extendiendo, se fue llamando a los epicúreos <<los de los Jardines>>. Tal designación se presta a la sátira, y llegó a ser de dominio público el aludir al Jardín como parque de enamorados (…) El *Kepos*, para darle su nombre griego, no era un parque (*paradeisos*) sino un huerto", Benjamín Farrington, *La rebelión de Epicuro*, Ediciones de Cultura Popular, Barcelona1968, pgs.28-29.

[138] J. Heers, *La invención de la edad media*, Crítica, Barcelona, 1995.

[139] G. Bueno, *Ibid.*, p. 354.

[140] Baruch de Espinosa, *Ética*, trad. De Vidal Peña, Editora Nacional, Madrid 1975, pgs. 298-299.

[141] G. Bueno, *Ibid.*, pgs. 293-294.

[142] G. Bueno, *Ibid.*, p. 52.

[143] G. Bueno, *Ibid.*, p. 54.

[144] G. Bueno, *Ibid.*, p. 60.

[145] G. Bueno, "Libertad, Igualdad y Fraternidad", *El sentido de la vida. Seis lecturas de filosofía moral*, Pentalfa, Oviedo, 1996, pgs. 198-200.

[146] G. Bueno, *Ibid.*, p.192.

[147] G. Bueno, *Ibid.*, p. 193.

[148] G. Bueno, *Panfleto contra la democracia realmente existente*, La Esfera de los Libros, Madrid, 2004, p. 121.

[149] G. Bueno, *Ibidem.*

[150] G. Bueno, *Ibid.*, pgs. 121-122.

[151] Ver Manuel F. Lorenzo, *Meditaciones Fichteanas*, Logos, Berlín, 2014, pgs. 13, 108 y 115.

[152] Manuel F. Lorenzo, *Introducción al Pensamiento Hábil*, Lulu, Morrisville, North Carolina, 2007, p. 114.

[153] Manuel F. Lorenzo, *Ibid.*, pgs-115-116.

[154] G. Bueno, *Primer ensayo...*, p. 168.

[155] Manuel F. Lorenzo, *Pensar con las manos*, Lulu, Morrisville, North Carolina, 2017, pgs. 55-63.

[156] Ver Gustavo Bueno, *Zapatero y el Pensamiento Alicia*, Temas de Hoy, Madrid 2006, Mario Conde, *El Sistema: Mi experiencia del poder*, Barcelona, Martínez Roca 2010.

[157] G. Bueno, *Primer ensayo ...*, p. 240.

[158] G. Bueno, *Ibid.*, p. 243.

[159] G. Bueno, *Ibid.*, p. 244.

[160] G. Bueno, *Ibid.*, pgs. 246-247.

[161] G. Bueno, *Ibid.*, p. 256 s.s.

[162] G. Bueno, *Ibid.*, p. 262 s.s.

[163] J. G. Fichte, *Los Caracteres de la Edad Contemporánea*, Revista de Occidente, Madrid, 1976.

[164] J.G. Fichte, *Op.cit.*, pgs. 148-149.

[165] J.G. Fichte, *Ibid.*, pgs, 180-181.

[166] J. G. Fichte, *Algunas lecciones sobre el destino del sabio*, Ediciones Istmo, Madrid 2002, p. 145.

[167] Manuel F. Lorenzo, "Periodización de la Historia en Fichte y Marx", *El Basilisco* n° 10, 1980.

[168] G. J. Fichte, *Destino del hombre y destino del sabio*, Librería general de Victoriano Suarez, Madrid 1913, p. 170.

[169] Ver Manuel F. Lorenzo, *La rebelión de las minorías*, 2006.

[170] Alvin Toffler, *La Tercera Ola* (Plaza y Janes, Barcelona, 1980, p. 303.

[171] A. Toffler, *Op.cit.*, p. 317.

[172] A. Toffler, *Ibid.*, p. 308.

[173] A. Toffler, *Ibid.*, p.406.

[174] A. Toffler, *Ibid.*, p. 308.

[175] Xacobe Bastida, *La nación española y el nacionalismo constitucional*, Ariel, Barcelona 1998, p.128. Por mi parte he profundizado más ampliamente en la influencia de Ortega como verdadero padre filosófico de lo más significativo de la actual Constitución Autonomista en un artículo titulado "Idea leibniziana de una Constitución Autonómica para España en Ortega", (publicado en Lluís X. Álvarez y Jaime de Salas, *La última filosofía de Ortega y Gasset*, Servicio de Publicaciones de la Universidad de Oviedo, 2003, pp.255-289.

[176] A. Toffler, *Ibid.*, p.416.

Milton Keynes UK
Ingram Content Group UK Ltd.
UKHW031909201124
451474UK00002B/252